住房公共性研究

王志刚 ◎ 著

吉林大学出版社

图书在版编目（CIP）数据

住房公共性研究 / 王志刚著 . — 长春：吉林大学出
版社，2019.4
ISBN 978-7-5692-4716-9

Ⅰ.①住… Ⅱ.①王… Ⅲ.①住房政策－研究－中国
Ⅳ.① F299.233.1

中国版本图书馆 CIP 数据核字（2019）第 087235 号

书　　名：住房公共性研究

ZHUFANG GONGGONGXING YANJIU

作　　者：王志刚　著
策划编辑：朱　进
责任编辑：王　蕾
责任校对：柳　燕
装帧设计：人文在线
出版发行：吉林大学出版社
社　　址：长春市人民大街 4059 号
邮政编码：130021
发行电话：0431-89580028/29/21
网　　址：http://www.jlup.com.cn
电子邮箱：jdcbs@jlu.edu.cn
印　　刷：廊坊市海涛印刷有限公司
开　　本：787mm×1092mm　　1/16
印　　张：16
字　　数：270 千字
版　　次：2019 年 7 月　第 1 版
印　　次：2019 年 7 月　第 1 次
书　　号：ISBN 978-7-5692-4716-9
定　　价：66.00 元

序　言

　　改革开放以来,住房市场化的发展推动了中国城市化进程,但也带来了很多问题。高房价、物业纠纷、社区治理困境、租赁市场无序、住房困难家庭增加等,成为亟待解决的问题。住房保障始终作为房地产市场发展的辅助,经适房、廉租房、限价房、自住房等等总是在不超过5年的周期内被新的保障房品种代替,而租赁市场发展却波澜不惊,难言乐观。可以说,我们始终没有重视住房公共性的一面,商品房市场没有纳入整体解决住房问题的方案中去考虑,因此,住房保障就一直作为市场失灵的备用品存在。而公共住房偏重产权型的政策选择,则直接造成了公共住房资源的巨大浪费,没有有效流转的住房资源,淹没在房地产市场的滚滚洪流之中。住房不断凸显着资产的属性,凸显着市场的属性,唯独公共性付之阙如。

　　住房的公共性,来源于住房准公共产品的属性。由于城市住房的特殊性,住房不仅是安身之所,更是居民生活生产的必备资料。在中国城市化过程中,住房还是居民分享社会发展成果的不可替代的媒介。土地与房产的升值本质上是社会财富的一个窗口,大量基础设施、教育和医疗等社会资源、城市公共服务等都体现在住房的价值上。能否实现改革发展成果的共享,住房的发展和分配至关重要。而围绕住房的服务、社区治理、公共生活的秩序等一系列有关住房公共性的行为和观念,构成了社会和人群生活方式的主要内容。有什么样的住房,就有什么样的社会,这丝毫不夸张。从新加坡、中国香港等地的实践可以看出,住房问题是最重要的民生问题之一。从这个角度说,我们必须而且能够做出一个初步的判断,只有始终不忘住房的公共性,住房才能真正成为社会发展和社会融合的重要推手,才能成为人民幸福生活的必要基础,才能真正实现民有、民治、民享的目标。

　　本书从住房管理、公共租赁住房发展和国内外保障房建设等几个角度探讨了住房公共性的相关问题,以期能有助于唤起社会各界关注住房的公共性问题,共同致力于促进住房问题的有效解决,为创建和谐宜居的城市和公平公正的社会贡献绵薄之力。

目 录

上篇:公共性与住房管理

第一章 住房作为资产的复杂性

近代意义的物业管理起源于 19 世纪 60 年代,伴随着 1853 年电梯发明和高层住宅的诞生而同步诞生。高层住宅维护的专业化催生了专业化的物业管理。1908 年,由美国芝加哥大楼的所有者和管理者乔治·A·霍尔特组织的芝加哥建筑物管理人员组织(Chicago Building Managers Organization,简称 CBMO)召开了第一次全国性会议,宣告了全世界第一个专门的物业管理行业组织的诞生。

我国的物业管理萌芽,也与世界同步。在 19 世纪中后期,上海、天津等地随着高层住宅相继出现而开始出现专业性的保安、租赁等公司,房地产市场也逐步形成发展起来。

因此,从本源上说,物业管理是住房这一资产实施专业化管理的必然要求。从发展上说,先是保洁、保安、保修和保绿,再到基于住房全生命周期的系统管理,已经成为众所周知的趋势。以世界五大行为代表的物业管理企业,正是这种趋势具体而微的体现。

世界五大行的资产管理多集中在物业服务的设备设施管理、服务顾问、咨询、房地产经纪、物业投融资等领域,其业务范围也远超我们日常理解的范畴。它们密切地切入房地产价值链的全过程,以其对于房地产生命周期全过程的关注,发展自身营利能力。

例如,仲量联行主要参与项目物业管理、租售代理、前期策划等;高力国

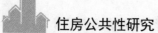

际则在于零售、招商；戴德梁行更多在高端物业代理、房产评估等；世邦魏理仕和第一太平戴维斯则主要在高端物业管理上下功夫。五大行均很少涉足传统意义上的普通住宅物业管理。这也说明，以普通住宅物业管理为主的中国物业管理行业，能够借鉴的经验并不多。大规模集中的社区物业管理，是其他发达国家不可能出现的特有现象。因此，研究中国住房管理的公共性问题，必须将管理的经济性放到社会公共性视域去考虑。

一、社区资源的公共性

社区资源丰富而又稀缺。其丰富性表现在三个方面：1. 传统意义上的所谓集成服务提供商构成了基础的社区资源。一般而言，共用设备设施维护、公用部位维护、清洁卫生、公共秩序维护、特约服务等构成了基本的资源结构。这些供方的选择依赖于物业服务企业，物业服务企业因而面对着极为丰富的供方市场。2. 更广泛意义上的供方，比如为小区提供家政服务、通信服务、金融服务甚至日用品服务的供方，其范围更为广泛。但是这些供方都共同生活在一个物业区域，因而同物业服务企业也有千丝万缕的联系，特别是相关场地的提供和相关共用设备的维护等，其业务开展也同物业服务企业密不可分。开发这个丰富的资源，同样意义重大。3. 公共关系资源。社区就是一个具体而微的社会，所以政府的微观管理和产权人、产权单位的客户关系管理，同样为物业服务企业提供丰富的人脉资源。从广义上讲，业主的资产并不仅仅表现在房产的自身经济价值上，也表现在这些构成评估房产的相关社区资源的综合实力上，因而在这个意义上，住房管理的专业价值就表现为如何承接这些资源，丰富其内涵，扩展其外延。

其稀缺性则表现在，上述资源一旦固定，转化的交易成本是昂贵的。人们一旦习惯了社区资源提供的方式途径，就自然形成行为心理上的依赖。从这个意义上看，物业服务企业甚至决定性地垄断着社区资源的基本面。怎样把这种丰富性和稀缺性恰到好处地结合起来，开拓企业自身盈利的新增长点，无疑越来越随着资产管理概念的深化而构成企业核心竞争力的重要组成部分。

二、住房价值的长期性

资产管理最狭义的理解就是房产的管理，换言之，就是如何保证房产的保值和增值。与传统物业管理不同的是，今天的住房管理必须从住房的整个生命周期来看待其价值。而尤其重要的是，必须把住房的共有部分看得比专有部分更重要。过去，我们关注业主的专有部分，室内小修占据了物业维修服务的重要内容，同样，一个楼的楼内维修也显得比整个小区的维修重要。住房价值不仅仅要考虑目前的经济价值，同时也要考虑十年、二十年之后房产的增值问题。很多物业纠纷的产生，分析起来，纠纷双方都没有意识到一个有责任的物业服务企业绝不能仅仅关注房产现在的价值，而必须关注房产整个生命周期的价值，包括共用设备设施的全周期价值。良好的维护，是最直接的降低物业费用的方法。反之，只是纠结于此时此地物业费用的高低，最终损失的是整个房产价值。作为物业服务企业，只有从这个角度去把握住房价值的长期性，才能在和业主的博弈中，真正做到双赢。

三、资力管理与社区可持续发展

资力（financial strength），也就是财力。在这里，主要关注的是社区的消费力或者说经济承受力。

必须把社区管理的对象看作一个经济对象。北京市新物业服务标准关注的也是质价相符的市场规律。这有两个方面：一方面，业主物业服务费用怎样使用最经济，也最能为业主所接受；另一方面，怎样进一步开拓业主的消费力，获取更多的资力。前者涉及统筹社区资力，科学合理运用有限的资力达到最大使用价值；后者涉及如何开发业主潜在的需求，针对不同业主群体的资力结构，配以相符的社区资源。在这一点上，我们应更多地向国外同行学习，提高投融资能力，将资产管理建立在坚实的基础上。同样，开拓业主的资力，关系到可持续住房的发展保障问题，更关系到未来住房发展经济投入的社会效益问题，应该引起足够的重视。

四、资信管理的相关性

这里主要谈的是物业服务企业自身的资信管理问题。既然资产管理是一个新角度的长期性目标,物业服务企业也要随之转型,即从短期经营行为向长期经营行为转变。每一个物业项目,都应成为企业发展自己资信的舞台。

显而易见,物业服务的特性使得业主和物业服务企业关系非常特殊。过去我们将物业服务企业看作业主的管家,可以说物业服务企业依赖业主;现在,同样可以说,业主也依赖物业服务企业。只要物业服务企业能够服务好,有着一定的业主满意度,这种关系就是成立的。认同一个企业,就是认同一个企业的文化;认同一个业主群体,也是认同一个群体的生活方式。从某种程度上说,住房管理与生活方式直接相关。相关的不仅仅是共同的服务,而且随着时间的推移,也将构建共同的公共生活空间。在这种空间的生活,具有了不以每一个个体的好恶为转移的惯性。所以,不仅我们在塑造一个环境,环境也在塑造我们自身。例如,一些优秀的物业项目,一定是来自于业主对物业服务企业的信任;一些优秀的物业服务企业,也一定有着一批优秀的项目。物业服务企业的资信好坏,也意味着物业服务的好坏。因此,要从一个更长的周期来考虑企业发展与住房发展的关系。为此,一要树立品牌意识,把资产管理作为品牌建设的直接媒介,通过优秀项目建立辐射品牌的吸引力;二要建立企业信用,维护好企业和业主建立的这种相濡以沫的信任;三要通过不同项目的资产管理,选择适合企业自身的管理模式,打造企业核心竞争力,是物业服务企业和物业项目共同的发展目标。

住房资产的复杂性,给住房管理带来了巨大挑战。随着社会利益的不断分化,社区公共性与个人的私有性之间的矛盾将是长期的。物业管理行业面临的所有问题,本质上与服务对象的公共性有关,而按照市场规则运行的微观经济活动,必然面临着社会公共性要求的随时抵牾。能否把握住这一点,并且正确处理这种关系,决定着行业自身的生存发展。随着新住房制度的构建和社会治理体系在新时代的重塑,住房的公共性也将成为社会和谐发展的试金石。

第二章 管理与服务的内在张力

物业管理是新兴行业，它作为人们以企业化、专业化、社会化方式解决房地产后续管理的主要手段，越来越凸显其重要性。

物业管理不同于传统的房屋管理，最初的目的是解决房屋维修的费用问题，由于它特有的集约化的专业管理模式，不断改变着人们的认识。今天，我们来谈物业管理，首要的是物业管理的服务问题。费用问题依然很突出，但是随着人们生活水平的提高，人们享受物业服务的意识已经越来越强。可以说，管理就是服务，是不同于其他任何一种服务类型的服务。

不同有三：其一，服务和管理合二为一；其二，服务对象与内容的有限与无限；其三，服务标准的自生与自主。

一、服务和管理合二为一

没有任何一个行业像物业管理这样把管理和服务结合得如此紧密。甚至可以说，没有服务的物业管理不成其为物业管理，没有好服务的物业管理也不成其为物业管理。反过来，没有管理的服务，不成其为物业服务，没有好管理的物业服务也难以成为物业服务。在住房管理当中，管理和服务之间存在着内在的纠缠。

近年来，不断有楼市纠纷见于各种媒体，纠纷核心是物业服务和收费问题。对业主来说，我交了费就要享受个性化的服务，物业公司得满足我的要求；对物业公司来说，没有免费的午餐，缴纳的物业管理费必须和服务水平相匹配。一方面是又要压低物业管理费用，又要享受更好的物业服务；一方面是既要满足公众性的服务和维持运营，又要尽可能满足住户的个性化需求。这其实涉及物权法的概念,换言之,由于物业的产权界定没有明晰化,物业管理企业既有受委托管理的权利,同时也履行一定意义上的产权人的义务。物业委托给你了,你得保证把物业管理好,使其保值增值;但同时你也得服务好,否则业主不满意。在现行的委托管理合同当中,似乎很难把所有的约定内容写进去,写进去的也只是政府规定的基本服务,对于个性化的服务无处下笔。这就是一个很大的矛盾,无法写是因为业主本身是自由的主体,对服务的需求也千差万别。无法写就无法要求物业管理企业履行必要的职责,物业企业甚至也不知道该怎样履行职责。这样,业主有需求,但是没法统一起来,企业也想服务,但是管理费当中可能只有很少的服务费用。(当然特约服务除外,因为有明确的协约关系)归结起来,就是物业管理的文本意义是管理,实际意义是服务。两者是一而二、二而一的关系。物业公司在日常生活中对业主的作用到底是什么?就是公共服务。同时,物业公司的重要职责就是管理,作为全体业主利益的代表,物业公司什么都不敢管,势必导致服务水平不能提高,比如业主私搭乱建等,最终一定会侵犯全体业主的利益。因而,要很好地协调对个别业主的服务与对所有业主的服务,很好地协调对住房设备设施的管理与业主行为的管理。由此可见,在现阶段,要想少点物业纠纷,物业公司就必须把服务作为管理的重要内容,同时把管理作为服务的有效手段。从根本上来说,就是因为物业的业主是自由的个体,物业管理对于物业的管理只是手段,最终业主要得到的仍然是多方面的服务,以满足自己对生活更美好的要求。

住房不仅仅是一种资产,就其公共性来说,更是一种生活。生活需要规则和约束,也需要空间和自由。处理好管理和服务,本质上都是在有限空间内提供超出契约文本之上的服务。

二、服务对象的多样性与服务内容的无限性

物业管理是有形管理、无形服务。有形管理可以定价,比如说对大中修项目,只要做好招投标工作,双方不会有太大争议。无形服务不能定价,比如说维修人员热情服务和冷面对人的差别。业主所要得到的只是维修服务,也只是为维修项目付费,但是对于维修服务人员的不同态度和水平,业主并没有意识到它的价格区分问题。在美国,服务是单独收费,就是常说的小费。而

对于物业管理来说，根据物业收费情况，也很难对服务水平给出合理的评价。这缘于物业管理是有形管理和无形服务的统一。

除此之外，就服务对象而言，物业管理的对象不仅是客观存在的房产，还有主体存在的业主。业主是活生生的个体，也就具有了活生生的差别性，张三喜欢你每天早上打扫卫生，李四则可能喜欢你夜里悄悄打扫。举个实例，比如电梯里，按规定是不能运自行车的，但是现在骑自行车的人不少，因为怕丢，许多人都想把自行车搬到家里去。你总不能让人家扛上去吧？可是你要运了自行车，就会占用轿厢的空间，其他的乘客就很有意见，尤其赶上高峰期，矛盾就会产生。这时候，物业公司就会左右为难，如果满足这一方，那一方就会有意见。管也不是，不管也不是。而业主委员会也很难整合个体业主的意见，类似的问题就成为老大难。同时，由于部分商品房和拆迁安置房混在一起，这样小区的整体需求就更无法统一。物业公司总是为了迁就一部分住户的需求而冷落另一部分住户需求，从而让住户对物业公司的管理能力产生怀疑。与此同时，普遍形成的收费难现象，也会进一步加剧物业公司保持收支平衡的难度。

个性化服务需求愈来愈强烈。为了满足这些需求，物业公司必须对部分服务项目加大投入从而提高服务水平，但是公共的投入有时却会鼓励一部分不履行交费义务的人搭便车。比如，供暖问题就是一个众人皆知的容易搭便车的问题。这样还会造成公共投入的收益大打折扣，设备设施的使用寿命缩短。电梯的维修过程，就经常出现类似的问题，业主委员会应大部分住户要求更新了电梯，但是部分住户不出钱还是小事，还经常有些小打小闹的破坏行为，比如用脚踹电梯门等。可以说，正是服务对象的宽泛性，造成了管理的困难，管理的困难加剧了服务的难度。

其实，服务对象的多样性在造成困难的同时也带来机遇，失之东隅，收之桑榆。换言之，正因为服务对象的多样性，使得物业公司可以针对不同的个性需求进行个性服务。比如针对高收入阶层的家政服务，针对低收入阶层的中介服务等，只要能够摸透住户的真正需求，就可以对症下药。实际上，物业管理公司的综合实力很大一部分体现在这一方面，从一方面来说，为住户提供了必需的服务，另一方面又进行了一种无形的管理，使得不同的业主按照自己的生活方式选择更合适的物业管理模式。物以类聚，人以群分，只要形成良好的服务流程，宽泛的服务对象也就各得其所，更易管理。

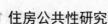

从某种意义上说，服务是一种感觉，比如有些小区的保安服务，只具有形象性的意义，但是住户心里感觉很安全。在我们物业管理的实践中，针对同样的事情，不同的处理方式也会有不同的效果。所以，服务水平和管理水平是分不开的，管理水平上去了，服务水平也自然而然提高了。管理是前提，服务是目标，两者缺一不可。

三、服务标准的自生性

服务标准的地区差异性很大。不同小区，业主的收入不同，甚至生活习惯也不同。但是政府却要规定一个统一的服务标准，比如说现在的国优小区、市优小区的标准，对于一些新小区可能就好落实，对于一些老小区就力不从心了。加上一些开发商售房时的过多承诺，导致业主入住后与物业管理企业的矛盾重重。政府没必要也不可能对所有的物业收费项目进行规定，物业管理只有充分市场化，才能满足千差万别的住户需求。实际上，在很多小区，服务标准和收费标准一样，具有自生性，是由住户产生了需求，然后经过与相关方交涉，才完成一些项目的立项。政府应该给予业主和物业管理企业更大的自主权和自治权，通过双方的协商，确定一个合理的标准。目前很多所谓规范化服务标准，可操作性不强，比如服务当中的文明服务问题，到底什么样的水准够得上文明，没有一个确定的量化标准。推而广之，物业管理大部分是很难量化的，但是对于物业管理企业来说，物业管理费用的高低与享受的服务一定是对应的。正像我们开放自由市场一样，对于除基本服务之外的一应服务，都应交给业主和物业管理企业进行协商，直至受到市场"看不见的手"的干预。

社区越来越成为人们生活不可分割的一部分，相对于私人空间的扩大而言，介于私人空间和公共空间之间的社区空间，也应该按照自生性的原则，充分发挥各相关主体和管理要素的积极性和创造性。对于有形管理，可以量化的一定要量化，这些小区常规性的工作，应当也可能有个确切的标准，委托管理合同是可以说清楚的。而对于无形的服务，无论是政府还是物业管理企业和业主都要确定一定的游戏规则，确保城市的多样化和活力。服务之于业主，是业主生活质量的一部分，如人饮水，冷暖自知；服务之于企业，是企业生存发展的根本生命线；服务之于政府，是提升社会自治水平的起点，是凸显公共性的细胞。

在美国，人们选房子有三个标准：第一个是"Location"（位置、场所、地点），第二个是"Location"，第三个还是"Location"。这是有深刻含义的，真正好的住房管理就是给小区一个"Location"的定义，蕴含所有的价值和追求。我们的政府、业主和物业管理企业应该正确应对管理服务之间的张力，共同建设一个美好的都市家园。

第三章　老旧小区物业管理的问题和对策

老旧小区是指始建于 20 世纪 80 年代中后期，国家开始进行综合房地产开发以后建成的普通住宅小区。这些住宅小区是最早实行专业物业管理的小区。十几年后，我们回顾这些小区的物业管理，可以看到在普通住宅小区物业管理中反映出的一些带有规律性的问题，今天仍在影响着物业管理行业的发展。

由于老旧小区是随着国家房改发展而发展的，政策的阶段性和地域性特点导致老旧小区物业管理的复杂化程度相对较高。一方面，从福利消费性的住房行政事业型管理到纯粹市场消费性的住房企业化社会型管理的转型，造成了产权的多元化和需求的多样性，由此导致物业管理观念的急剧更新和居民消费意识相对迟滞之间的矛盾。另一个方面，对于拥有几十年消费过程的住宅和配套设施设备来说，关于物业管理的认识还有待实践的不断拷问。特别是公共部位、共用设施设备的管理，仍然停留在单纯现状维护的层面上，对于多年来以物业保值增值为目标的努力心有余而力不足。这两个方面的原因直接导致了这样的结果，在经过了几十年的物业管理之后，物业管理的纠纷呈急剧上升态势，而所谓物业管理的规律性认识仍然没有达到共识，包括最早实行物业管理的深圳市物业管理行业也是如此。

问题一：设施陈旧设备老化，安全隐患较多

公共环境的陈旧和设施设备的严重老化，成为物业本身最突出的问题。首先是开发遗留的质量问题，在住宅消费过程中造成了众多的矛盾，从而直接导致物业收费的难度增大。比如部分楼宇的公共钢窗严重变形，一个原因是地基下沉，另一个原因是属于淘汰型产品，没有支持的厂家。这样，冬季的防风保温效果可想而知。再比如厕浴间地面防水和屋内隔板，由于质量问题，许多小区要全部更换。加之多年来各项收费标准偏低且难以调整，无法覆盖日益上涨的人工费用，从而在中、大修资金投入上存在很大缺口。而维修资金的使用难问题，已是众所周知。其次，小区甬道水泥路面老化，绿化面积缩水和绿地斑秃，机动车对路牙的损坏，井盖的频繁丢失，由于业主不自觉而对消防通道的封堵和占用等，都会造成小区环境的老旧。业主的不自觉，加速了固有环境的老旧，还有机动车数量增加、养犬数量增加、绿化资金不足等原因，特别是驻区办事处、居委会、物业公司、业主各主体之间的关系剪不断理还乱，难以形成合力。此外，像电梯系统、消防监控系统、供暖系统、给排水系统等设备都到了需要更新改造的周期。以电梯的更新改造为例，涉及安全隐患的电梯整改工作，进展很不理想，由于产权复杂，加上各个产权单位的分立合并破产清算等情况，出资主体很难筹集资金。还有一个原因是行业主管部门新阶段的新要求，造成既有物业设备较早进入更新的范围。比如，电梯的五方通讯、水箱改造、外墙粉刷、小区的创优等，使原本符合要求的项目不再符合要求，面临着改造的压力。最后，使用人的不当使用也加速了设备老化。这样的例子不胜枚举。可以说，诸多原因造成的环境和设施设备的老旧存在诸多安全隐患，这些直接威胁到住户的安全，但由于资金、规划等既有条件的制约，解决起来难度相当大。

问题二：发展带来的问题和行业管理的交叉，造成纠纷不断

老旧小区之所以老旧，是相对社会发展而言的。按说老旧小区物业管理水平不高，收费应该低廉，但是相对于新建商品住宅小区，花钱的地方又很多，这实在是一个矛盾。更根本的问题是，老旧小区的一些所谓的服务纠纷和问题，并不是服务本身的问题，是历史特定条件下的服务问题，存在诸多限制。而新建小区吸取了老旧小区的一些教训，从规划伊始，就有意识避免，

所以有些方面是不能相提并论的。

由社会发展带来问题的两个主要表现就是产权界定不清和规划凸显落后。产权界定不清，导致了涉及收益的部位、设施设备归属不明。比如地下室、地下车库、公共绿地、配套设施等产权不明晰，一旦涉及收益就纠纷不断，一旦涉及出资又无人理睬。凡是产权不明晰的，所有外来的行业部门都对着物业管理公司，比如消防责任、停车责任、治安责任、绿化责任等，甚至垃圾消纳费也要物业企业垫付。长期的代收代缴，造成了水、电、气、热、绿化、环卫等部门的路径依赖，依靠自身的垄断地位，不断要求物业企业做分外的工作。且不说物业企业愿不愿意，单就如此大范围属于公共义务的责任来说，物业企业能否承担？同样，规划落后的问题也一样严重。停车问题，消防与治安的矛盾问题，内保温的问题，绿化树种选择不当问题，商住混杂的问题，不一而足。尤其是底商扰民问题，还带来了噪声污染、超标排烟、侵占消防通道和便道、乱倒垃圾等一系列问题，居民意见极大。这些问题，都同过去的规划有关，不是轻易就能改变的，这些纠纷还将长期存在。

由行业管理带来的问题，主要表现在私搭乱建、摆摊设点上。摊点多、秩序乱是老旧小区的突出问题，也是居民反映最多的问题之一。除有底商在门前超范围经营外，更多的是人防部门和当地有关部门、居委会的问题。很多老旧小区，相当数量的人防出口都被人防部门出租。由于面积有限，租户纷纷将摊点摆在了出口四周，这不仅影响了车辆停放、居民行走，更主要的是给小区的环境带来了消极的影响，增加了物业管理的难度。老旧小区人员结构复杂，扰民、斗殴时有发生，投诉不断。在当地有关部门、居委会方面，则多以要解决下岗职工就业，要加强社区服务或解决办公经费不足等名义，以特批、指令等方式广设摊点。因此，在小区内，有关部门收费后所设置的露天市场，各种收购点、修理点及咨询、服务摊位层出不穷，小区内相当混乱，无形之中给正常的物业管理带来了相当多的麻烦和难题，许多居民也都意见很大。城管、建委、工商等部门在管理上互相推诿，也使这些纠纷长期得不到解决。

问题三：需求差异性与支付能力不足，造成服务困境

正是由于社会的进步和发展，由于规划的渐显落后，由于房屋设备设施

的老化,老旧小区从总体上呈现出需求与支付能力的严重不匹配。

从需求内容上来说,因为老旧小区产权的多样化,商品房户、居民拆迁户、农民拆迁户、中央单位产权户、市属单位产权户等混杂居住在一起,其需求内容自然千差万别。比如,商品房户要求更多的个性化服务,也有较高的支付能力,但是因为同小区内居民拆迁户也为数不少,一些服务措施如报刊订阅、接送孩子、社区文化活动等观感很不同。有的早上想睡安稳觉,有的就早早开始锻炼,又放音乐又做操;有的关心绿化、清洁卫生,有的只关心自家维修是否到位;有的觉得社区摆摊设点很方便,有的觉得秩序实在是乱。诸如此类,不一而足。

从需求层次上说,根据自身的受教育水平不同,对公共事务的参与性也不同。一些人是解决了温饱问题、安全问题,进而想在社区事务中有点价值体现,一些人还要靠捡垃圾、卖破烂为生;一些老干部要求舒适安静、有活动场所,一些年轻人又希望有娱乐场、有停车位。事不关己高高挂起,与自我实现我行我素同台唱戏,其间的冲突和矛盾不难想象。

正是由于需求的差异性,在支付能力上表现为有支付能力的人不想支付,没有支付能力的人有理由不支付,结果就是物业管理无论提供什么服务都不能达到较高的满意率,随之服务费收缴难度就更大。加上业主委员会组建得异常缓慢,业主在和物业管理公司博弈的过程中没有统一的代表,很多服务项目达不成共识。这样,服务标准不统一,服务内容难确定,服务费用不认可,物业管理企业要想提供服务就要有费用,没有费用就降低服务水平,两者始终没有形成良性循环,日渐陷入困境。加之物业服务评价体系缺失,也造成90%的住户满意和10%的住户投诉效力很难抗衡的矛盾。

问题四:物业管理公司经营困难,蕴藏巨大风险

资金不足,问题多多,责任重大,素质不高,这是老旧小区物业管理公司的普遍写照。以前,我们还认为物业管理是微利行业,是朝阳产业。但现在,仅靠物业服务收入只能亏损经营,加之行业发展越来越规范,多种经营的空间越来越小。其次,物业管理企业的责任有加大的趋势,治安、消防、设备管理、公共区域等存在巨大风险,而所谓公众责任险的征收也是水中月镜中花,可望而不可即。正本清源说来,物业管理企业只是按照合同约定对公

共部位共用设施设备进行管理的企业,没有义务承担如此多的社会责任。但是所谓小区物业管理的进入和退出机制名有实无,物业企业连走的权利都没有了。压低物业服务费,以稳定、和谐为理由要求物业企业做出牺牲,这些和市场的要求都相差很远。可以说,今天从事物业管理已经是一种高风险的选择。而老旧小区的物业管理,也因为物业企业的风险而承担着同样大的风险,毕竟价值上千万的房产也面临着贬值的巨大风险。

老旧小区尽管存在这样那样的问题,但是不断发展物业管理也是社会发展的要求。从2005年开始,北京市逐步对1980年以前的部分小区进行集中整治,对于老旧小区的物业企业给予税收优惠。老旧小区只有走物业管理的路子,才能真正实现和谐社区建设,才能推进住房改革。

对策一：化无形服务为有形服务

物业管理提供的产品是服务,而服务具有无形性。服务的无形性有两个方面：一、服务的形式及组成元素无形性；二、使用服务后的利益的无形性。无形性使得物业管理企业必须依靠业主的反馈才能更加全面地了解本公司的服务。所以,在日常的物业管理中,要使服务得到业主的满意,必须有意识地将无形的服务变为有形的服务,利用语言、文字、图形、多媒体等工具将服务全面地展现在业主面前。比如将提供的具体服务详细地张贴在小区公告栏上,丰富小区的种种标识,公布各种服务质量要求等,向业主提供消费者知情权,使业主清楚知道物业管理企业具体能为自己提供什么服务、服务的质量如何。其主要形式有：企业服务标识、企业服务公示和企业公众形象。所谓企业服务标识,就是使所有物业服务成为可以识别的,具有企业自身特色的外在标志和形象。比如企业统一的工服、标牌,管理物业项目的醒目标志,企业服务的流程展示,企业热线电话,员工行为规范,物业服务标准和检查规范……这样才能使本企业的服务具有典型形象,能够为第三方提供评估的依据。所谓服务公示,就是把物业服务的各个环节形成外在的标准,使一切工作都能够公示给全体业主,减少误会,增加沟通。比如工程维修前的提前告知,停水停电前的提醒,节日注意事项提醒等。所谓公众形象,是指企业在社区活动中处处体现企业特点,突出企业核心价值观的一系列行为和表现。比如,参加和谐社区建设,组织公益活动,开展亲情服务等。通过这些措施,达到利于业主监督、利于双方沟通、利于预防风险、利于工作配合、利于

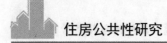

服务评价的目的,从而给利益相关方提供一个可以全面评价物业服务的平台,也给自己一个全面了解业主需求和提高业主满意度及员工忠诚度的机会。由于物业服务的公众性、公共性特点,有形服务更能使全体业主了解物业管理的价值所在。

对策二: 增加公共空间和共用设施设备的投入

老旧小区资金紧张,与其到处修修补补,不如集中财力保证重点部位和重点设施的投入,逐步整治社区环境和改造设施设备。物业服务是对于住宅公共部位的服务,业主私人空间的服务固然重要——继续通过特约服务的方式进行——所有业主拥有的公众空间更为重要。在老旧小区中,道路、环境卫生、绿化、公共秩序管理应该成为最有投入价值的地方。随着老旧小区老人、孩子的增多,更多人的大部分时间是在小区度过的。可以说,选择什么样的物业管理就是选择什么样的生活方式。作为老旧小区,普遍面临着道路整治、卫生、绿化、停车等难题。物业管理要集中力量整治道路,搞好卫生,尤其是社区集中的活动场所。绿化构成环境的重要内容,要适当投入改善绿化环境,提高绿化的养护水平。增加一些亲民措施,营造温馨的生活空间。同时,在办事处、居委会、业委会等配合下,重点清除私搭乱建行为,并逐步制订业主公约,提倡文明生活。对于一楼大厅环境、电梯轿厢等涉及出行的地方要特别注重,形成整洁便利的风格。社区保安、停车管理,要下大力气建立严格的管理制度,对于大多数业主来说,安全毕竟是第一位的需要,满足业主安全需要,才能谈得上其他。要加大安保的投入,在现有基础上,重点做好各项安全提醒,提高快速反应能力。制订各项紧急预案,确保公众生活的质量不因突发事件乱成一团。

设备管理是老旧小区物业管理的重要内容。不管有没有资金,设备运行一天也不能停止,水泵、电梯、配电、消防等又都关涉住户安全,所以物业管理必须特别关注。要预留紧急资金用于抢修,同时组织筹措资金的人员,尽量向产权人、产权单位说明设备情况,筹集资金进行改造和更新。可以说,老旧小区的设备管理是最基本的物业服务,没有设备上的资金投入,一切都无从谈起。

对策三：聚焦业主需求

由于老旧小区的需求情况非常复杂，物业管理要加大对业主需求的调查，这样才能有的放矢，避免浪费资金和精力。针对一般业主，重点做好一般的日常服务就可以了，不必高要求；针对有一定支付能力的业主，就可以商议特定的服务项目和标准了。当然，有些是可以针对分散业主的，有些就必须以栋、楼甚至单元为单位，针对最大多数的业主，而不必照顾极少数业主的要求。有一定明显区别的小区，可以制订分级别的服务标准和收费标准。物业服务人员的安排也是如此，不能不分情况同等对待。今后，分级服务应该是可以预见的发展趋势，鉴于老旧小区混杂的居住方式，只求达到质价相符的标准即可。

与此同时，要有意识地增加客户的忠诚度。在固有的成本不变的前提下为业主提供更多的服务，显示出成本与实际成本之间的差距，让业主充分感受到服务中的超值部分，从而增加业主对消费服务的转移成本。比如：物业管理企业为了解决业主养花不专业的问题，可以从绿化队里抽调人员成立养护服务组，为广大业主提供免费的花木养护知识，拿出小区的一块绿化用地作为花木养护基地。这样在没有增加成本的同时为业主提供了更多的服务，而且唤醒业主对小区绿化的保护意识。业主自然会感觉到物业管理公司对自己意味着什么，一定程度上增加了业主的忠诚度。

对策四：提高供方专业服务水平

在老旧小区，尽管物业服务收费不是百分之百，可是各专业公司的费用却是必须百分之百支付的。所以，加大对作为供方的专业公司的管理，可以有效提高物业服务水平。比如，加强对保洁公司、保安公司、电梯管理公司、工程项目外施队等的管理，墙外损失墙内补，要对专业公司明确服务标准和服务频次，定期检查，要按照百分百的标准来要求各专业公司。过去，我们管理中常见的问题是以包代管，不仅没有因为专业公司的出色工作而获得更高的客户满意度，反而因为专业公司的某些失误造成整个物业管理的形象受损。因此，如果不能就专业公司的管理进行有效监督，就要果断组建自己的队伍来替代，一方面可以直接管理，按照公司要求提高服务；另一方面也可以有效降低物业服务总成本，增加盈利空间。今天，我们来分析老旧小区的物业管理,也许组建自己的队伍更有利于管理,资金紧张是一方面,能否实现无形服务的有形化,各服务专业度也是关键因素。如果没有专业人才而无法组建队伍,就要将资金压力与各专业公司分担,使之能够尽心尽力协助物业管理公司提高业主满意度。

对策五：加大社区资源的经营

业主资源可分为需求资源、财产资源、货币资源、无形资产资源（知识资源与社会关系资源）等。

其中,业主的日常需求是能够为物业管理经营广泛使用的资源,可有效获取最大收益。物业管理企业可以通过以下几种形式来经营。

特约服务。物业管理为业主个体提供服务,并收取约定费用。比如,信报代收服务、预约服务、清洁服务等。

社区商业。对于老旧小区,要加大对底商的管理,同时可以利用便利条件开展社区商业。比如送水业务、主食服务、打字打印服务、网络服务、广告服务等,每一项又可细分出数十甚至上百种业务,不仅面向本小区业主,还可以向周边辐射。

集成服务。搭建专业的信息服务平台,让业主的需求与社会服务资源的提供在这个平台上实现更紧密对接。通过对社会服务资源的搜集、统筹和组织,成为满足业主需求的中介,实际上成为服务集成商。

财产资源的经营,其形式有二：租赁和房地产中介。物业管理在这方面有很大优势,随着房地产三级市场的活跃,老旧小区所具有的地域优势和配套优势,使得租赁和交易会越来越活跃。而二手商品房的经营,也是一个可以预见前景的市场。

无形资产的经营,有利于物业管理企业的市场开发、小区文化环境的构建,通过经营,可以有效地提高企业本身的核心竞争力。

老旧小区物业管理尽管走过了十几年历程,但是还有很多未知有待探讨。国家的政策导向是一方面,业主的观念、消费能力、生活习惯等也是一方面。但是,我们可以得出这样一个结论：老旧小区的物业管理的许多矛盾带有时代的特征,是随着国家住房政策的变化而不断变迁的,住房的公共性问题愈来愈突出。今天,基于产权私有化的业主阶层与基于共用部位共有设备设施的管理之间的关系进入了一个新阶段,怎样在行使私权的同时确保公共权利的保障是一个更深层次的问题。这个问题不仅仅会引起法律上的冲突，更可能引起我们民族的历史和文化积淀与现代契约社会的理念冲突。从某种意义上说，物业管理的纠纷是我们国家公民身份确立必然经历的一种阵痛，也是住房公共性与住房使用多样性之间的矛盾反映。

第四章　住房共用设备风险问题

　　物业管理主要关注的是公共部位和共用设施设备。基于高层住宅的特殊性和建筑物区分所有权，物业管理是住房公共性的特殊表现形式。住房公共性与个体性的矛盾，集中体现在共用设施设备上。绝大部分物业管理的矛盾和纠纷，都聚焦于能否处理好这两者之间的关系。以风险管理为例，可以探讨一些规律性的东西。

　　住宅小区共用设备，指的是产权归全体业主，由全体业主共用的电梯系统、二次供水系统、给排水系统、配电系统、供暖系统、有线电视天线系统及消防系统等。目前，共用设备的风险管理存在以下不足：一是注重使用而忽视管理，设备的日常维护保养不到位；二是注重应急而忽视风险预防，没有把风险管理纳入基础管理当中；三是注重临时措施而忽视系统研究，导致共用设备风险隐患加大。

一、共用设备风险识别

　　由于住宅小区共用设备是以系统性的特征存在的，比如电梯系统、供水系统等，识别风险也要讲求系统性。我们知道，共用设备的运作一般包括运行、保养、维修三个环节。在各个环节上都存在不同风险，只有根据不同环节的特点进行风险识别才能使共用设备风险管理具有针对性。

（一）设备运行环节

设备运行环节是设备使用的过程，一般用设备的运行率来衡量。运行率＝设备正常运行时间／设备总运行时间。在运行环节，主要的风险有两种。

1.停运风险

是指设备发生故障，从而导致停运的风险。在住宅小区中，设备停运一般不得超过半小时，但属于专业部门提前通知的除外，比如供电部门提前通知停电等。而一旦设备停运超过物业服务合同中所约定的时间，物业管理企业就会陷入被动。一方面，业主的日常生活得不到保障，比如停水、停电、停电梯等；另一方面，将导致物业收费困难，进而影响企业经营。一般来说，物业管理企业都比较重视设备停运的风险，设有专门的应急预案，保证及时恢复。但是由于设备本身技术上的原因，并不总是迅速见效；有时由于运行人员的流失问题（比如维修服务人员流失或节假日期间的大量减少等），又不能马上解决。所以，停运风险影响面最大，后果也相对较重。

2.带病运行风险

带病运行，指的是设备存在安全隐患，在没有发现或没有消除的情况下继续投入使用。带病运行既有设备本身存在的问题，也有业主违规使用设备方面的问题。这种情况下，发生安全事故的风险是非常大的。其一，会对设备本身造成重大损害，导致设备老化过快或维修费用增加；其二，会对使用人员造成重大损害，导致极为严重的后果。某种程度上，随着共用设备技术不断更新和进步，操作使用设备需要的知识普及也越来越重要。加强对业主使用方面的培训，是长期的任务。

（二）设备保养环节

设备维护保养是设备管理各项工作的基础，是保持设备经常处于完好状态的重要手段。在设备保养环节，存在以下风险。

1.设备故障隐患

一般的设备故障有四种：磨损性故障、腐蚀性故障、断裂性故障和老化性故障。这些隐患，在日常保养中是可以处理的。而如果不及时处理，就会造成设备的过早磨损，甚至造成严重事故。积极做好设备的维护保养工作，在日巡视、周检查中，及时处理发生的各种问题，改善设备的运行条件，就能防患于未然,避免不应有的损失。

2.维修成本增加

维护保养做不好,就会造成维修成本的加大。以设备润滑为例,如果不能给设备以正确润滑,减少和消除设备磨损,就会缩短设备使用寿命,发生设备事故和设备性能降低的概率增加,维修成本也会增加。同时,也会加大设备摩擦阻力,加大动能消耗,增加设备的运行成本。

3.设备寿命缩短

1971年,英国的丹尼斯·巴库斯(Dennis Parkes)提出了设备寿命周期费用最经济为设备管理目标的"设备综合工程学",以设备一生为管理对象。作为住宅小区的共用设备,由于产权多元化的影响,设备更新费用筹集非常困难,因此注重设备的寿命周期费用问题就更为重要。只有延长设备的周期寿命,才能最大限度地降低周期成本。实践已经证明,搞不好设备的日常维护保养,就会极大地缩短设备寿命周期。瑞典的维修专家科德斯特·伊德哈马(Christer Idhammer)曾经研究了设备的日常维护对设备寿命周期的影响(如图4-1)。设备在使用过程中,如要延长寿命,就需要各种维护,这样,寿命周期会按 C 曲线发展;反之,则按 B 曲线发展。

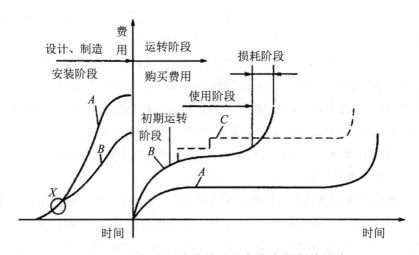

图4-1　设备的日常维护对设备寿命周期的影响

对于一个物业公司来说,不能仅仅从物业服务合同期限去考虑共用设备的管理,而应本着最大的责任心考虑设备寿命周期。现实管理中,这一风险至今没有在制度上予以明确。

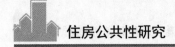

（三）设备维修环节

设备的维修环节是一个非常复杂的环节。既有技术上的、操作上的问题，也有风险维修的问题。从经验来看，设备维修必须把风险考虑进去，我们现在实行的中修、大修和点检制度都不同程度注意到了这一点。

1. 技术质量风险

住宅小区共用设备的维修是一项专业性很强的工作，维修工人的技术水平直接影响到共用设备的维修水平。一方面，由于维修工人的流动性较大，社会竞争比较激烈，物业企业所能给予的薪酬水平一般不能满足其要求。所以，维修工人学习技术的热情较低，也导致在设备维修中留下许多技术隐患。比如，维修中对故障原因不能彻底查明，尽管设备可以运行，但很快就又出现故障。如此反复维修的现象，在很多企业都存在；另一方面，新设备层出不穷，较为高级的人才无法被吸引到物业管理行业，新技术维修也处于低水平，跟不上社会发展的需要。低水平的技术质量，必然带来诸多人为的技术风险，使得住宅小区的设备风险有增加趋势。

2. 安全操作风险

从某种程度上说，共用设备的操作风险日渐明显。一是没有按照规定佩戴劳保用品；二是没有按照安全操作规程进行操作。以电梯为例，维修期间发生的事故，多数是由于检修人员不按规范进行检修做业。如开启厅门而不设立危险标志或派人看守，短接安全回路行车等造成厅门处事故。拿电梯剪切、碰撞事故来分析，或是门锁开关被短接或是应急按钮被短接，又或是门锁电路短接，都会造成门连锁失效，电梯在层门未完全关闭时仍可以运行，这种情况下，如果有人在层门与轿门之间，就可能发生剪切、碰撞事故。

3. 安全事故风险

共用设备的维修最大的风险是事故风险。一旦在维修过程中没有排除故障和隐患，必然引发事故。以高层住宅消防系统来说，如果消防水泵没有维修好，就会启动不起来，消防水上不去，从而加重火灾灾情，造成极其严重的后果。住宅小区的消防系统一般都是"养兵千日、用兵一时"，在日常的巡检中很难发现问题。只有在试运行中才会发现问题，这时如果不能迅速准确地加以维修，一旦启用，事故风险概率会非常高。

正是基于对维修和事故关系的认识，近年来风险维修的概念开始流行起来。所谓风险维修（Risk Based Maintenance），就是基于风险分析和评价从而制订维修策略的方法。风险维修对设备周期寿命的影响如图 4-2 所示：

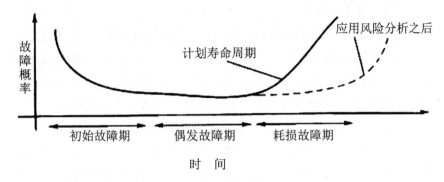

图 4-2　风险维修对设备寿命周期的影响

　　从共用设备的运行、保养、维修三个环节，我们讨论了设备存在的风险。可以看出，对于物业管理企业来说，系统识别这些风险是非常重要的，因为直接关系到设备管理的成本支出问题，而设备的成本支出又和设备寿命周期直接相关。目前，物业管理行业市场发展并不理想，一味降低物业管理费用的倾向从未停止，而多产权、业主委员会的不成熟等都限制了对设备的全方位管理，因此从设备寿命周期角度来考虑，加强日常维护保养极为必要。

二、共用设备风险衡量与风险预防

　　在系统识别住宅小区的共用设备风险之后，要进行定量的分析和描述，也就是要进行准确的衡量和评估，这是共用设备风险管理的进一步深化。由于住宅小区的共用设备不同于其他行业，对风险的衡量和评价有赖于小区业主和管理企业双方的承受力。所以，深入研究评价问题，才能关口前移，加强风险预防。

（一）从成本角度看共用设备风险损失

　　共用设备风险损失一般从形态而言，可以分为有形损失和无形损失两类。如果从成本的角度来考虑，可以分为风险的直接成本、间接成本、故障或事故后果成本三类。由于共用设备成本在物业管理成本中占据很大比重,对物业管理企业影响很大,所以,我们主要从成本的角度考量风险损失。

1. 直接成本

直接成本包括日常维护成本、预防与预测维修成本及纠正性改善成本。

日常维护成本的增加主要是由日常保养维修过程中的风险造成的。比如为保障维修及时率,需要增加人员的费用;为了保证运行不间断,储备一定人员的费用;还有磨损过程中增加的能源费用,重复维修造成的材料浪费等等。预防与预测维修成本,则与故障频繁和事故较多有关。为了减少故障,需要预防性的检查和维修成本的增加,设备老旧程度增加以后,需要频繁的安全检查和进行大修及项目改造等等。纠正性改善成本,则针对业主住户反映的突出问题,或是应对政府主管部门要求投入资金改善的部分设备、零部件等成本的增加。

直接成本是风险损失的直接表现形式,它是一定时期(比如事故发生以后)短期必须增加的成本。除此之外,为了赔偿业主损失而需要的支出,也属于直接成本。直接成本一般能迅速地为企业所关注,但不会长久,这也是我们前面提到风险管理存在注重应急而忽视系统预防的问题。

2. 间接成本

间接成本包括组织、管理、后勤支持成本。

组织成本指的是为了改善风险状况,要在组织上对机构、人员、技术配备、安全措施等进行调整。组织成本的增加有时会严重影响企业正常的经营活动,导致其他重要的管理工作发生问题。管理成本则是为了应对风险而要多支出的检查费用、检测费用、管理人员的费用,包括管理体系的部分调整、分工、考核等。后勤支持成本则指别的部门和机构为应对设备风险需要做出调整从而增加的成本。

间接成本一般无法有效地加以衡量,但它对物业企业的总成本影响较大。这种成本会在较长一个时期存在,而且严重影响企业战略的顺利实现。

3. 故障或事故后果成本

故障或事故后果成本,则包括企业健康、安全和环境成本;生产服务延误成本;材料设备损坏成本;信誉损失成本。

一定的故障或事故后果,必然导致企业整体健康、安全和环境上的成本增加。比如为了一次配电事故,可能在安全教育、培训、劳动保护上都要有所调整,可能在配电室的环境和基础设备上加大投入,可能在和业主沟通上增加沟通的成本,以及为消除事故影响而向政府有关部门做出承诺等等。在生产和服务上,则要对设备停运、故障造成的业主的损失进行赔偿,投保第三者责任险,甚至为完善对业主大会的承诺降低物业费或提高服务水平等等。材料设备损坏成本一般表现在设备周期寿命的缩短、部件和材料的更新周期缩短,甚至要对整个物业的贬值负责。至于信誉成本,就更是显而易见的。尤其在市场竞争日趋激烈的今天,信誉和声誉就是企业的生命。在招投标过程中,往往还意味着机会成本的增加。

故障或事故后果成本的增加,可能是风险应对本身无法完全衡量的,它对企业的核心竞争力和发展战略都至关重要。企业为了消除风险后果,可能要付出长期和艰苦的努力以及巨大的成本。

(二)共用设备风险的频率和程度表现

住宅小区设备风险的频率和程度表现是不一样的。以往,在物业管理当中会对共用设备进行一定的分类,如分为一、二、三级设备。一级设备主要指特种设备,直接涉及业主生命和财产的安全,比如锅炉、电梯等。二级设备,则指影响面比较大,在物业费用构成中单独取费的项目,如二次供水系统、避雷系统、中央空调系统、消防系统等。其余的属于三级设备。

从分类可以看出,特种设备风险频率较高,程度也较重,在住宅小区物业费用构成当中,电梯费用基本占到五分之二。而政府部门的监管也是最强有力的。针对电梯事故,政府组织了专门的应急解救队伍,广大业主也可以拨打“110”求救。因此,一级设备的风险管理,已经开始纳入社会风险防范体系。当然,一级设备的风险影响也是不言而喻的。

二级设备风险也相对较高,尽管频率不是太高,但程度严重。比如二次供水系统,一旦停水或者水质化验不合格,都可能引发群体性事件。物业管理企业一般都有一定的紧急预案。但是由于一些老旧小区最初设计的原因,消防通道被占用、二次供水水箱不合格等问题也困扰着物业管理行业,设备隐患无时不在。

三级设备频率较高,但是影响程度不大,能够迅速恢复。比如楼内的给排水系统等。

（三）物业管理企业对风险的承受能力分析

物业管理行业如今已是高风险行业，从美然动力到美丽园事件，物业行业服务方和被服务方的博弈有日渐激烈的迹象。《101条风险管理准则》第96条提出：确定自己的风险偏好之程度并据此调适主观直觉之判断（Determine your personal level of risk a-version and temper intuitive judgments up or down accordingly）。物业管理企业首先必须了解自己企业对风险的承受能力才能制订良好的应对策略。

决定物业企业承受能力的因素有三点：规模、信誉和风险管理水平。

规模是物业管理企业竞争力的体现。物业管理行业是微利行业，具体到北京普通住宅小区的物业管理，毋宁说是无利行业。如果没有一定的规模，先不说日常运行能否维持，仅仅共用设备费用的不足就足以挤垮任何一家物业管理企业。可以说，规模是效益之本。达到一定规模，企业才能经得起风险的考验。

信誉是物业管理企业生存的保证。没有信誉，物业管理企业也是寸步难行。尤其是面对数不胜数的风险，没有一定信誉的企业是无法生存的。北京市正在完善的物业企业信用系统，就是为有信誉的企业提供一个发展的平台。无法设想，一个没有信誉的企业，会从设备的寿命周期考虑，而不是得过且过，过了合同期限挣了钱就走。

风险管理水平是物业管理企业发展的基础。众多的物业企业都实行ISO9001质量体系认证，而且有相当一部分还实行了安全和环境认证。原因无非是通过不断提高风险基础管理的水平，为其发展打下一个坚实的基础。因为谁都知道，任何一个风险事件如果处理不当，影响都是无法估量的。

所以，通过对企业规模、信誉和风险管理水平的衡量，企业就能确定风险自留的底线，也就是风险承受能力，从而为企业发展留出足够的空间。

（四）风险评价的社会放大效应

任何风险都有放大效应。中央提出防范三大风险，应对的也是中国经济社会发展中的不确定性。而住宅小区的共用设备风险放大效应也不应小觑。物业管理属于服务业，而且属于提供准公共服务的服务业。因此，属于服务业的特征都具备。其中，最明显的就是10/90定律，即10%的业主评价决定了90%业主的评价，有10%的业主不满意，就是100%的不满意。在对物业服务的评价上，大多数人是沉默的，而只有10%的人要表达意见。针对共用设备的风险，哪怕仅仅涉及极少的人，其在媒体上宣传、在口头上流传也会使得事件广为人知，直接影响物业企业的声誉。

所以，关于共用设备风险的评估必须考虑物业服务的特点，从一开始就考虑广大业主的承受能力，尽可能地加大风险预防，使风险消灭在萌芽状态。为此，物业企业衡量和评估风险就不能想当然，必须做到数据准确、措施得当、控制有力。

三、共用设备风险管理的思路

住宅小区共用设备的风险，基本上都是纯粹风险。从某种意义上说，设备的风险是无法规避的，关键是怎样控制好风险。住宅小区的共用设备是通过消除管理风险来进行风险管理的。

（一）风险的规避

风险规避主要是指物业在承接验收过程中尽可能地规避风险。

在物业承接验收时，要尽可能地对共用设备进行仔细的查验，对设备资料的交接、设备的遗留问题、设备风险等环节做好记录。之后，在合同签订时，要明确哪些是开发商的责任，必须由开发商来解决；哪些是设备供应方的责任，必须在保修阶段加以解决；哪些是使用上要注意的问题，在物业服务合同和业主公约上加以明确。只有这样，才能规避未来设备管理的风险，把风险降到最低。

（二）风险的控制

风险控制是住宅小区共用设备风险管理的主要方式。

1. 建立公示制度，加强风险沟通

随着业主维权意识的觉醒，其对共用设备的关注也提上了日程。许多业主也在积极了解物业设备的状况。作为风险控制的环节，物业企业必须建立公示制度，把设备的真实状况告知业主。比如对消防状况的公示，告知业主不要占用消防通道；比如对供水水箱的改造问题，及早让业主知道；停水、停电、停暖之前及时告知全体业主。经常组织业主座谈会，了解大家对共用设备使用方面的问题，及时加以解决。甚至可以组织部分业主参观共用设备，了解设备运行的基本状况。通过公示，增加业主对设备管理特殊性的认识，取得业主的支持。这样，共用设备在日常使用时，大家也能够自觉爱护设备，杜绝私自开电梯、拆改公用管线等不安全行为，降低安全事故发生概率。一旦发生事故，也可以减轻责任。

2. 加强运行、维修人员的安全教育和培训，消除不安全行为

在识别风险时，我们已经知道很多风险实际上是人为造成的，消除人的不安全行为和消除设备的不安全状态同样重要。随着小区共用设备的技术进步，一方面设备操作人员不断减少，维修人员不断增加；另一方面，操作人员的技术含量下降，而维修人员的技术含量却年年上升。此种情况如图 4-3 所示：

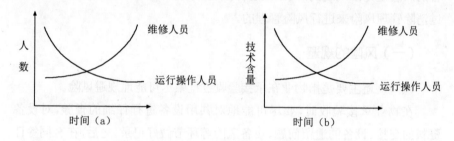

图 4-3 维修和运行操作人员变化趋势
（a）时间—人数变化曲线 （b）时间—技术含量变化曲线

因此，要重点建立维修人员的安全教育制度，加大培训力度，提高技术水平。特别是要加强安全操作规程的学习，做好技术交底工作。当然，也不能忽视运行操作人员的培训，特别是增加广大业主的安全常识。

3. 认真检查、科学评价设备风险，消除设备不安全状态

要杜绝设备带病运行事件发生，就要物业企业做好各项检查工作和日常的维护保养，保证设备完好。对此，需要投入资金进行改造的，一定要投入资金。在设备管理上，不能不分轻重一味要求降低成本。要知道，"磨刀不误砍柴工"，保持设备完好才有可能消除设备隐患，达到设备周期寿命费用最

小的目的。

4. 加强预案管理和应急处理

"凡事预则立,不预则废。"风险管理就是如此。在共用设备管理中,预案是很重要的,不仅确定了事故应急处理的程序,而且教育每一个操作人员都能时时把风险防范放在心上,使之成为设备管理的常识。《101 条风险管理准则》第 101 条提出:"普通常识是风险管理中最重之要素。"(Common sense is the most important ingredient in risk management.)日本在 20 世纪 70 年代就提出了"全员生产维修制"(TPM),强调全员参加全过程管理。所以,预案管理必须是全员的。

(三)风险分散

风险分散主要是指对共用设备进行不同组团和项目的管理。这样发生风险以后,使得风险分散到各个小单位,控制风险影响的范围。同时在选择物业项目时,也应有意识地注意风险项目的组合,使得风险大的项目和风险小的项目相搭配,从而降低风险发生概率。

(四)风险自留和风险转移

在共用设备管理中,应当有一定的风险自留,这些风险是可以消化的。这就需要建立一定的风险基金,自行承担风险。在处理自留的风险时,企业要千方百计地减少设备风险发生的概率和风险损失程度。比如找有经验的维修人员及时修复,做好财务准备,与有关法律人士做好风险处理等。同时,将共用设备管理分包给不同的专业公司,也是风险转移的有效途径。比如,将电梯承包给专业电梯公司,避雷选定有资质的监测站,供暖交给热力公司等。在合同上明确约定双方的责任,物业企业要有"责任免除"的条款。此外,还可以采用保险转移的方式,购买公众责任险,为员工办理工伤保险和意外伤害险等。

(五)把风险管理纳入 ISO9001 质量管理体系,从基础环节加强风险预防

ISO9001 质量管理体系是被实践证明的有效的管理模式。特别对物业管理企业来说,质量管理体系可以在分项质量目标、过程控制、工作文件等

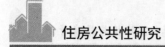

各个层面加强日常基础管理。风险管理纳入质量体系，就是从人的不安全行为、物的不安全状态和管理上的缺陷等方面做详细的规定，从而纳入基础管理（请参阅《工程项目管理》第 149-151 页）。近年来，国家标准化组织也在不断完善质量体系标准，对风险的重视程度越来越高。当然，这样也有助于培养企业和员工风险预防的意识和习惯。《101 条风险管理准则》第 75 条："应以书面形成建立行政处理程序。"（Establish administrative procedures in writing.）写自己所做的，做自己所写的，也是 ISO9001 标准的题中应有之意。

通过以上的讨论，我们可以得出这样的结论：住宅小区共用设备的风险管理非常重要，必须纳入物业管理企业的发展战略当中。当前，国家已经意识到住宅小区在和谐社会建设中的作用。北京市老旧电梯隐患整改工作的重重困难，也促使政府加快住宅小区共用设备长效管理机制的出台。这些是有利的方面。不利的方面，国家今后对住房结构的调整，使得小户型、多产权日益成为住宅小区的基本特征，住宅共用设备的管理将日益困难。费用紧张是一方面，另一方面是产权人、业主委员会、社区政府和物业公司的多方博弈，将使共用设备风险有加大的趋势。在这样的环境下，必须把住宅小区共有设备的风险管理贯穿物业管理服务的全过程，从每个环节制订详细的风险管理策略防范风险。只有这样，共用设备基于可靠性的寿命周期管理才不是一句空话。只有这样，在可以预见的将来，住宅小区共用设备的风险管理才会有极大的发展。

第五章 物业服务内在矛盾分析

——以电梯服务为例

　　诚如第一章所述，物业管理与电梯的产生有很深的渊源。电梯既有轿厢这种公共空间又有共用设备的特点，因而电梯服务也是物业管理各项服务最典型的代表。分析电梯服务的内在问题，将凸显住房公共性与需求多样性之间的矛盾。

一、接受服务的公共性与支付费用的个体性之间的矛盾

　　随着住房制度的改革，住房产权进一步多元化。根据普通住宅小区物业收费的规定，电梯费用只向产权人收取。过去，产权人多为单位，对于电梯运行、维修费用，产权单位可以承受，所以物业公司也能较好地收取。产权人转为个人之后，电梯费用对于产权人来说就构成了沉重的负担，加上住户没有养成缴纳电梯费用的习惯，这就造成费用收缴十分困难。况且，目前物业市场的法律法规也不够完善，业委会的运作尚不规范，物业管理企业收费要直接面对众多产权人，因此困难颇多。

　　但是，电梯又是住户出行之必备工具，须臾不可离开。即使部分产权人不交费，电梯仍无法停运，它毕竟是一种公共服务设备。这样，不言而喻，运行、维修费用跟不上电梯运行、维护要求，长此以往，就无法及时进行大、中修。至于电梯的更新改造问题，因为物业管理企业要同人数占不少的产权人协调收费标准，收取费用，就更为困难。

　　按照现行状况，物业管理企业只能从别的方面来补偿物业管理资金费用的不足，增加电梯服务的投入。但实际情况是，物业管理费等公共性服务

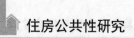

费近期进一步下调,加之普通住宅小区多为老旧小区,福利型服务和经营型服务方式并存,收费难问题很难得到根本的解决。

二、管理服务的高期望值与经营收入的低水平之间的矛盾

市场经济的发展,促成了住户自我维权意识的觉醒:我交了钱你就要提供优质服务。从卖方市场到买方市场的转变,是在极短的时间内进行的,由于社会主义市场经济的递进性,契约双方的平等关系不可能一蹴而就。加之,物业管理是朝阳产业,市场准入的低门槛造成物业市场竞争的无序性。这种无序性作为外部环境,同计划经济时代不注重成本核算的内部环境一起,强化了产权人的特殊思维定式:在定标过程中拼命压低物业管理费用,但又不断提出各种高标准的服务要求。而物业管理企业也常以低价作为竞争策略。实际上,最终的结果是两败俱伤——从接管前的承诺到接管后无力付诸兑现,造成物业管理的诸多问题。

最主要的事实是,住户的经济收入还是较低的,这也决定了即使物业管理企业千方百计广开财源,主营业务收入仍将是低水平的。这样,在住宅小区电梯服务上,物业管理企业基本上只能靠规模优势才能获得微利。一旦电梯安装时间比较接近,到期需要大中修甚至更新改造的电梯数量就会很大,资金短缺的状况就不可避免。

三、服务评价的个体性与服务对象的公众性之间的矛盾

服务对象的公众性,这好理解,也就是说电梯服务的对象是整栋楼的住户,所以必须兼顾所有住户的共同需要,譬如我们规定的"乘梯须知"的要求,就是在住户之间达成一个共同的契约,例如不能运自行车、不能运狗等,为的是维护大多数住户的利益。但是,对象虽然具有公众性,住户的需求却是多种多样的,少数人和大多数人的矛盾必然造成电梯服务的无所适从。举个例子:如果某一部分人——养狗的人非要运狗,另一部分人却又非常厌恶运狗,对有过错的一方——要运狗的住户不敢制止,制止只会带来辱骂甚至伤害,这种情况下,要做到使大家都满意就非常困难。

正因为如此,就存在事实上的服务接受对象和服务评价主体的错位。按

道理说，我给谁服务，谁就是我服务的最终评价人。但是电梯服务不同，服务时接受对象是大家，但评价时——大多数情况下，依靠住户投诉来反映（譬如在媒体上投诉或呼吁的）的往往是个别人。即使想获得一种公共评价，也没有客观尺度，对所有住户的走访是不可能也没必要的。在这样的情况下，一个好的电梯服务挡不住一个有恶意住户的投诉。

四、法律法规的强制性与管理服务的契约性之间的矛盾

电梯服务涉及很多政府部门，比如市劳动局、技术监督局；区县劳动局、技术监督局；市房地局、小区办等，每一个部门都对电梯服务的某一方面制订了相关的法律法规，但这些法律法规针对企业的较多，而针对住户的较少。对于住户违反规定的行为，包括损坏电梯设备、辱骂电梯司机等，往往执法不力。许多管理规定虽然出自物业管理企业之手，但企业并没有执法权，住户行为完全依靠自身素质，物业管理企业对此无能为力。实际上，物业管理企业与住户的关系只是一种经济契约，是委托与受托的关系。由于授权方（业主委员会）对个体业主往往只能靠说服劝阻，实际作用不大。比如部分住户私自配置电梯钥匙，严重影响电梯的安全运行，但这个事情无人负责。一边是政府的法律法规，物业管理企业必须遵守执行；一边是物业管理企业与业主行为的经济契约，无强制性。这样，在电梯运行、维护中企业可以自主的范围很小。三年一中修、六年一大修，维修计划并非完全依赖于对设备状况的掌握，所以计划往往与实际运行状况不符。对设备运行维护要求进行有力的控制，而对日常管理维护状况又控制无力，一硬一软，把物业管理企业夹在中间，很难进一步提高服务水平。可见，通过立法，处理好政府部门、物业管理企业和业主三者间的关系是电梯服务亟待解决的问题。

综上所述，可以看出，要想提高物业服务的水平，仅靠物业管理企业的努力是不行的，它需要整个社会大环境的改善。只有把实现物业的保值增值作为基本目标，同时营造良好的社区空间成为大家共识，才能调动企业和居民的积极性，不断提高服务质量和水平。

第六章　服务检查是物业管理的基础

服务检查是物业管理的基础服务。物业管理行业原则上可以分为两类主体：一是各种专业供方，可称之为物业服务企业；一类是集成服务商，直接统筹物业的管理与服务，可称之为物业管理企业。作为一般物业管理企业，对各供方的管理是最主要的日常工作，因此做好各项检查就是基本功。只有通过经常性的服务检查，才能及时纠正服务中存在的问题，找到持续改进的措施和途径。服务检查也是协调各专业服务供方，共同实现物业管理目标的基础手段。

一、检查方式

服务检查的方式按照不同的内容可以分为不同的类型。

1. 按照时间来划分，可以分为日查和夜查（按一天来分），月查、季检和年检（按时间段来划分）。

2. 按照区域来划分，可以分为普查和抽查。

3. 按照性质来划分，可以分为重点查和一般查。

二、检查过程

服务检查属于日常性的工作，所以提前设计好工作流程非常重要。随着智能社区的普及，检查需要的手段也越来越先进，科技手段的应用基本上能够做到实时监控，但监控无法代替人工检查。原因在于，检查既可以到现场沟通，又可以及时处置服务问题。服务的特点决定了现场的重要性，事后的处置不仅困难而且效果不明显。

一般来说，检查可以按照设计、计划、验证和改进四步进行。

设计，就是要根据所管物业服务区域的特点制订一套检查的方案。对于较小区域，要尽量做到普查，按照日检、月检和年检的顺序，尽可能多查。但是检查人员的配置上则应该精简，争取发现的问题当场解决。对于中等规模的区域，则必须突出重点检查和抽查的频率，特别是经常出现问题的区域和设备。月检测要力求总结，找出本月的突出问题，在制订计划的时候确定下一个月的目标。检查人员可以相对增加，但仍以简约为原则，特别是提高检查人员的分析能力和统筹能力。对于规模较大的区域，则要把重点放在年检的普查上，对夜检也要予以重视。必须靠规章制度，靠化整为零的方式，也就是说在年检普查的基础上，根据住户的意见，制订有针对性的措施和制度，据以贯彻之。此外，在人员配置上，结合承包制度，则要相应地把承包单位也管起来，重点是落实服务班组的自治体制，有什么问题在服务班组会上能及时提出并解决。只有把检查和自查结合起来，才能统筹兼顾，不留死角。同时，对物业服务人员的教育问题也要跟上，特别是安全教育问题。

计划，就是说检查必须有针对性，不能为检查而检查，要能有效地解决问题。根据物业服务检查的特点，计划工作可以分为月计划、年计划和周计划，分别对应少量、中量和大量的服务项目。越是小的检查，其检查计划的确定越可以宽泛一点；相反，越是大量的检查，其检查计划则要更细，其范围当然更小了。这一点比较难于理解。关键就是说小量的管理要做到由小见大，大量的管理则要做到化大为小。至于中量的服务工作，则介于两者之间，两个方面的工作都要做。这是物业服务工作的一个突出的特点。人员配备上，也是中量的检查人员最多，小量和大量的检查工作可以适当精简人员，人越多反而越乱。计划也依次变化，中量的服务工作其计划应尽可能地详细和有针对性，小量的计划主要针对当月，大量的则要针对年计划和周计划。

验证，就是对检查再检查。没有一次检查就可以完工的，因为物业服务的工作很可能因为检查人员的懈怠导致整个服务工作的松懈，这样对检查人员的再检查就势所必然。这部分工作当然是相关的领导来进行。这种验证工作可以分两方面：一是抽查，对检查过的区域再抽查，主要选一些检查不到或检查完了依然有住户投诉的地方，这些地方最容易暴露出检查工作的问题。二是追踪，对检查记录上问题的处理进行追踪，看看效果如何，是否过一段时间又会出现。这样可以检查出我们检查工作的基本效果，为及时地改

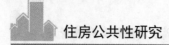

进检查纠偏工作打下基础。主管服务工作的领导一定要定期抽出时间下去检查,只有这样才能把握物业服务工作的现状,解决检查工作的问题。

改进,是针对两方面的改进。一是针对检查中出现的问题,按照其普遍程度进行归类,采取相应的措施和对策。二是针对验证过程中的问题,则要相应修改检查的方式和计划,改进管理。这项工作的有效开展,是同有关领导者的分析和综合能力分不开的。发现不了问题,或者发现了问题找不到普遍性,或者是找出了普遍性不会分析,找不到解决的办法,都不行。应该说,服务检查碰到的琐事很多,但是在改进中则必须去粗取精、由表及里。

三、检查标准

检查总要有标准,按照什么标准检查,也直接影响到检查质量。根据国家的有关规定,特别是规范化服务标准,我们可以检查的内容很多。但是不能什么都检查,这样不仅时间不够,也扰乱了正常的服务工作。按照物业服务工作的特点,实际上,住户最关心的问题才是我们必须检查的问题。住户投诉多的问题,才是检查的重点问题。以住户的需求为标准,满足住户的合理化需求,才能有重点、见成效。

四、需要注意的几个问题

没有任何检查是万能的,但没有检查是万万不能的。关键是要靠一整套加强管理的措施,只有搞好这些措施,检查工作才能有的放矢、事半功倍。

(一)加强管理人员的培训和教育

管理人员在检查时不认真或者态度不严肃,直接影响物业服务人员的服务态度。管理人员处理矛盾的时候,不积极想办法,也会适得其反,造成相关服务人员的懈怠。所以,加强管理人员的培训非常重要。具体说,就是要求管理人员摸清底数,明确标准,正确引导和积极协助。

（二）正确和及时处理投诉问题

按照国际标准，服务工作的核心就是一个持续改进的问题。有住户投诉的时候，必须及时回访和调查，分清责任，酌情处理。很多投诉带有住户的情绪，或者与事实不符，但是也应正确对待，反省我们在检查中是否发现过类似的问题，而不能文过饰非，不去处理。处理好一起住户投诉，对物业服务工作就是一次促进。

（三）搞好和有关单位的关系

检查不是全面的，真正全面的检查和监督在住户那里。对于居委会、家委会、办事处和派出所，甚至有关的产权单位的意见，要及时听取，建立经常走访的制度。这些可以作为我们检查工作的有利补充，毕竟住户才是全天候的检查者。没有他们的协助，我们的检查工作就非常有局限性。所以，搞好和有关单位的关系，采纳他们的意见和建议，也是搞好服务检查工作的一个有效途径。

总而言之，物业服务检查工作在物业服务工作中占有一个很重要的位置，甚至是一个核心的位置。没有一个良好的检查体制，根本不可能掌握物业服务的整体状况，发现存在的主要问题，满足住户的迫切需求。为此，应该在加强各项物业服务管理工作的同时切实地把检查工作做好。相对于其他服务工作，服务检查是一项日常性的扎扎实实的工作，没有检查工作的配合，管理就成了无源之水。搞不好检查，管理就成了头痛医头、脚痛医脚，变成了救火队，让人难于应付。反之，良好的检查工作，有利于及时发现物业服务中的普遍性问题，能更好地促进物业管理工作进一步规范化，逐步提升整个物业服务的水平。

第七章 物业费收缴问题的社会文化因素

物业费收缴问题,是一个具有中国特色的物业管理问题。

为了解决这个问题,各个企业探索了很多办法。以深圳彩生活集团为例,其新业务模式的初衷就是解决物业费收缴问题。从某种程度上说,物业费收缴问题关系着行业的持续发展。但正如前文已探讨过的,住房的公共性问题始终没能进入政府的管理视野,按照经营性思路去规制物业管理,物业费收缴问题就是一个无解的问题。在物业费收缴上,集中了中国急剧城市化过程中的诸多矛盾,政治的、经济的、社会的和文化的问题交织在一起。毋宁说,形成正常的消费意识是传统文化转向契约文明的必由之路。而在拒交物业费的背后,则隐藏着社会文化深层次的问题。

孔子说:"己所不欲,勿施于人。"孟子说:"老吾老以及人之老,幼吾幼以及人之幼。"大概的意思就是凡事都要推己及人。孔子是从道德底线上说的,也就是从最消极的意义上说,你不想要的东西,也不要让别人要。孟子是从道德自律意义上说的,也就是从最积极的意义上说,你想有的,也希望别人有。今天看来,这两种观点都从人类整体的角度谈到了伦理的最基本原则。21世纪,世界正加速进入全球一体化,孔孟之道的普适意义愈来愈显现出来。

那么,我们就从孔孟之道谈一谈业主拖欠物业费的问题。我们知道,物业管理不是从来就有的,是市民社会发展到一定阶段,住房管理进入专业化阶段才开始出现的。实行物业管理的前提就是住房是私人的财产,只有私人的财产,物主才会关心它的保值和增值;因为如果是公有财产,一定意义上无法找到真正的物主,而普遍存在的"搭便车"行为(公共服务的公共性,不会因为某人的不付钱而停止供应),必然对财产本身的价值有所忽视。回顾一下我国计划经济时代的住房管理,就可以知道其效果如何了。因此，当今中国真正意义上的物业管理应该是从1998年住房制度改革以后才开始的。大概也就不过二十年时间，在这二十年时间里，想让业主明白物业管理的作用，想让业主把物业服务和房产价值联系起来，是不现实的。这是所有探讨物业管理收费难的解释看起来都像缘木求鱼的原因。

不可否认，业主的消费意识、物业服务水平的低下、业主自律意识、公共生活的设施不足等都是导致业主欠费的原因。但是，根本上的，业主仍然没有把自己的住房当作商品，没有把它当作可以保值和增值的黄金等价物。即使目前有很多业主立足于炒房，也只是当作短期牟利的工具，而没有把住房当作长期持有的资产，更不用说当作分享城市化红利的必备手段，甚至当作生活方式的外在支撑。如果有一天大家对房子的关注也达到这种程度，真正实现房子是用来住的，拖欠物业费的行为估计有可能消失了。

所以，应该提出一个概念，就是关心自己从关心别人开始。

因为关心自己，首先要关心自己的财产，多少关于遗产继承的是是非非，无非说明了什么感情都要经过经济利益的理性计算。现代社会，首先是一个经济社会，作为这个社会最基本的假设就是"人是一个经济人"。"经济人"就要凡事从利益考虑，只有利益才能适应市场经济等价交换的考验。财产是一个人的立身之本，"钱不是万能的，没有钱是万万不能的"，关心自己的财产就是关心自己。既然如此，作为很多人财产最大组成部分的房产是孤立的吗？不是。否则，就不会有"建筑物区分所有权"的概念了。除了个别建筑以外，大部分的房产都有自己的私有部分和共有部分。所谓财产的保值增值是两部分的共同保值增值，不能设想私有部分增值而共有部分贬值，因为二者是无法从实体上分开的。这就需要业主关心共有部分，只有共有部分保值增值了，私有部分的保值增值才有保证。也就是说，要关心自己，首先要关心别人，不是指别人的私有部分而是和别人共享的共有部分。那么共有部分怎样才能保值增值呢？靠物业管理企业的物业服务。物业服务本质是公共服务，是服务于业主没有时间也没有能力关心的地方，小区的绿地、道路、停车、小区的秩序、小区的公共生活等都是这样。一个好的小区，不仅体现在房屋质量好（私有部分价值高），也体现在小区环境、小区物业服务好（共有部分价值高）。如此，我们来看业主拖欠物业费损害了谁的利益？物业公司的物业费不足，自然就会降低共有部分服务的水准。比如说，你的共有设备本来可以安全使用 20 年的，结果只能使用 10 年，那么共有部分价值就缩水了 50%。因此，业主拖欠物业费从短期来讲，自己省了不少的物业费，但是从财产的价值来说，损失更大。尤其从生活空间的体验上，更是得不偿失。可以说，谁不关心共有部分的保值增值，谁的私有部分肯定会贬值，因为在出售时你是无法只卖私有部分不卖共有部分的（建筑面积里本身就包括了共有部分）。

其次，关心自己还要关心自己的生活。房子不是一时的事，对于大多数用来自住的人来说，房子是一世的事（至少在你有能力再购买一套房子之前）。既然如此，就必须关心自己的生活。通俗一点，就是关心自己的邻居、关心自己的社区，因为你大部分不上班的时间都是在这里度过的，如果环境脏乱差，如果邻里关系因为共有部分的纠纷闹得鸡飞狗跳，生活质量从何谈起？心情不好，诸事不顺，岂不是度日如年？那么，好的社区环境靠谁呢？不错，要靠地方政府，要靠办事处、居委会，但是更要靠物业管理企业。只有物业管理企业是 24 小时为大家服务的。水电煤气供暖同油盐酱醋茶一样是生活必需之物。想想 2003 年抗击非典时期，是谁一天也不放假同你朝夕相处？想想每年过年燃放烟花爆竹，是谁不能回家而陪你度过欢乐的夜晚？是物业管理企业，是为小区服务的物业服务人员。如果业主拖欠物业费，企业没有钱，员工待遇低，物业服务水平必然下降。在物业服务成本中，80% 以上是物业服务人员的人工成本。我们想想，如果辛辛苦苦工作挣不来钱，那么结果就是物业工作人员消极怠工、得过且过。你想求优质服务从何谈起呢？物业服务不好了，小区的秩序没有保障，小区的环境日渐恶化，广大业主的烦恼也会一天比一天多。

最后，关心自己，还要从其他业主来考虑，也就是说要关心其他业主的利益。人不是生活在真空中，而是生活在社会上。在小区里，不可能不和他人打交道。你和他人出现纠纷了，谁来协调？个别业主侵害了大家的利益，谁来主持正义？你的楼上漏水了，损害了你的利益，谁来帮你解忧？当然，你也可以和他们诉讼，但是低头不见抬头见，还要讲究一分人情吧。那么，怎么办？这就需要物业管理企业来协调方方面面的关系。一个和谐的社区，离不开一个和谐的居民。"远亲不如近邻"，保持邻里和睦，才是真正关心自己。可是如果业主拖欠物业费，其他缴费业主的利益肯定受到损害。因为要办的事不会因为钱少就减少，也不会因为少钱就不办。那么，退而求其次，只能降低服务标准，大家都平摊了事。长此以往，在业主之间也会造成很多矛盾，有车的和没车的、交钱的和没交钱的、在小区工作的和在小区生活的……诸如此类，必然引起对公共事务的尖锐矛盾，想通过博弈达成社区业主一致意见几成妄想。没有统一意见，只有自由意志，小区管理无法开展，小区公共事务就无法进行，那时物业管理企业也无所适从，最后损害的一定是全体业主的利益。所以，关心自己一定要关心其他业主，关心其他业主就不能拖欠物业费，这似乎也是不言而喻的。

"己所不欲，勿施于人。"既然谁都不想造成自己生活质量的降低（从大家对物业服务标准不满可以看出），那么就不要拖欠物业费。我们国家的物业管理市场才刚刚起步，风起云涌的业主维权说明了业主意识的觉醒。第三方的中介机构也在不断完善，法律法规逐渐健全。在这种大环境下，还在纠缠于物业费的交与欠，只能说明社会发展与人的觉悟提高有着怎样的差距。站在人的立场上，我们必须遵从普世的基本价值，只有解决了这个基本问题，我们才不会讨论业主拖欠物业费到底损害了谁的利益。存在主义说：他人即地狱。我们希望不是这样，人的世界里，自由永远依赖于每个人的自由。尊重住房的公共性，才能真正确保自身利益。

第八章　物业成本的公共难题

与全世界相比,我国城市化进程异常迅速,住房价格的高涨和房地产市场的失衡,使得人们普遍感到生活成本的压力。新《劳动合同法》的实施,加剧了劳动密集型物业服务的成本压力。不管是高端物业服务领域还是普通物业服务领域,都感受到了经营形势的严峻。因此,有效地应对这种形势,物业管理才能找到一条持续健康发展的路子。

一、更新流程，有效降低成本

由于历史的原因,过去我们的管理流程环节较多。特别是做过质量管理体系认证的企业,在流程的普遍性上下了很大功夫,但是对其特殊性关注较少。这样,导致了一些实际工作中细节的漏失,比如公共照明费用、地下室水电费用、服务中心的办公水电费用等的管理并没有得到有效控制。原因主要是一些产权不明晰或者核算不细致,加之具体执行时法律法规方面的困难,这些方面的管理还有需要改进的地方。在当前形势下,积小钱聚大钱,从一点一滴做起,能够有效降低成本。

二、保证基本，调整服务承诺

仅就普通物业服务来说,由于业主委员会建立得较少,服务企业和业主进行服务议价的能力很差,基本上都是沿袭过去十年来的收费标准和服务标准。面对今天的形势,提高费用水平的想法很难实现。为此,要针对部分业主对物业服务的认识提高,适时地调整相关承诺。比如,室内小修的问题,很多产权单位和产权人,不再缴纳全额小修费,那么室内小修的收费就要尽可能地详细些,通过我们的周到服务增加收入。同时,要适时地把我们服务的焦点集中在公共空间和共用设备上来,最大限度地满足大多数人的基本需求。物业服务本身是提供一种生活方式,越来越多的业主在基本需求满足之后,才会有更多的特别需求,我们的承诺就不能过高,而要和收费水平相适应,以为更多的个性化服务留下空间。

三、加快共用设备更新换代

普通住宅小区特别是老旧小区的设备都已经老化,单位能耗不断增大。为了维持其运行,不仅人力成本增加,而且运行成本也增大。所以,应积极协调产权单位产权人,告知设备的运行现状,多方集资对设备进行更新,这样可以相当迅速地降低设备运行成本。同时,从安全生产的角度来说,也是有益的。随着设备运行成本的降低,单位人工成本的耗费也会大幅度降低,可以充分抵消人员工资增长带来的压力。如果在设备更新方面能够享受到国家的优惠政策,连带也能提高业主的积极性。

四、加强供方管理

除了部分服务企业实行物业公司自己办专业公司之外,还有相当部分的服务企业聘请专业供方来进行清洁、协助维护秩序等工作。现在,很多供方也纷纷向物业公司提出增加费用的要求,理由也是人工成本的增长和物料涨价。但是衡量供方的工作量,以往是比较松的,如果对供方监督不力,供方单位的人员不到位情况是很多的,包括服务水平降低的情况。为此,认真核定供方单位的工作量,合理配置资源,加强供方单位的内部管理,那么专业供方的费用是可以降低的。供方过高的服务标准,也是可以适当调整的。只有以岗位、工作量而不是以人头的方式来进行协商,才能相对提高供方单位的生产效率,降低承包费。

五、优化物业项目结构

由于普通物业的利润率较低，所以成本支出的增加影响也最大。适当调整普通物业项目的比例，既能发挥规模优势，又能在边际收益上达到最优。一味排斥普通物业和一味盲目地扩大规模都不是最好的选择。东边不亮西边亮，对不同类型的物业项目进行组合，获取最优的结构，就可以有效地规避风险和提高风险的承受能力。单一类型的物业服务企业，至少在目前这种情况下，很难有大的发展。普通物业不说，就是高端物业项目，业主的费用承受能力也不是随着 CPI 膨胀而增长的。在今后相当长的一段时间，多数的物业服务项目都会面临资金紧张的问题，这都归因于服务评价体系的弹性存在。

六、积极沟通协调

在普通物业项目里，还是存在比较大的产权单位的。由于很多单位都是上级拨款，资金支付能力还是有的。为此，要积极沟通大产权单位，对原来收费标准里没有的消防、公共责任险、监控费用、装修服务费用等进行测算，协议收费。包括针对独栋的单位产权楼，也可以有针对性地提出菜单式的服务项目，由对方进行选择。其中，对过去的费用使用情况，应尽可能地进行公示和交流，达到相互理解，对服务标准的细节进行沟通，这样都有利于对方接受费用增长的要求。仅仅提人工成本的问题，是不够的。因为我们大部分的普通物业都是采取默认的包干制的原则，没有理由要求提高费用。至于采取酬金制的项目，只涉及酬金的提高，要简单多了。

七、清缴旧欠费用

不言而喻，所有的服务企业都会面临收缴率的问题。在我们历史成本已经支付的情况下，合理利用司法手段，拿回应该拿回的钱，也是应有的应对之道。但清缴旧欠有个前提，就是我们必须对历史账目要有比较客观的说明和解释，并提供真实准确的证据。

八、改善社区环境

这几年，政府对社区越来越关注，能够投入的资金也越来越多。在和地区办事处、居委会搞好关系的基础上，积极提出社区改造的建议，使得政府资金使用到位，可以在改善小区道路、绿化、公共设施等方面节省大笔资金。既提高了业主满意度，又让政府实实在在地看到效果。特别借助国家疏解整治之机，不仅能在社区安全防范内增加投入，也能在社区面貌上有巨大改观。

九、经营公共空间

尽管《物权法》和修订后的《物业管理条例》对公共部位、共用设施等提出了更高的要求，但是合法合理开拓空间的经营，也能有效地增加收入。比如电梯广告、停车服务、设备层的开发、外墙广告、社区管井、地下室经营，等等，只要我们开动脑筋，就能抓住机会，有效地增加物业服务费用，同时业主也可以少交钱，实现双赢。举个例子，社区宽带的引入，就可以和网络接入商谈维护的问题，既密切了和业主的关系，又增加了收入。至于利用公共空间开展其他行业的特约服务，就更能在满足业主需求的基础上，引导业主的消费，创造一种新型的和谐社区生活方式。

总而言之，业主对物业服务的消费观念在短时间内是很难改变的，这是一个社会大环境的问题。随着社会经济的发展，作为业主财产的房屋不断升值，一定能对这个问题进行解答。但是，当前，物业服务企业必须正视现实，依靠政府的强力支持实行政府定价的日子已经过去了，在新的博弈主体尚未完全建立起来，在新的消费观念没有更大改观，在政府还没有能力给予物业服务企业更大支持之前，必须千方百计增加利润增长点，降低管理服务成本。也许经过一段时期的磨砺，物业服务会迎来真正的朝阳时代，那时质价相符是最低要求，而和谐社区与和谐生活将成为物业服务的主题。

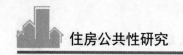

第九章　市场化与社会化

所谓市场化，就是指聚焦市场需求，实现市场对资源配置的决定性作用，激发市场主体活力，形成生产力要素的合理布局；所谓社会化，就是融入社会系统，实现社会对资源配置的协调作用，从经济社会可持续发展出发，形成社会主体共同的价值观。住房的公共性，既体现在市场化的激励机制，也体现在社会化的协调机制。物业管理行业的发展，经历着由积极市场化向深度社会化方向发展，这既是住房管理特殊性决定的，也是社会化大生产和全球化发展的必然要求。

物业管理是市场经济的产物，它集经营、管理、服务为一体，以企业化、专业化、社会化为特征，变传统的房屋管理为市场化、社会化的物业管理。以经济效益、社会效益为中心，实现住房资产的保值增值，发挥住房在特定阶段的特殊作用。因此，面向市场、加强管理、完善服务是所有物业管理企业的中心任务。

一、面向市场求发展

物业企业必须全面转向市场。首先，思想要统一。物业管理是一种新型的管理方式，它要求管理者自身素质必须适应市场要求，只有熟悉市场经济规律，才能决策有力、执行有方。物业管理是市场经济的产物，因此必须尽快转变过去传统房屋管理的办法和意识，要变被动服务为主动服务，变消极经营为积极经营，变经验管理为科学管理，全面探索市场经济条件下的发展之路。要实现这种转变，就必须锐意改革、大胆探索，做好"观念怎样转变，市场怎样开拓，成本怎样降低，资金怎样使用，服务怎样上水平"五篇文章。要结合企业实际，学习有关的产权理论、公共选择理论、价格理论、社区理论等,按照现代企业制度改革企业,实现企业经营、管理、服务的全面市场化、信息化。其次,要在广大从业人员中广泛宣传、动员,按照市场竞争和社会治理的要求,摆正位置、树立公共意识。最后,要使相关的实践探索形成制度和流程。例如制订经常化的物业管理培训、干部测评、票据管理、规范资金预算使用等相关制度,使企业能以反应灵活、应对迅速、管理规范、服务完善的面貌迎接市场的挑战和机遇;同时,合理控制风险,满足利益相关方的需求,不断提高社区的自治水平,提升顾客的获得感、幸福感和安全感。

二、提升物业管理水平

对于物业管理企业来说,合理、合格、完善的服务、管理就是产品。有效控制生产全过程,才能有效保证产品质量。在从福利型管理向经营型管理转变的过程中,精打细算用好广大业主、住户的资金是企业生存发展的基础。为此,推动企业组织优化、流程再造,完善品质监督体系、打造服务品牌就是企业改革发展的重中之重。

其一,推动组织优化。改革内部机构设置,使物业管理从业人员更加精干,针对不同的居民层次,高效配备不同的机构、人员和设施,真正做到有的放矢,人尽其才、物尽所用、货畅其流。此外,大力开展多种经营和组建专业化公司,向专业化管理转变。逐步建立一批经营灵活、运作高效的子公司,有针对性地在高档公寓管理、物业经营、广告等方面高点布局,发挥战略协同作用。本着专业对口、分工科学的要求,为企业应对市场奠定可靠的组织和人力资源基础。

其二,建立质量管理体系。全面贯彻 ISO9001 国际质量标准体系,使企业逐步和国际接轨,提高企业信誉,实施全面目标管理,产出优质服务。经济全球化的发展,使竞争趋向全方位,没有优质一流的产品,企业将无立身之地。从更深的意义来说,贯彻标准不仅加强了对企业产品质量的实时监控,而且正在培养广大职工规范管理、优质服务的习惯和意识。高质量发展是企业应对市场的根本之道,职工全面素质提高是企业立于不败之地的战略基础。

其三,打造服务品牌。"贫在闹市无人识,富在深山有远亲",这个"富"字就是企业实力和信誉,是企业的品牌。有了品牌,再加上有效的宣传,企业就会逐步拥有市场竞争优势。市场机遇时刻存在,最重要的是抓住机遇,而抓住机遇最重要的是随时做好准备,苦练内功。市场经济是由卖方市场转向买方市场,买方的意见和要求是企业调整自身的决定性因素。只有把优质服务送上门,才能逐步缓解广大住户日益增长的需求和物业收费之间的矛盾。广大住户的支付能力正在逐步提高,隐形消费市场非常巨大,抓好管理服务,也许从短期来看效果不大,但随着我国居民收入水平的提高,随着物业管理行业立法的加强,市场会有更好的回报。

三、创新是发展之本

企业信誉是市场准入的重要条件,经营创新是物业管理的永恒主题。21世纪方兴未艾的知识经济浪潮,正把一个更加广阔的信息化、知识化市场展现在我们面前。资讯成为企业发展战略的重要环节,企业形象成为进入市场的敲门砖。因此,树立良好的企业形象,是企业闯市场的本钱。就物业企业来讲,由于原先物业管理先期介入不够,某些硬件不够好,加上物业管理法规不健全,收费困难,企业利润必将随大中修任务日渐增重而呈下降趋势。加上物业管理是微利性行业,业主住户有限的管理资金仅够维持基础性的标准物业管理,如何使企业发展实现良性循环是必须面对的问题。一方面,要立足社区挖潜,加大经营创新,构建一个具有小区文化特色、高档次人文环境的立体空间;另一方面,要有步骤地实施向外发展的战略,创新商业模式,提高企业效益。无论从哪方面来讲,创名牌都是必要条件。为此要有计划地实施以下步骤:其一,创"国优、市优"小区、大厦,以示范项目为龙头,带动企业服务上水平,提高企业声誉。其二,重点抓好高档物业管理。我国正处于改革发展阶段,完善的物业管理只能以俟来日。在当前情况下,住宅小区管理基本上无钱可赚,甚至亏损经营,为此,发展高档物业增加收入补贴普通住宅小区物业,是一条可行之路。尽管存在着这样那样的问题,比如物业企业和管委会的矛盾等,但高档物业作为企业向外发展的一个窗口,无形中正向社会展示着企业的管理模式,不断吸引社会投资者和市场需求的相关方。其三,适应知识经济时代要求,全面提升物业管理的科技含量,比如智能化管理试点、计算机信息全面联网等,不仅提高企业经营管理的效率,降低管理成本,而且能够树立良好的市场形象,提升市场吸引力。

目前，随着经济社会发展进入新时代，人民对美好生活的需要离不开物业管理行业的深度调整。可能一些规律性的东西尚属未知领域，例如什么是合理服务，怎样解决收费难问题，如何变间接效益为直接经济收入等问题，但走市场化，社会化之路，行高质量发展之道，是唯一抉择。物业管理是走向"小政府、大社会"的一个环节，所以在政府调节力度小，市场发育不完善的情况，习惯和道德调节显得很重要。换言之，要准备用社会化来弥补市场化不足带来的发展问题，致力于建立一种具备亲和力、融洽协调的小区氛围，充分应对住房管理公共性的要求，最大限度利用市场和社会资源，构建顺应新时代发展潮流的住房文化。未来的竞争不仅是实力的竞争，也将是价值和理念的竞争。

第十章 《物权法》的公共性难题

《物权法》出台以后，有关住房管理方面的问题得到一定程度的解决。但业主委员会和物业管理企业的矛盾仍然存在。从引入业主委员会制度以来，各地区成立业主委员会的小区也就不到两成，远远没有达到政策制订者的初衷。从《物业管理条例》到《物权法》，尽管对物业管理都进行了比较详细的规范，但是政策效果依然不太明显。反思其原因，也许同我国社会发展阶段和文化特点有关。缺乏民主意识、缺少公共生活训练、缺少协商机制、公共舆论缺位、社会资本贫乏等都是直接和间接的原因，而这些在短时间内很难有大的起色。本质上，造成政策实施效果不佳的根本原因，也许在于各方都忽视了住房的公共性。住房权不仅仅表现为私有物权，而且表现为与其他私有物权相关的公共物权。由此看来，建筑物区分所有权的概念，本身就是一个矛盾，私权与公权的并存，是一系列住房方面纠纷之所以存在的根本因素。而社会各界尚未意识到物权公共性存在的管理难题，这一难题的解决必须围绕公共性的社会资本的发展和壮大。

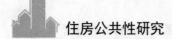

在《物权法》当中,对业主委员会的规定是和业主自律结合在一起的,业主缺乏自律,公共空间的决策就难以达成,这一点是隐藏在住房管理实践背后的长期因素。它对于我们处理业主委员会和物业管理企业的纠纷非常有启发意义。

一、关于业主委员会设立的必要性

《物权法》第七十五条第一款明确规定:业主可以设立业主大会,选举业主委员会。法律上的"可以"是指"可做可不做的事"。因此,本款明确了业主大会的成立与否,取决于全体业主。如果业主不成立业主大会,就不需要选举业主委员会,或者即使成立业主大会,也可以不选举业主委员会,而由全体业主共同行使管理权。而《物业管理条例》第十条第一款则规定一个物业管理区域内的业主应当成立业主大会并选举业主委员会。法律上"应当"的意思就是"必须的,不做不行的",这也可以解释北京市建委要求所有"市优""国优"项目必须组建业主委员会的法律依据。而根据《物权法》的要求,成立业主委员会并不是必须的,而是可以由全体业主自主选择的。鉴于现今老旧小区居委会已经存在多年,和物业管理企业沟通比较顺畅,业主可以通过居委会与物业管理企业进行沟通,从而达到监督的目的。按照我国居委会组织法,居委会也是社区自治组织,完全可以达到社区治理体系的要求。也就是说,不成立业主委员会,业主也可以达到对建筑物区分所有权的保护。当然,社区居委会相对于业委会的差异,就是代表性更加广泛,包括了所有社区管理的相关权利人。

哲学上有一个著名的"奥卡姆剃刀"原则:没有必要,勿增实体。如果业主可以通过现有合法的途径达到自律的目的,就没有必要增加新的实体,从而事实上加大摩擦成本。目前业主委员会运作中存在的很多问题,既和法律的不完善有关,也和不分情况地成立业主委员会有关。

二、业主委员会的民主决定和业主合法权益的保护

《物权法》第七十八条第一款明确规定:业主大会或者业主委员会的决定,对业主具有约束力。这一款体现了民主决定的法律效力。也就是说,多数

人通过的决定，全体都必须遵守。我们知道，一个物业管理区域内业主很多，有着多样化的需求，因此涉及公共事务时，必须遵循少数服从多数的原则。这一原则对解决小区公共服务的困难是有帮助的。比如，对小区养狗规定的执行，个别人就必须按照多数通过的规定执行，而不能自行其是。装修、绿地保护等也是如此。《物权法》的这一规定，对于维护小区正常的公共利益意义重大。

但同时，本条第二款也规定，业主大会或业主委员会做出的决定侵害业主合法权益的，受侵害的业主可以请求人民法院予以撤销。这一款是对上一款的补充，也就是说，业主委员会的决定即使是民主决定，也不能侵害业主的合法权益。比如，小区残疾人坡道的建设问题，由于老旧小区原先没有坡道，现在建设时就必须考虑一层住户的意见，即使业主委员会民主决定了修建坡道，也得到了绝大多数人的认可，但也不能由此损害一层住户的隐私权。多数人的需求有时必须和少数人的要求相妥协。否则，极易引发矛盾。少数人可以向法院起诉要求撤销决定。而对于打着方便业主的旗号，在小区里开办水果摊和菜摊的业主委员会，任何业主如果觉得侵犯了自身的权益，都可以起诉到法院，要求撤销。《物业管理条例》第十九条中，只是提到了业主委员会不得从事与物业管理无关的活动。而《物权法》比《物业管理条例》更加注重限制业主委员会的权力行使。

对业主委员会权力的限制，体现了公正的原则。公共利益与私人利益可以也应该得到同等的尊重，但是隐藏在条文里的根本问题是，什么是合法的权益。法定权益是更多考虑私有权益还是公共权益，会有相当不同的结果。就住房的公共性来说，维护大多数权利人的利益，是法律在调节利益关系的基本原则，有时甚至会损害部分私有权益。根据中国香港的相关物业法例，不能认同公共决定的业主是需要退出该区域的，而《物权法》尚无这样的强制规定，因而在涉及欠费问题或者决定使用维修资金时会直面部分业主的不配合问题。这一点，目前看来只能靠大家协商和妥协，即使运用法律手段，也难以非常顺利。

三、业主委员会的义务

《物权法》第八十三条明确了业主委员会对损害他人合法权益的行为，

有权依照法律、法规以及管理规约,要求行为人停止侵害、消除危险、排除妨害、赔偿损失。在《物业管理条例》中,这些制止的义务都是赋予物业管理企业的。现在,则对业主委员会进行了要求。一方面,体现了业主的物权,尤其是作为业主大会执行机构的业主委员会对公共利益的维护权力;另一方面,也体现了业主自律的原则。业主委员会的维权,不能仅仅体现在物业服务质量上,更应体现在对全体业主公共利益的维护上,而公共利益不仅仅包括物业服务还有很多别的方面,比如社区建设、社会资本凝聚等;不能仅仅体现在对物业管理企业的行为监督上,也体现在对全体业主行为的监督上。这既是业主自律的要求,也是业主委员会职能的本质回归。

《物权法》体现了对业主的建筑物区分所有权的保护,也在一定程度上纠正了物业管理行业的一些误区。没有义务的权利和没有权利的义务都是不可能的,正如第七十二条所说,享有权利,承担义务。不得以放弃权利为由不履行义务。业主委员会作为业主自律的一种形式,不论现在和将来都应该得到不断完善和发展。

第十一章　公共报道与服务评价

在住房管理当中,管理对象不仅包括住房及其附属设施和公共空间,也包括使用住房及其空间的人员。这些人员既有居住在本社区的,也有聚集在本社区的,或为本社区服务的。比如附属商业从业人员、相关社会管理人员、相关社会服务人员、与社区有一定关系的利益主体等。因此,要稳步提高住房管理水平,必须做好宣传和报道工作,逐步构建社区的意识形态和社区形象。感动人、塑造人、改造人等社会化工作也应该围绕着住房公共性的特点来展开。

显然,加强物业行业和新闻媒体的互动,确属必要。在建设社会主义和谐社会的进程中,如何让全社会不断提高对物业行业的认识和理解,是关系到和谐社区建设的一件大事。一段时间以来，物业行业被"妖魔化"，负面的报道层出不穷，首先自然是物业行业自身的问题，但也有舆论方面的原因。但不管怎样，社会对住房发展的关注度随着城市化进程的加快呈现提高的趋势。比如，有的媒体开辟了相当大版面来报道，做了不少正面的宣传工作。但多数报道只是就事实说事实，很少抓住社区发展的关键点，因而客观上在社区发展上形成了不利于和谐社会建设的现象。那么，如何客观报道才有利于和谐社会建设呢？

一、什么是客观报道？

基于建设和谐社区的目的，给以善意批评和监督，不断增进各方沟通，从而解决问题、提高物业服务水平、营造和谐社区，才是新闻媒体报道物业服务的客观性所在。媒体是党的喉舌，不言而喻，必须为了党在新时代的中心任务而奋斗。

二、什么是物业服务日常工作？

物业服务的日常工作范围很广，老百姓关心的环境清洁、绿化、公共秩序维护、停车管理等是日常工作，共用设施设备的维护也是日常工作。因此，社会媒体不仅要报道看得见的，也要报道看不见的；不仅要报道结果，也要报道过程；不仅要报道责任，也要报道付出。这是报道物业服务的日常工作的三个原则。其原因在于物业服务有自身的特点，这些特点不同于其他的服务行业。物业服务基于住房公共性存在，本质上是一种社会工作，其服务效果的评价具有复杂性和综合性。仅仅按照纯粹经济规律或市场法则来评价，不仅有关偏颇，而且易影响住房服务在住房公共性方面存在的长远和终极的价值。

三、物业服务特点是什么？

第一点，物业服务的评价问题：90％与10％的关系。在物业服务中，服务对象是一个群体，所以我们有一个有关满意度调查的问题，即通过一定程序对全体业主的满意情况进行统计。但是涉及媒体报道时，对物业服务的评价基本上都是个别的。也就是说，10%的人的意见往往掩盖了90%的人的意见，因为大多数人选择了沉默，或者说只有不满意的人才会表达出来，而这表达的少数人一旦得到媒体的报道，对第三方或旁观者来说，就成了全部业主的代表。沉默的大多数，是中华文化一个深层次的文化心理现象。如果无视这一现象，所谓客观的报道评价就不存在了。显然，大家看报道的时候，谁也没有义务要全面地了解和认识，所以信息往往是以个别形式出现但是以全体的形象被受众接受。由于住房的公共性问题，准公共物品存在的搭便车问题就会经常出现。事不关己高高挂起，结果就是舆论总是鼓励一小部分人通过把事情闹大而达到自身的目的。这一点，在政府与群众博弈中屡见不鲜。

第二点，物业价值的评价问题：80%与20%的关系。物业服务的产生基于建筑物的区分所有权。换言之，物业服务首要的任务是物业的保值和增值，是建筑物的价值管理问题。其次，是物业使用期的良好状态带来的社区空间的善治。而我们建筑物的存在周期都很长，共用设施设备的周期也很长，怎样在一个比较长的周期中评价物业价值确实是一个难题。如果说，保洁、绿化、保安都不错，但设备设施维护很差，老百姓看不见，最后的结果就是大修周期缩短，损失的将是物业价值。今天，房价不断攀高，而物业服务费用还在不断降低，那么随着人工成本增加，物业服务能够提高水平的可能性还会存在吗？所以，拿短期20%的可见服务不可能对80%的不可见服务做出任何有效的评价。同时，服务80%业主的价值部分，比如整个社区的秩序与安全，往往又会因为20%涉及个体业主的特殊服务的不满意造成严重的判断失误，满意的都是应该的，不满意的就是罪大恶极。如果我们考虑到评价的主观性，以及群众的从众性心理，那么关于公共性的价值评价就必须时刻审慎对待。

第三点，物业服务的验证问题：生产和消费同时进行，生产者要直接面对消费者。不仅评价很难，监督也很难。特别是服务生产者即时情绪随时影响着服务的质量。在个人收入不高、城市环境复杂的情况下，提供者的情绪是不好把握的。所以说，物业服务除了硬件之外，比如程序、标准、监督等，还有一个态度的问题。而态度问题，绝不是短期内可以奏效的，也不是通过所谓微笑服务的外在规定就可以机械地加以验证。毋宁说，服务价值直接与服务人员对于物业和业主的感情有关，而这需要长期的沟通和相互理解。路遥知马力，日久见人心。凡是那些长期与社区共生共长的企业，其服务就成了习惯的一部分，百姓日用而不知，双方就不是甲乙方的关系，而是共生在生活圈中的熟人。作为反例，我们知道，物业服务人员的流动性问题已经是行业的一个难题，如何保证他们提供合格服务也许不仅仅是一个企业管理的问题，而是一个社会认知和文化问题。试图用个别例子来评价群体的行为，即使有足够的数量，也仍是不完全的，我们必须有一个长远的眼光。须知，公共空间的互动和群体认同，需要通过长时间社区共同生活的养成。

第四点，物业服务的责任问题：准公共产品性质导致了社会责任远远大于经济权利。为政府排忧，为百姓解难，为员工谋利，为行业争光，没有一个行业像物业行业这样，先天注定了这么多本来是政府和社会的责任。但是，从业人员的收入又是众所周知徘徊在最低工资线上。现在，很多媒体不断追问物业公司的服务水平甚至服务道德的时候，谁又想到物业行业本身已经是不堪重负了。不要说微利，就是基于平等交换原则，长期僵硬的收费标准，如何能够适应住户的新需求？何况今天还面临着不断增加的降价压力。在这样付出和回报严重不对称的情况下，需要的报道评价也许不只是客观和中立。

为此，基于物业服务的特点，应从以下几方面加以推进。

1. 针对不同的物业类型，应有报道的重点。老旧小区要注意报道本身的历史问题和困难以及物业日常功能的维护，商品房则关注是否质价相符以及长期资产的保值增值，高端物业则注重物业服务的个性化，等等。

2. 加大对广大业主的宣传，特别是对"搭便车"行为进行批评，对物业纠纷客观报道，本着和谐的目的进行正确引导。

3. 建立"大物业"的概念，对物业服务的相关方，比如地区办事处、社区居委会、业主大会、业主委员会、政府部门、行业主管等加大监督和宣传。

4. 树立"一切责任在业主"的观念，对业主的权利意识、自主意识、自治意识、自律意识进行引导，对法律法规进行大力宣传。

第十二章　应对公共性的组织建设

　　物业管理从本质上讲是一种服务,但这种服务是通过对业主委托给物业管理企业的不动产管理来实现的。它表现为房屋维修、保洁管理、绿化管理、公共秩序维护、共用部位共用设施设备维护等专业管理。

　　如前所说,住房具有的公共性需要从团队和团体特点来考虑一切问题。物业服务不是一对一的服务,而是一对多和多对一、多对多的服务。应对管理的公共性,就是要以团队服务的模式应对团体的服务需求。因此,物业管理本身就是和团队关联性极高的一种职业。管理水平的高低集中体现在团队整体的服务水平上。物业管理的行业特点决定了物业管理企业必须把团队精神的培养作为创建有特色的管理模式核心来对待,通过团队精神打造企业的核心竞争力,而不是仅仅从普适的意义上谈论团队精神的管理学意义。

　　在物业项目的招投标中,物业管理方案的制订和确定,就是一个团队合作的产物。没有一个物业管理公司敢说,依靠一两个人就能制订出物业管理方案。卓越的管理方案,本身就是一个卓越物业管理团队的感性展示。无论在物业管理的前期,还是在正常的物业管理过程中,管理团队每一次任务、每一个环节、每一个方面都决定了整个物业管理的成败。因为物业管理的评价不仅仅体现在多数业主的认可上,还体现在少数业主的不认可上。燕侨物业公司因为个性化的服务被业主赞誉,鹏润家园的物业管理因为保安打人事件而恶名流布。可以说,"细节决定成败"。行业内广泛推广的首问责任制,所要凸显的正是团队意识和团队精神。

　　那么,怎样通过团队精神的培养打造团队核心竞争力呢?

一、拥有共同的愿景

"我们都来自五湖四海，为着一个共同的目标，走到一起来。"俗话说，道不同，不相为谋。一个团队，必须有一个明确的目标，一个共同的价值观，一个共同的愿景。对于物业管理企业来说，共同的愿景就是最大限度地满足业主需求，为业主提供优质服务。物业管理服务合同明确了物业管理的服务项目和服务标准。作为企业的员工，每个人都要了解和熟悉合同的内容，在实际工作中处处体现"以顾客为中心"的理念，时时规范自己的言行，使之符合项目团队的形象和利益。只有这样，团队才能切实把合同约束转化为企业自身的竞争力。此外，由于物业管理企业所管理的项目价值远远大于企业的自有价值，而业主委托的项目也不仅仅是短期内的需求满足，团队的愿景必须把长期愿景和近期目标结合起来，既要考虑短期的合同约定，又要考虑物业长期的保值增值，不仅关注外在的环境和个性化服务，还要重视房屋设备的长期使用和维护以及社区可持续发展。

二、制订共同的规矩

"没有规矩，不成方圆。"一个团队，之所以称之为团队，是因为按照某种规矩组织起来的。这不仅包括企业的各项规章制度，也包括企业共同的理念和作风，以及存在于员工之间的无形文化约束。物业管理企业是提供物业服务的，服务标准是一种软约束的东西，怎样保证团队提供给业主的产品和服务是合格的，是我们应该关注的。为了要提供合格的服务，必须对提供服务者以一定规则的约束。时下，许多物业管理企业都进行了 ISO9001 国际质量管理体系的认证，其目的也是要规范提供服务的团队，通过这种规范，使每一个员工提供的服务都不仅仅是个人的服务，而成为团体的一种组织行为。每一个员工也因此能够时刻牢记自己是服务的一个窗口，尽职尽责地完成团体共同的目标，具有"一损俱损、一荣俱荣"的团体意识。

三、建立独特的沟通模式

沟通是合作的开始,优秀的团队一定是一个沟通良好、协调一致的团队。没有沟通就没有效率。同时,沟通也是一个明确目标、相互激励、协调一致、增强团队凝聚力的过程。物业管理作为服务行业,沟通无时不在。和业主的沟通、和住户的沟通、和客户的沟通、和社会方方面面的沟通,都非常重要。但是物业管理企业要做好各种关系的沟通,前提是自己员工队伍要有一个独特的沟通模式。要提倡管理者积极和员工沟通,员工要主动和管理者沟通,在双向沟通中消除误会,增进理解,提高绩效。要让员工清楚沟通的目的、对象、内容、途径、方式方法等,不断促进团队协调一致,增强团队的凝聚力和战斗力。进一步说,在中国现有的住房管理环境下,在面临如此众多复杂关系的服务过程中,良好的沟通不仅能够起到相互激励、协调一致的作用,还是化解物业企业和各关系主体之间矛盾的唯一有效的办法。通过沟通,达到求大同存小异,增进各方理解,共同营造和谐社区。显然,有一个独特的沟通模式,就可以因应物业环境的变化,快速适应新接项目的服务要求,为企业向外发展打下良好基础。

四、培养优秀的员工

一个优秀的团队必须要有一群优秀的员工。曾经,一本《致加西亚的信》在各大企业间广为流传,渴求优秀员工的热情让人感动。企业要让员工有归属感,就要提高员工对企业的忠诚度。这里,培养全体员工对工作的热爱、对工作的尽职尽责,是培养团队意识的有效手段。没有敬业,就没有卓越。物业管理所要从事的工作都是实实在在平凡得不能再平凡了,培养敬业的员工尤其重要。因为,除非每个从业人员能够尽职尽责,全身心地投入工作中,物业服务就不可能做好。而服务做不好,企业就没有竞争力。为此,一个优秀的团队,要能够创造一种机制和组织氛围,使团队成员最大限度地发挥自己的潜力,产生以一当十的力量。要让每个人在这个团队里,找到自己的位置,感受到自己的价值;要尊重个人的兴趣和成就,根据不同人才,给予不同的待遇、培养和肯定,让每一个成员都能拥有特长,都能表现特长。

五、打造卓越的领导

培养团队精神，关键是领导。"兵熊熊一个，将熊熊一窝。"自古以来，团队发展都离不开优秀的领导。如果说，员工是把事做正确的人，那么领导就是做正确的事的人。一个不懂用人艺术的领导绝对不能成为一个优秀的领导，事事亲为的领导也不是优秀的领导。领导目标依靠下属来实现是领导活动最为重要的特征。正像施米特定理所揭示的那样：成功的上司不一定是专权的人，也不一定是放任的人，而应该是在一定具体情况下善于考虑各种因素、采取最恰当行动的人。当前，在物业管理当中，好的物业项目经理非常少，就因为物业项目经理作为团队的领导，除具备必要的业务知识之外，还要具备根据物业项目特点制订特定的管理方案，并且千方百计落实方案的能力。而这是非常困难的。一个物业管理项目就是一道应用题，怎样考虑各种因素，分析各种给定的条件，提高项目的服务水平，确保项目保值增值是每一个项目经理必须求解的。团队的服务水平和管理绩效与项目经理的管理水平和管理绩效呈正相关。

总之，不管团队是竞争型的还是创新型的，是服务型的还是业绩型的，都要把打造卓越团队放在重要位置上。通过卓越团队的打造，不断提高物业管理企业的整体合力，以应对住房管理愈来愈凸显的公共性要求。

中篇：公共性与公共住房

第一章 "以租为主"住房保障
体系的构建与实施

　　我国的保障性住房与公共住房类似，但有很大不同。其起源于对保障性安居工程的承接和对政策性住房的概括，但随着住房保障的发展，相关口径在不断变动过程中。比如"经济适用住房"、"限价商品房"、"自住型商品房"和"共有产权房"等，加上按照经济适用住房管理的安置用房，都随着时间推移逐步涵盖在保障性住房的概念中。完全没有歧义的保障性住房，主要为"廉租住房"、"公共租赁住房"和原有的"公有住房"，共同构成了狭义的保障房。狭义的保障房和普通商品房相对应，而其他类的保障房则都程度不一地介于两者之间，可以统称为政策性商品房或政策性住房——其共同点就是产权型的，政府在土地方面有一定的饶让，因而在一定年限之后补足相应土地费用可以转为普通商品房。

　　国外的公共住房（Public Housing）与狭义的保障房基本一致，都是政府投资建设并持有，主要用于租赁，一般不能转为商品住房。在特定情况下，比如中国香港的公屋等，也可以按照约束条件购买产权。当然，也有部分国家和地区，公共住房以产权型住房存在，比如新加坡，但一般的公共住房主要指政府持有的租赁性住房。如果加上社会筹集的配建保障房，其对应的概念是"社会住房"（Social Housing）。但无论公共住房还是社会住房，其公共性是非常明显的,这种明显是相对于一般住房的公共性而言。从资源角度来说,公共住房是政府手里可以直接掌握的住房资源,能够有效用于实施住房政策。

从对象上说,公共住房集中用于低收入家庭,部分针对中低收入家庭。而其他保障房的对象则可能随需要而变化,随解决一定阶段的住房问题需要而更新。当住房问题特别突出时,公共住房的需求就会上升;反之,则会下降。但无论怎样,政府持有一定公共住房,是世界各国解决住房问题的普遍对策。

中国现存住房保障起源于1998年"房改",成型于2009年"公共租赁住房"体系的构建。市场经济条件下的住房保障体系,也奠基于公共租赁住房的不断完善和发展。之所以这样说,是因为公租房理论体系相对完整,公租房的发展规模不断扩大。在中国住房保障体系中,公租房成为当之无愧的主体。2003年曾经要大力发展的经济适用住房,由于不断被转移到商品住房和频出的分配管理问题,逐步退出了住房保障体系。因此,在廉租房和公租房并轨运行之后,讨论公租房的发展,就是讨论住房保障体系的构建和完善。

作为首都的北京,其住房保障具有最大的示范性和实践意义。北京发展"以租为主"的住房保障体系,也是中国住房保障体系建设的最好窗口和样板。

一、住房保障的内涵

住房保障的内涵是什么?保障的含义是救助,住房保障是政府在住房方面给予全体居民的一种支持,也是社会保障体系的一个组成部分。其基本思路是,由政府来承担住房市场费用与特定居民实际支付能力之间的差距部分,解决居民支付能力不足的问题。住房保障的目标是住有所居,具体解决两个方面的问题:租不起和买不起。当然,住有所居主要的内涵是人人有合适住房居住,而非人人拥有住房。在租不起和买不起问题的解决中,租不起必须优先解决。但买不起的问题,也无法完全排除政府的责任,由于住房的稀缺性,维持一个健康发展的住房市场,也是政府解决住房问题的必然选择。现在大规模建设保障房的目的,就包括影响房地产市场供应与需求之间的关系,促进住房市场的持续健康发展。

住房保障不是可有可无的,住房市场发展的外部性要求政府必须承担更多的社会责任。特别是因为住房市场发展带来的问题,会引发严重的社会问题和政治问题,所以政府必须高度重视,并做好整体住房制度构建的统筹协调。住房保障体系和住房市场体系相辅相成,密不可分。那种放任市场"看不见的手"进行自发调节的想法,在某些领域也许可以,在住房领域绝不可行。

二、"以租为主"的含义

中共十九大已经明确"房子是用来住的,不是用来炒的",国家正在逐步构建"多主体供给、多渠道保障、租购并举"的住房制度。相关部门大力推进租赁住房建设,无疑与此有关。面对北京严峻的人口资源环境,"以租为主"是必然选择。

那么,什么是"以租为主"?"以租为主"主要是指以政府、社会单位和个人持有的租赁住房为主要渠道和方式来实现住有所居。"以租为主"有三个方面。

(一)供应以租赁房为主。又包括两类,一类是政府持有的租赁房,一类是市场持有的租赁房,应该都是住房体系的一部分。北京现在是以多渠道、多主体、多形式来供应公租房,所以从供应角度来说,"以租为主"应该是逐渐倾向于提供更大规模、更好质量的租赁房来实现住房的基本保障。发展集体土地建设租赁房、利用国企自有用地建设租赁房、腾退厂房和商业用房建设租赁房、发展长租公寓等措施,都是从供给侧发展租赁住房。供给决定长期需求,建立长效机制的前提是供给的规模和结构能够可持续。

(二)消费也是以租赁为主。消费以租赁为主,主要是指解决中低收入家庭住房困难的方式和途径应当以鼓励租赁消费为主。有以下几个方面:首先是要市级统筹,北京作为一个城市整体来解决以租为主的结构问题,解决各区在住房资源和需求上的不平衡问题;第二是规范租赁市场,实际上很多人之所以对公租房有强烈的需求,与一手、二手住房租赁市场不规范有关系。如果租赁市场日渐规范,对于保障房来说就是很好的促进;第三就是进一步启动住房金融,鼓励大家通过租赁贷款等方式来提高自己的住房消费水平。目前,政府大力构建"租购并举"的住房制度,也为公租房发展创造了有利的环境。

（三）流通也要以租为主。在大规模建设公租房时期结束后,着眼于公共资源的高效利用,组建全市保障房交易交换平台,实现包括经适房等各类保障房在内的封闭运行。按照住房保障的内在要求和"职住平衡"的目标,通过租赁方式实现住房在流通领域的有效配置,解决资源闲置或者资源效率不高的问题。国际上,租赁住房的活跃,是保证公共住房健康发展的必要条件。住房资源特别是土地资源的稀缺性,决定了存量住房的优化供给是根本解决之道。我国过去重视新建保障房而某种程度上忽视存量保障房,固然有阶段性实物供给方面的短缺问题,但根本上是存量住房市场发育不完善以及治理能力和水平不高的问题。

三、住房保障体系建设的目标

住房保障体系建设的目标有两个。

第一个目标是住有所居,就是人人都可以享有适当住房。在任何社会,住房都是一种基本生产生活资料。"房子是用来住的,不是用来炒的。"我国房地产市场发展到现在,之所以有一些不正常的现象,就和住房离开了它的基本物质资料属性有关系。因此,构建"多主体供应、多渠道保障、租购并举"的住房制度,就是要让住房回归到基本生活资料角色本身,安居方能乐业。

第二个目标是和谐发展,促进社会群体的融合和发展。任何一个社会住房保障的目的,都是要消除贫困、维持就业,促进社区不同社群之间的和谐。住房保障不是仅仅提供给住房困难家庭一个住所,在更深层次上也是整个社会协调发展的问题,根本上是促进基本公共服务均等化。给全体居民一个公共的生存和发展基础,才能在整体上提高社会发展的可持续性和目的性。随着城市化发展,住房某种程度上也是分享发展红利的一种渠道,搞好住房保障是提高中低收入家庭获得感的必然要求。住房是公共性的、文化性的,住房特别是社区对人的塑造影响深远。搞好住房保障,是创建和谐宜居之都的重要内容。

四、选择"以租为主"住房保障体系的理由

现在国际上有两种构建住房保障体系的思路。

第一种是福利型保障。在改革开放之前，传统的公房和福利性分房，都是福利性的保障。这种保障实际上是政府给大家提供一种住房性的收入或福利性的收入。它是福利性的，人人有份。所以某种程度上讲它就是一种公共财政的转移，致力于提高全体居民的整体福利。这种方式对于政府财力和管理能力的挑战都比较大。从国际上来讲，由于发展阶段和发展目标不同，成功的经验并不多。但从很多发达国家全民免费教育、医疗等情况看，这也许是一种发展潮流。福利保障的一个经典个例就是新加坡，新加坡的组屋发展对于凝聚社会共识和促进社会融合作用明显。

第二种就是选择性保障。所谓选择性的保障是对不同的人群实现分类保障，根据每个人群的不同来实现不同的保障，实现公平与效率的结合。将宝贵的公共住房资源配置到最需要的人群当中，从而提高全体人民的福利水平，这也符合罗尔斯《正义论》的基本观点。选择性保障理论，实质上基于战后整个西方社会对如何解决一些突出社会问题的反思。《贝弗里奇报告》全面地提出了这种保障的原则及其目标。原则有四个方面。

第一个是普遍性原则。所谓普遍性的原则，就是不排斥任何人。结合我们的住房保障体系，就是要覆盖每一个人。虽然我们现在有保障的准入门槛，但是原则上任何人都有可能被纳入这个保障的范围。也就是说每个人都有可能因为收入的中断、大病或者其他原因导致无法满足自己基本的住房需求。

第二个是保障基本生活的原则。即满足基本的生活功能，其他更高标准，可能要看社会发展情况了。

第三个是统一性原则。保障政策要一以贯之，无论具体的形式如何，其基本的理念应该内在保持一致。这一点，对于北京这样有两级财政的城市，更有借鉴的必要。

第四个是权利和义务相对等的原则。享受住房保障的同时，应该承担相应的义务，接受政府监督。受到保障的人群要接受政府政策的规制，在生活中要受到一定限制性管理。

两种思路都可以分为产权型保障和租赁型保障。但对北京来说，由于人口、资源和环境的制约，第一种方式难度太大，第二种方式也最好以租赁为主，因为对于正逐步发展成为世界城市的北京来说，产权型保障不仅不适应流动就业的要求，也难以解决区域均衡的问题。加上为了建设和谐社会，特别是构建社会安全网，必须用最少的财力发挥最大的效用，并且在最短的时间内提高对社会持续发展的战略支撑。

五、构建"以租为主"住房保障体系的一些考虑

　　要以市场运作为主，提高住房资源配置的整体效率；同时通过其他的途径，例如社会、互助、家庭等方式满足住房的基本需求。

　　关于以市场运作为主的问题，在下一章我们再讨论。就其他途径解决住房问题，需要进一步说明。目前我们发现有部分人群其实可以通过其他一些方式来满足住房需求，但是现在都进入公租房的申请人群。比如，通过与孩子一起居住，或者与老人同住等方式，可以满足他的基本需求。另外，通过邻里乡亲等一些资金的支持也可以满足基本需求，但我们现在也没有大力地去鼓励、去提倡。所以，很多人受到不跟老人住在一起等观念的影响，一过18岁或者30岁就想拥有自己的房子。由于核心家庭和单身家庭规模的不断增加，住房需求也呈现一些不太合理的特征。但是，基于住房公共性的要求，住房问题本来就是一个公共政策问题，需要更多人参与，包括更好发挥传统文化的作用，鼓励符合我们发展阶段的生活方式。我们应该有自信传承优秀文化的基因，从而提供住房保障的中国方案。

六、"以租为主"住房保障体系的基本特征

　　统一的政策和顶层设计。借鉴西方国家的一些顶层设计，住房保障的所有政策设计，包括准入、退出、分配、运营等住房管理，一般都是由中央政府或者稍低一级的政府来设计。而我们现在强调区县特殊性，有些政策如人才公租房政策，就没有进行统一的顶层设计。加上区县作为实施主体，对政策执行有着很强的影响。从社会保障的普遍性和统一性原则出发，如果能有统一的政策，那么各区在推进住房保障体系建设的时候，就能在一个基本共识

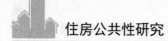

下提高住房保障的效率和效果。

统一的公租房供应体系。推进住宅的标准化、产业化，建设满足被保障人群基本生活功能的公租房。这些房子的供应应该有统一要求。现在政府相关部门也在做这些工作。我们要加大对于这个统一设计的推进力度，使得公租房供给标准符合公租房运营管理要求，满足公租房统一监督的要求。这样，我们就能在起始阶段为住房保障的持续发展奠定坚实基础。

统一的市场化运营机构。北京保障房中心是市级市场化运营的机构，其实也可以由另外一些社会机构来运营公租房。不管是谁来运营，都应该有统一的标准、统一的要求、统一的运营模式。大家都来做这件事，方式是一样的，特征也是一样的，就像是开连锁店。目前，已经开始试点的政府购买公租房运营服务，如果想获得较好的实践效果，必须注意这个前提。否则，仍然会像购买棚改服务一样，陷入诸多矛盾之中。

统一的运营管理标准。与刚才提到的机构有所不同，在公租房的运营中，公租房服务、公租房租务、公租房物业等，应该有统一的标准。

统一的运营模式，体现在具有良性效率的运营和商业模式。

第一个方面是经济方面。要实现良性运营，要有五个条件。

1. 有稳定的财政支持和金融创新。目前的资金投入包括政府的巨额资金投入并不稳定，土地供给上，也没有一个法定的或者长期稳定的来源。

2. 整个公租房的布局，要有良好的区位和良好的配套。如果区位不好，比较远或比较偏，配套设施又不全，无法保证运营效果，肯定会亏损。将来在选择公租房的时候要考虑这些因素。为了实现持续运营，尽量选择一些良好的区位和良好的配套。

3. 有利于长期持有的房屋质量。能源成本要低，维护成本要低，管理成本要低。要求房屋要结实耐用，物业设施要便于维护，还要有一定规模，或者配套设施要有利于将来集中管理或降低管理成本。未来进入大规模运营期以后，成本问题将成为最突出的问题，只有在建设期未雨绸缪，才能确保运营期发展的可持续。

4. 经济方面要有有效的增长机制。如果租金增长不了，可持续性就不太容易实现。要从政策甚至是顶层设计方面深入考虑。按照现在租金调整的实践来看，公租房租金增长与租赁市场租金增长水平严重脱节，一旦达到一定临界点，不仅公租房转租转借问题层出不穷，而且持有机构的运营也将面临难以为继的局面。住房的公共性决定了必须在保证公平的前提下，维持其基本的效率，否则一旦形成人为的价格堰塞湖，危险将难以想象。

5. 要有足够的商业设施。公共住房带有一定的社会公益属性，如果没有一定的商业设施来进行补助的话，很难实现持续运营。同时，商业服务也是提高住区生活品质的必要保障。人群规模大，需求层次多，客观上要求商业环境能够更活跃些，这样也能够给社区自我生长提供更多的机会。

第二个方面是管理角度。可持续运营需要做到六点。

1. 高效的租务管理。针对管理目标，在人员配置、机制和体制方面，加大力度来考虑怎么提高效率，特别是成本管理。公租房用的是财政补贴，本身就不营利，那么成本管理就必须锱铢必较。

2. 市场化的物业管理。市场化的物业管理并不是说要完全选聘市场上的物业公司来做，也不一定要找其他公司来做，只要是通过市场化的方式来寻找所需要的专项服务或需要的物业管理来提供专项服务或物业服务就可以。通过竞争来降低物业管理成本，提高物业管理水平。

3. 个性化或规模化的服务供给体制机制。随着公租房规模的不断扩大，未来可能会有几十万套房、居住几十万人，这么大的规模，个性化的需求，比如基本的生活需求（如家政服务）等，就可以通过深入挖掘形成规模，从长远看形成支持公租房自我造血的机制，提供继续发展的动力。

4. 服务、管理方面的配套运营。对公租房社区进行有效的运营，第一要满足承租人的需求，第二要最大可能地降低成本，提高收益。包括就近就业等问题，也包括提供一些相关的个性化服务。

5. 与社区管理建立良好的联动机制。加强与驻区单位的沟通协调，致力于持续提高社区的治理能力，构建符合首都特色的社区治理体系。

6. 建立全市公租房管理平台。目前公租房在全市范围内的整体布局比较分散，有的地方规模较小，就现在管理的模式，一是可能反应不及时，二是成本确实很高，对将来公租房全生命周期管理来说也是不便的。所以，建立全市的管理平台，能够高起点建设长效机制，在规模运营的基础上探索可持续发展的其他路径。

第三个方面是建立良性运营的社区文化。社区要形成有特色的自治文化。如果都让政府、居委会出面或者是让物业机构来处理，成本会非常高，摩擦成本也会很大。要研究怎样能够让社区形成一种自治文化，自己管理自己，形成一个能够让社区持续运营的机制，逐步形成关怀、互助、绿色的社区文化，以使大家养成一个良好的习惯，邻里之间尽量不发生矛盾。通过管理来影响、改变承租人的一些生活习惯和工作习惯，改变人、塑造人，并最终在整体上提升社区住房保障家庭的社会化水平。

七、"以租为主"住房保障体系的价值追求

要满足一部分人群的特殊需求，包括儿童、大病患者、优抚对象等。他们在市场上没有什么优势，在公租房社区里应该被重点关注。要关注邻里和谐与社区建设，促进社会主义文化，促进社会主义邻里之间的相互关怀和相互帮助。特别是促进社会的再生产和进步，使大家在失意的时候能在公租房社区得到一种安慰，找到帮助，获得支持。另外，要有计划地影响住房市场，改善住房租赁市场乃至整个房地产市场的发展生态，使得住房保障体系和住房市场体系相得益彰。只有这样，公租房才会有个合理的、良好的外部环境。最后，促进社会群体之间的融合，包括民族之间、阶层之间、职业之间、群体之间的相互和谐。

八、"以租为主"住房保障体系的支撑体系

包括法律体系、政策支撑体系、公租房居住质量的保障体系以及运营管理体制。运营管理体制包括租赁文化意识、消费习惯的培养、舆论的监督和引导等。这些都是要下大力气去谋求的外部环境。随着新住房制度的逐步完善，住房的重要性在新时代高质量发展过程中日益凸显。外部环境的改善，将是一个大概率事件。

九、"以租为主"住房保障体系要处理好的几个关系

第一是要处理好经济效益与社会效益的关系。公租房要有经济效益，更要有社会效益。如何来体现？哪些指标能反映相关的效益？必须清楚，就国际上发达国家住房保障的经验来看，住房保障没有一蹴而就的，需要长期的

努力。特别是在一定生产力发展条件下，住房保障问题的解决总是相对的，特定阶段的新居住需求的产生是绝对的。以为划定一个期限，就能一蹴而就、一劳永逸是不现实的。因此，必须在优先实现社会效益的同时，关注经济效益，以便发展能够可持续。

第二是要处理好居住实体保障和生活方式保障的关系。光住进去，只是物质保障；还要考虑生活方式能不能得到保障。租户如果在外摆摊或者是手工业者，怎样能在工作方面为他提供相应保障？住房不仅仅是居住，周边还要有比较充分的就业机会，这样除了极少部分特殊困难家庭外，大部分家庭可能通过持续就业和自我奋斗实现收入提高，从而最终退出公租房，实现公租房资源的善用。

第三是要处理好城市产业布局和住房空间的关系。随着中低收入家庭居住问题的基本解决，未来城市产业功能调整带来的居住问题将成为突出问题。北京区域大，空间差距悬殊，城区与郊区产业存在巨大差别，而居住与产业区域的错位，导致了城市交通和居住的紧张，结构性矛盾相比总量性的矛盾，需要更长的时间解决。特别是产业发展对住房功能需求的不一致，需要更好地关注住房的品质。公租房作为满足过渡性居住需求的产品，其从属于生产的性质其实非常清楚，在满足基本民生需求以后，更多地与城市发展结合起来，既是经济上的考虑，也是社会治理上的要求。

第四是要处理好老城更新和新城发展的关系。怎样保持老城活力，怎样在新城建设发展方面更合理、更理性、更人性。这两个可能是联动的。旧城配套设施转移了，大家享受不了；新城设施又不健全，大家肯定不愿意搬出去。必须把老城和新城的住房发展统筹考虑，特别是随着增量达到极限，存量更新会具有全新的特征和概念。届时，住房发展就不仅仅是一个居住问题，而更多的是一个城市文明的传承与发展问题，需要更高的站位和更宽的视野。

第五是要处理好政府主导和市场运作的关系。公租房虽然是政府主导，由政府提供资金以及相关各种支持，但还是应该考虑怎样运用市场，怎样提高市场效率、利用市场机制，包括投融资、建设以及运营管理等。随着社会需求的进一步复杂和分化，依靠社会和市场来满足包容性的需求才是最终的解决之道。

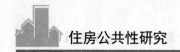
第二章 社会企业与公共住房建设

《国务院办公厅关于保障性安居工程建设和管理的指导意见》（国办发〔2011〕45 号）（以下简称《意见》）明确提出：要加大政府投资建设力度，综合运用土地供应、资本金注入、投资补助、财政贴息、税费优惠等政策措施，吸引企业和其他机构参与公共租赁住房建设和运营，多渠道增加公共租赁住房供应。《意见》发布以来，各地也出台了一些鼓励企业和机构参与公共租赁住房建设的措施，但是企业参与热情仍然不高，工作进展不大，有些问题还比较突出。

一、企业参与积极性不高是由公共租赁住房特点导致的

公共租赁住房的特点是长期持有，只租不售。租金标准按照略低于市场租金的原则确定。这就造成公共租赁住房建设资金回收期长，承担的融资成本和管理成本较高，资金收益率较低。同时，运营期能否足额收缴租金、顺利运营，也存在一定风险。加上近年来我国住房租售比较低，严重影响了企业参与公共租赁住房建设的积极性。

二、企业参与的主要问题分析

目前，企业参与公共租赁住房建设的主要问题集中在参与主体、参与形式、投融资、运营管理和政策环境等方面。

（一）参与主体单一

目前，参与公共租赁住房建设的企业主要是国有房地产企业。这些企业

或者通过自有土地建设公共租赁住房,或者根据政府要求通过获取出让土地建设公共租赁住房,或者通过股权投资参与公共租赁住房建设。比如北京的北控集团、城建集团均是通过自有土地或取得土地建设公共租赁住房;上海则由上海地产集团、卫百辛集团、虹房集团等通过入股公共租赁住房运营公司参与公共租赁住房建设。而民营的房地产公司则主要通过配建公共租赁住房的方式参与公共租赁住房建设。其他企业,如金融企业、民间金融机构、其他行业企业均很少直接参与公共租赁住房建设。相关商业银行也仅仅是在发放公共租赁住房贷款方面有一定政策上的倾斜,直接投身公共租赁住房建设的很少。参与主体的单一化造成了公共租赁住房建设市场缺乏活力,运用市场机制吸引社会资本缺乏效率。

(二)参与形式单一

企业参与公共租赁住房建设的形式比较单一,表现在:

1. 商品房开发时配建公共租赁住房,建好后由政府指定机构回购为目前的主要方式,而采取 PPP、BOT 模式建设公共租赁住房的比较少。

2. 在投融资、后期运营管理等环节企业参与的方式和途径比较少,企业直接持有公共租赁住房意愿不强。事实上,在目前股市不景气、房地产市场宏观调控的情况下,大量企业闲置资金的投资机会其实很少,包括离岸人民币市场、债券市场和股权投资市场,都在寻找适当的投资机会和投资领域。公租房建设作为"十三五"期间国家重点建设领域,只要能探索一些新形式和新途径,基于公租房租金的长期稳定收益预期,是可以吸引企业和社会机构参与的。上海市住房公积金管理中心直接收购新江湾尚景园公共租赁住房项目的实践证明,只要有合适的途径和形式,企业和机构参与公共租赁住房建设不仅能够有效降低运营成本,缓解融资压力,而且能够保证资金长期回报和稳定收益。

(三)融资困难

企业参与公共租赁住房建设,在两个环节会面临融资问题。

一是在建设期,或者用自有资金建设公共租赁住房,或者通过融资解决资金问题。为此,有实力的企业自垫资金要面临资金机会成本问题,没有实力的企业融资则要承担沉重的融资成本。由于目前公共租赁住房的土地多

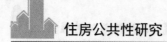

为划拨土地,其项目抵押存在一定问题,通过银行贷款或者发行私募债券都有不少困难。同时,公共租赁住房的持有期较长,中长期贷款是其融资主要诉求,而目前金融机构的大部分贷款期限为3～5年,这对于企业来说,未来还会面临以新债偿还旧债问题,预期不太乐观。此外,公共租赁住房的税费减免主要集中于运营阶段,而建设阶段的税费优惠政策不多,也使企业负担较重。

二是在运营期,由于企业自持,有关的住房维修资金还要占用一部分资金,运营期的管理运营也仍然要投入一定资金。目前国内还没有探索出有效的公共租赁住房运营模式,使得企业在运营期追加资金信心不足,持有公共租赁住房多有顾虑。通过流动资金贷款、中期票据等方式为公共租赁住房运营筹措中短期资金也有一定操作上的困难。

(四)运营复杂

企业持有公共租赁住房,必须按照政府确定的相关配租程序、租金标准和运营要求来运营。这会碰到很多管理上的问题,比如日常监管问题,和街道、居委会的协调问题,物业管理问题,配套商业经营问题等等,这些都需要相当专业的知识和技能才能胜任。就目前公共租赁住房的准入人群来说,城市中低收入家庭、新就业无房职工、外来务工人员,成分复杂,需求各异,政府成立的专业运营机构都有畏难情绪,何况其他对公共租赁住房运营比较陌生的企业,其运营管理难度可想而知。

(五)政策支持不够

目前公共租赁住房建设的融资渠道主要有财政资金支持、商业银行贷款、社保信托、公积金贷款和发行企业债券等。但是,公共租赁住房资金问题还缺乏长期的政策安排。比如,公共租赁住房建设资金严重依赖于城市土地出让金的收入,这在不同时期随着土地市场变动会增加很多变数;即使住房公积金的增值收益,也会随着房地产市场动荡而难以稳定。再比如,中长期贷款尚只有国家开发银行在进行试点,其他银行还没有太多实质性的进展;公积金支持公共租赁住房建设的渠道尚不畅通,有些问题仍存在争议。在公共租赁住房金融创新方面,保险资金债务、房地产信托投资基金(REITs)、境外股权基金融资、保障房产业基金及社保基金支持公共租赁住房建设还有很多政策限制。

在土地供应、资本金注入、投资补助、财政贴息、税费优惠等方面还没有针对企业出台明确的可操作的细则，这也是企业参与公共租赁住房建设步伐较慢的原因。

三、鼓励企业参与公共租赁住房建设的对策

企业作为市场竞争的主体，其生存发展动力就是实现利润最大化。公共租赁住房本身具有公益性、保障性的特点，决定了其建设和运营只能突出公共产品的性质，以保本微利为目标。这也就决定了企业参与公共租赁住房建设的积极性需要政府通过特定的措施去支持和鼓励。在现今中国经济的大背景下，银根收紧，大量房地产企业的资金链紧张，仅靠吸引房地产企业参与公共租赁住房建设，效果不大。而主要的鼓励方向，应该是尽可能多地把其他企业和机构的社会资本吸引到公共租赁住房建设当中。所以，政府鼓励企业参与公共租赁住房建设必须对症下药，才能达到预期效果。

（一）努力拓宽和创新企业参与公共租赁住房建设的渠道和途径

企业参与公共租赁住房建设主要关注的无外乎两点：一是投资回报；二是风险控制。在投资回报方面，一要改变主要依靠房地产企业的局面，设计出新的融资方式，比如公共租赁住房专项基金、住宅银行等方式吸引企业参与，保障投资企业的资金收益；还可以探讨公共租赁住房共有产权模式，使得资金变资产，在一定期限之后可以由政府收购其产权，保障参与企业类似房地产投资的收益。二是改直接参与为间接参与，企业不再参与具体的公共租赁住房建设运营工作，具体工作交由专门的公共租赁住房发展机构进行，如北京市的市级统筹融资平台北京市保障性住房建设投资中心，企业只作为专业机构相应的股权、债券投资主体，参与和监督公共租赁住房的建设和运营。在风险控制方面，政府应出台专门规定，对企业参与建设公共租赁住房的项目和资金严格监管，保证其公开透明，并承诺逐年回购或赎买，给予比较完善的制度性安排。

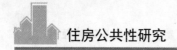

（二）加大在公共租赁住房建设资金方面的优惠

建设公共租赁住房是政府的公共职责。政府财政投入和相关收益让渡是企业参与公共租赁住房建设的前提。

一是要加大财政资金的投入，通过政府收购的方式解决建设期企业的资金困难，而运营期企业的资金问题则应在财政预算中有所安排。

二是完善公共租赁住房中长期贷款的扶持体系，尽快制订社保资金、住房公积金、政策银行等发放中长期贷款的实施办法，专项支持企业建设公共租赁住房。

三是完善税费优惠减免的细则，对参与建设公共租赁住房的企业在土地、规划、建设、运营等环节给予一定的优惠政策。比如提高容积率奖励、运营补助和企业税收减免等。

四是畅通企业发行专项公共租赁住房债券和进行股权融资的渠道，对企业进行资信担保。

（三）鼓励发展社会企业、发展社会住房

企业参与市场竞争，一靠企业的营利能力，二靠企业的信誉和品牌。企业参与建设公共租赁住房，是企业履行社会责任的重要体现。我国社会企业发展还处于起步阶段，以首开集团的"责任地产"为例，不少企业已经开始注重社会责任，努力向社会企业发展。为此，应完善参与公共租赁住房建设企业的信用体系，一方面保障公共租赁住房建设运营的高效率、高质量，另一方面保证企业的良好信誉能为企业在其他市场领域的竞争提供诚信证明，增强企业竞争力，从而达到政府和企业的双赢。国有企业具有发展成社会企业的优势，也是国资改革的发展方向，应该也可以把参与公共租赁住房建设的业绩纳入国资委绩效考核，对其他企业和机构则可以给予履行社会责任的表彰和鼓励，提高企业的信用评级，同时通过一定的制度安排给予政府层面的认可和认证，增强企业的品牌影响力。

综上所述，在大力发展公共租赁住房的过程中，政府有责任排除企业参与公共租赁住房建设的政策性和体制性的障碍，为企业参与公共租赁住房建设保驾护航。这是实现建设基本住房保障体系的目标，保持城市活力，保

持市场体系良性发展,促进社会和谐的必由之路。同时,企业投身公共租赁住房建设,对于履行企业的社会责任,提高自身品牌竞争力,获得稳定的投资回报也同样具有重要意义。

第三章　面向公共性的公租房规划设计

在积极推进保障房建设的实践中,由于对相关保障房特别是公共租赁房体系的顶层设计相对滞后,已建成和正在建的保障房存在不少问题。本章重点分析公租房在规划设计方面的一些问题,并进行一些前瞻性的讨论。

一、公租房规划设计的理论指向

北京市构建"以租为主"基本住房保障体系的初衷既包含了对产权型保障的纠偏,也包含了城市发展可持续的政策诉求。作为特大城市,北京的资源环境严重制约了城市发展,加上人口边界的不断延展,不改变发展模式,就无法按照高质量发展的要求实现可持续,就可能丧失创新的活力,在资源枯竭的困境中衰落下去。因此,公租房发展的理论指向就是为北京成功实现城市成长探讨一条新路。这条新路应当是城市空间成长与资源环境的改善之间达到相对和谐。为此,公租房的规划设计必须满足两个基本目标。

1. 集约使用土地,满足城市发展所需的基本住房需求

只有通过租赁形式提供住房保障,才能保障土地资源的有效利用,使得因为就业、生活等产生的居住问题得到高效解决,缓解交通,实现住房资源的持续流转。为此,公租房应满足两个条件:一是满足基本生活和工作需求的功能要齐全,不会因为就业地的搬迁造成生活的不便,使得人才资源更易

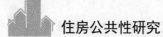

流动,促进城市整体智力资源的有效配置同时保障中低收入人群能够安居乐业,生活得有尊严,从而有利于社会的稳定和谐;二是住房区位规划设计应当便利,在相关配套设施和服务上体现社区文化特色,降低生活成本,实现空间开放和交往和谐。

2. 易于运营管理,激励政府和社会长期持有

公租房的规划设计应当保证房屋后期运营管理高效便捷。公租房主要由政府或社会专门机构长期持有,因此,规划设计应从后期运营管理的角度出发,在规划、选材、共用设备维护、与大市政的有效对接等方面下功夫,在提高住房质量的同时,有效降低整个生命周期的维护成本。只有这样,公租房资源才能在延长使用期限的同时,有效激励政府和社会机构长期持有,保证资本的稳定收益和资源的持续利用。随着一定规模公租房的供应,实现基本住房保障将主要取决于后期运营管理能否可持续。

二、目前规划设计存在的问题

公租房的发展仍然处于起步与探索阶段,在目前的规划设计中仍然存在一些亟待解决的问题。

(一)区位选择方面

目前全国大批公租房已经建成并投入配租,但一个突出的问题就是"叫好不叫座"。比如上海、郑州等地公租房的空置情况超出了人们预期。除了租金较高之外,主要原因是公租房区位选择存在共性的问题。一是空间失配。在原有的产业工人居住地和就业地空间失配、现代服务业中心区化和人才郊区置业的空间失配外,又出现了中低收入阶层与合适就业场所之间的失配。以北京首批公租房远洋沁山水为例,30%摇号配租的人员弃租的原因就是因为上班太远。而目前,北京市兴建的公租房大部分位于五环以外和远郊区,交通不便,配套不全,在为低收入人群提供住房保障的同时没有兼顾相关教育、医疗、社会服务等公共利益的共享。二是发展时序上的失误。主要体现在两方面:一方面是"先有住房后有配套"现象比较常见,总是等到住进去以后才考虑完善相关配套设施;二是商品房配建公租房,相关配套没有考虑公租房特点,人为造成居住空间的分异,

部分配建公租房构不成规模,因而运营管理很不经济,也不利于社区和谐。三是中心城区产业转移和人口疏解不太协调,转移产业的现有布局同城区布局相比还有很大差距。

(二)相关配套方面

虽然北京市委市政府相关政策文件明确指出,公租房项目应当同步建设相关配套设施。但是就实践来看,除了上述区位选择方面的问题之外,目前对于配套规划只有指标方面的要求,而没有针对特定人群进行设计的要求。一方面,与公租房运营相关联的配套没有明确业态和业种,无法体现服务于公租房承租人的特点;另一方面,现有的配套设施的持有方式(主要由开发商持有),也不利于充分发挥配套设施的效用。由于公租房居住面积小,大量的居住功能需要在相关配套服务设施中实现。然而,目前对于公共空间配套设施的规划,还没有太明确的规定,所谓社区商业的培育也充满了市场逐利的考量,既造成本来就不足的配套资源浪费严重,又严重影响了公租房承租人的日常生活,提高了生活成本,造成公租房入住意愿不强。

(三)房屋功能方面

公租房的户型设计应当充分考虑租赁的过渡性以及变动性,因此在设计上应当以满足基本生活为限,在这一限度下保证基本功能的持续完好。但是从目前运营中的公租房来看,仍存在大量房屋设计与公租房性质不符,无法满足承租人基本生活需求的问题。一是公租房户型设计没有针对特定人群的个性设计,比如针对老年人、新就业无房职工和外来务工人员等进行分类。二是基本生活功能不健全。以远洋沁山水公租房项目为例,所有户型均无阳台设计,不配备热水器等,给租户生活造成许多不便。三是资源浪费。多数户型厨房和卫生间面积较大,开门方式影响空间利用,没有设计储物空间等,这对于小户型房屋来说十分不合理。此外,户型设计模数没有考虑家具摆放,造成空间利用率较低。

(四)运营管理方面

公租房可持续发展的关键是后期运营管理,因此在公租房最初规划建

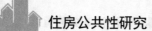

设之时,应当充分考虑为今后运营管理提供必要的基础条件。由于目前缺乏公租房运营管理的成功经验,在规划设计方面,针对运营管理而安排公共空间、共用设施设备的考虑付之阙如。目前,在后期运营管理中发现很多不便。例如,开展管理工作必要的办公空间不足;公租房承租人公共空间狭小,共用设备维护不便,相当一部分设计(如电梯和水泵等)没有考虑节能问题,公共空间能源管理不便等,一者造成维护成本较高,二者造成管理难度增加。

三、公租房规划设计应与城市发展相协调

北京市公租房的规划建设应当充分考虑北京市的具体情况,以制订未来的保障性住房规划。同时,结合"紧凑城市理论"和"城市成长理论",遵循城市理性增长的十大原则,通过城市功能的相互叠加来提高保障性住房资源的使用效率,减少消耗和污染,实现可持续发展。在规划方面,要使公租房的规划设计和城市功能、产业布局、文化塑造等结合起来,同公共服务、资源环境的持续利用相匹配。

首先,在区位规划方面,要把平衡就业和生活作为目标,协调旧城改造与新城建设、房屋建设与交通拓展,在实现"以租为主"基本住房保障基础上实现北京的土地优化利用、公共服务和福利的有效共享、城市功能的合理布局。落实北京城市总体规划,充分利用发展高新技术产业和现代服务业的契机,带动集中建设公租房项目在新城的配套建设。有效提高配建公租房利用商品房社区服务配套的效率,拾遗补阙,促使配建公租房和所在社区的整体配套水平提高。区位规划应重点研究公租房对象的共性需求,在实现规模效益的同时降低区位生活成本,提高公租房社区生活文化品位,形成居住空间的融合和发展。

其次,在居住质量方面,既要在建造结构、建筑选材、空间设计、功能优化等有形方面下大力提高针对性,又要在邻里交往、社区软环境、文化生态等方面重点研究。通过前瞻设计规划使得公租房质量可靠、结实耐用,为长期良性运营管理打下良好基础。居住质量决定社区发展和生活方式。高质量的公租房,不仅在空间上提供一个人性化的生活居住环境,而且在时间上形成社区稳定和谐的发展基础。不仅使得人们能够享受社会提供的基本住房

保障,而且能够在潜移默化中塑造完善人格,为北京城市发展准备足够的社会公平与效率的平衡支撑。

第三,在建设时序方面,公租房的持续发展是一个动态过程,其间少不了博弈和互动。要在客观分析北京市基本住房保障实际状况的基础上,根据政府的财政承受力确定阶段性目标,综合考虑资源承载力,优化公租房的区位布局、功能定位、配套标准等。在公租房发展初期注重建设速度和规模,达到一定规模后,应注重提高建设标准,研究精细化的管理。特别是在目前"以区为主"的基础上大力提升市级统筹的水平,整合公租房发展的产业链,一体化规划设计公租房体系,使得公租房的经济效益和社会效益达到帕累托最优。

第四,在运营管理方面。公租房发展最根本的条件就是必须能够循环利用,这是公租房规划设计的基本指导思想。为此,所有的规划设计应始终围绕着后期运营管理工作来进行,不断提高社区的智慧化水平。在运营管理阶段,主要有三大难点:一是运营的收支平衡;二是实时监督规范承租人居住行为;三是顺利准入和退出,实现房屋流转。为此,在规划上,除了不断提高住房的品质和功能,推行装配式建筑,发展绿色住宅,提升可持续发展水平,还应保证相当数量的优质商业,通过商业运营收入弥补公租房运营管理的资金不足;在管理上,应超前规划人脸识别、分户计量等科技手段,提高公租房后期运营的效率,降低成本。同时,在配套服务设施上为公租房承租人降低生活成本,推广低碳绿色,奠定和谐管理的基础。这样,不仅能够扩大公租房文化的影响力,还能够拓宽住房保障的外延,有利于公租房的可持续发展。

第四章　租金政策的公共性难题

　　"十二五"时期,北京市大力发展公共租赁住房。共建设筹集公租房(含廉租房、人才公租房)19.8万套,占公开配租配售保障房的60%,实现住房保障方式向"租售并举,以租为主"的重大转变。

　　在北京市公租房大规模建设并逐步投入运营的大背景下,租金政策已成为事关公租房未来可持续发展的热点和难点。租金政策一方面要考虑承租家庭可负担能力,以体现公租房的保障性特征;另一方面又要尽量实现公共住房资源高效利用,促进保障房事业可持续发展。

一、公租房租金政策现状

　　根据京政发〔2011〕61号文件要求,北京市公租房租金实行"市场定价、分档补贴、租补分离"的原则。市住房城乡建设主管部门或北京市保障性住房建设投资中心委托第三方专业评估机构,对单个公租房项目周边市场租金价格进行评估,并根据评估结果,考虑项目建设、运营和管理成本,按照略低于同地段、同类型住房的市场租金水平确定租金标准。

　　虽然北京市在公租房租金政策的制订环节充分考虑租金定价效率与租户可负担能力间的平衡关系,但在实施过程中仍存在以下问题。

(一)公租房租金标准未能及时真实反映项目价值

　　北京市公租房建设呈现一定阶段性和区域性特点。随着北京市常住人口增加和建设用地减少,新筹集的公租房项目由近郊区逐渐向远郊区扩展,与已配租老项目相比,新项目位置相对偏远,相关教育、医疗、交通、商业等配套也明显不足。而已配租老项目周边不断成熟的配套设施及区位优势价值并没有及时、真实地反映在租金价格中，有的新项目租金价格远高于老项目，比如北五环外文龙家园项目（47元／月·平方米）比西四环远洋沁山水项目（41元／月·平方米）租金高出15%，由此导致租金出现"倒挂"现象，即新的高于旧的、远的高于近的、配套不足的高于配套完善的，这种现象愈演愈烈。

（二）公租房租金政策未与准入等相关政策形成联动

北京市推行公租房政策以来，公租房准入标准始终没有调整，原有"三房"（廉租房、经适房和限价房）轮候家庭成为公租房承租主体。而本应成为公租房主体的新就业无房职工、稳定就业外来务工人员等难以进入体系。已入住家庭也存在部分收入增加导致丧失保障资格，逐步从公租房退出，公租房目标群体的收入层次越来越低。同时，租金补贴政策调整幅度较小，即使对低收入家庭（收入也在逐年增加）来说，其覆盖面也越来越小。由于租金政策未能同准入、租金补贴政策等统筹考虑，租金没有形成动态调整机制，客观上导致公租房门槛越来越高，一方面，低收入家庭对于房屋租金敏感度提高，偏远项目空置情况更加突出；另一方面，大量无法负担市场租金的家庭被排斥在外，想入而不得。公共住房资源运营效率下降，住房保障压力随市场租金增长而不断增大。

（三）公租房租金政策未能充分有效发挥资源配置作用

公租房租金标准作为价格信号，应该充分反映公租房供求关系，并引导相关资源进行优化配置。目前，受公租房建设时序和布局影响，评估项目租金标准受制于周边市场交易情况，北京市公租房项目未能形成有效的区域市场，租金标准分布同相关就业、公共服务配套、交通等脱节，无法有效发挥价格信号作用，引导承租家庭根据自身情况合理选择项目。导致位置较好、周边配套设施完善但租金较低的公租房项目面临"过度竞争"，而位置不佳、周边配套设施不足但租金又不低的公租房项目出现空置。特别是目前的摇号配租方式，一定程度上又促使资源配置进一步失衡。

二、公租房租金政策分析

（一）现行租金定价方式是租金标准不能及时真实反映项目价值的主要原因

1. 租金评估的时点性与长期运营之间缺乏有效衔接

项目周边市场租金价格作为确定公租房租金标准的主要依据，是根据调查时点前一年内所在区域的平均市场租赁价格水平测算所得，且有效期为一年。也就是说，在测算公租房周边市场租金价格时，为了消减市场租金的季节性波动，其价格已远滞后于测算时点的市场价格。同时，公租房租赁合同有效期一般为3年，其间并未存在有效机制保证再次评估。不同时点的租金标准，对市场租金水平、运营成本、管理成本等无法形成实时反映的机制，而只对建设成本有比较好的直接反映。公租房运营的长期性与评估时点性之间存在天然矛盾，导致公租房价值难以被真实体现。

2. 现行租金评估的差异性不利于租金价格合理分布

无论是商品房还是公租房，住宅的租金价格从来不是一个固定确切的数字，而是合理区间内的取值。就租赁市场而言，市场租金对应的主要是不同居室类型的差异性。比如一居室同两居室租金，建筑面积上的差异远小于居室功能上造成的租金差异。因此，每建筑平方米的价格只能是一个区间变动的价格。目前，北京市公租房项目周边市场租金价格通过委托第三方专业评估机构进行评估确定的方法，不同评估机构拥有的基础数据库及评估方法之间存在的细微差别，特别是按照每建筑平方米确定的租金差异，导致本来就已经非常分散的公租房项目租金分布更不合理。加上产权单位定租下浮比例原则上没有统一标准，每个项目租金标准同市场租金价格相比，关联度更低。由此，评估的差异性不可避免带来公租房租金标准的非正态分布，与项目价值严重疏离。

3. 公租房租金定价的个体性与区域市场缺乏有效关联

房地产市场发展与成熟并非一蹴而就，而是渐进性的发展，房屋价值主要是级差地租随着周边配套设施逐步完善呈上升趋势。公租房同样具备以上特征。由于公租房租金定价坚持按项目进行，评估划定的评估区域无法准确界定。区域发生的变化,不能完全反映在租金评估当中。特别是区域房屋交易活跃性直接决定了交易价格的合理性,因此对于交易不活跃的偏新项目,市场评估方法几乎无法实行。区域环境的改善,直至地租变动,本身就具有范围的模糊性,所以公租房价值只能从区域上反映出来,至于屋内配置的差异并不是主要影响因素。同时,公租房项目租金标准本身也会影响周边市场租金,随着集中建设公租房项目增多,其规模体量对区域市场的影响也会逐渐增大。

（二）现行租金政策的孤立性是造成不能充分发挥公租房政策联动效应的客观原因

1. 公租房租金价格难以与承租家庭收入变化相匹配

随着公租房保障家庭收入增加,租户可负担能力不断提升,然而由于公租房租金调整政策的相对滞后,已入住公租房项目租金标准难以及时对收入变化做出反应。从而导致已入住家庭住房支出相对减少,加之退出标准也没有调整,出现过度保障现象,造成对其他轮候家庭的不公平,影响后续公租房项目租金标准的确定,进而影响整个公租房制度体系的有效性。

目前,北京市已入住的 15,901 户公开配租的公租房租户,人均享受568.94 元的月租金补贴,个人实际承担平均房屋月租金为 1,252.15 元。根据北京市统计局发布数据,2013 年中低收入家庭平均月收入为 2,187.08元,人均生活类消费支出为 950.80 元／月[①]。按照两年收入 20％涨幅[②]、消费类支出按 3.43％涨幅预估[③],目前北京市中低收入家庭平均月收入为2624.5 元,人均生活类消费支出为 983.41 元／月。从收入余额角度计算,北京市中低收入家庭可用于住房消费的最大限额为 1641.09 元／月,高于

---

① 根据北京市统计局发布数据,2013 年中低收入家庭人均食品消费 525.25 元／月,衣物消费 141.88 元／月,医疗消费 103 元／月,交通通信费用 180.67 元／月。

② 根据北京市统计局发布数据,2015 年北京市低保标准由 2013 年的 580 元／月涨至 710 元／月,涨幅 22.41％;最低工资标准由 1400 元／月涨至 1720 元／月,涨幅为 22.86％。

③ 根据北京市统计局发布数据,2014 年居民消费价格（CPI）涨幅为 1.6％,2015年 CPI 涨幅为 1.8％。

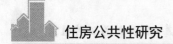

目前公租房租户承担的租金水平。

2.公租房租金政策难以与准入及分配政策相匹配

随着北京市保障性住房逐步投入运营以及保障家庭收入水平不断提高,公租房准入标准具备上调的必要性。在低收入家庭比例不断缩减的同时,北京市户籍的新就业无房职工、城市公共服务人员等新兴住房困难家庭开始纳入公租房保障范围。但由于租金政策与准入退出、审核分配等政策不匹配,项目租金仍旧根据轮候优先原则考虑低收入的需求,适合职住平衡的新项目无法体现为更个性化的服务,难以满足新对象群体的保障需求。同时,准入标准的迟滞也导致一方面已入住家庭无法及时退出,挤占优质住房资源;另一方面轮候家庭覆盖面缩小,符合条件的家庭更少。位置偏远的空置房屋无法及时吸纳适宜人群入住,从而难以实现保障功能。

3.公租房租金政策影响保障家庭预期和行为选择

租金标准与保障家庭的居住预期显著相关。从实践来看,已经有部分家庭因为承受不起租金选择调换或是退租。参照市场租金变化,保障家庭也对未来公租房租金调整有稳定预期。但因为租金政策与相关政策不协调,从而导致预期紊乱。已入住家庭趋向于不愿调整租金,超出标准不愿退出,甚至违规出租。轮候家庭增加了对优质项目争夺,而不考虑自己实际负担能力,导致对配套较差项目选择不多,把住房保障压力延后。特别是租金政策的不协调对公租房持有主体行为造成逆向选择,导致其尽量不再持有公租房。"十二五"期间,企业自持公租房的极为少见,即使持有的相关主体,也力主出售。这对于推进公租房项目实施 PPP 模式,无疑是极为不利的。

（三）租金动态调整机制不完善是导致无法提高资源配置效率的直接原因

1.租金政策影响公租房整体需求和供应规模

目前,租金政策问题已经影响到公租房整体需求和供应规模。一方面,租金政策的实施效果对需求起到了抑制作用。公租房目标对象趋于低端化,覆盖面日益缩小,公众对公租房的高门槛失去信心,不再申请公租房。北京自 2013 年起实施"四房合一"保障房统一申请后,申请备案人数逐渐减少,无疑同租金政策有一定关系。另一方面,各区对公租房建设渐失兴趣,与对公租房长期运营和投资回报信心不足有关。公众对产权型保障房的兴趣开始增加,自住型商品房一度出现个别项目有 20 多万家庭轮候的现象。

2. 租金政策不利于构建善用公共住房资源的机制

租金作为价格信号,既是调整市场供需规模的手段,也是提高存量公租房资源利用效率的手段。目前,北京市公租房租金并没有形成合理的区域结构,租金标准的非正态分布,租金政策对住户行为的非理性引导,导致保障家庭不能根据家庭收入、就业、交通等情况合理选择居住地,因而公租房资源供需不匹配现象日益突出。尽管政府已经出台了交换交易政策,但实施效果不佳。客观上,职住不平衡、人房不匹配等现象更加严重。违法出租、违法骗租等现象也时有发生,租金收缴率因为租金补贴政策调整不及时或该退出而不能退、不愿退等因素,开始出现下降趋势。特别对于非政府财政资金全额投入的公租房项目,相关运营主体、金融支持单位等进一步投入资源的意愿下降。诸如此类,让相关方不易对公租房价值形成合理判断,进而难以形成公共住房资源充分合理利用的机制。

三、公租房租金政策调整方案

为充分提高公租房资源利用效率,建议租金政策实行"市场定租、定向补贴、区域平衡"原则。

(一)租金评估：由多个机构分别评估转为估价平台统一监测

随着城市建设步伐加快,城市规模不断加大,流动人口不断增加,北京市住房租赁市场呈现出供求规模庞大、租金快速上涨、管理缺位的特征,单一评估机构难以对异常庞杂的房屋租赁信息进行全面、及时把握。可以考虑以第三方机构如北京市房地产估价师和土地估价师协会作为估价平台进行综合评估和监测,从而代替多个评估机构分别评估。

(二)租金定价：由单个项目分别定价转为区域定价

1. 首次配租的项目坚持"区域定价"原则。首次配租的公租房项目根据每年估价平台公开发布的区域市场租金价格,按照"区域平衡"原则,确定公租房租金标准,并由产权单位报住房保障主管部门备案执行。

2. 已入住项目租金调整在坚持"区域定价"原则下,适当考虑供求关

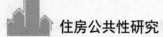

系与租户可负担能力。合同即将到期的公租房项目根据每年公开发布的区域市场租金价格,同时考虑该项目已入住人群的可负担能力及市场供求情况,在维持区域平衡的基础上,租金标准适度增减。

(三)政策保障: 相关政策联动, 合理引导保障家庭租赁行为

为了合理引导保障家庭租赁行为,租金政策需要与市场租房补贴、公租房跨项目调换等相关政策有效联动,降低跨项目调换的政策障碍,将公租房与市场租赁有效连接,保证保障人群自由选择权,维持公租房市场的活力与效率。

四、从单个项目租金测定向区域租金定价发展

目前存在的公租房价格与价值不符、部分空置和过度竞争同时存在、价格信号作用缺失等问题,严重制约了住房保障体系的持续发展。租金政策可以通过"市场定租、定向补贴、区域平衡"的方式,实现公租房资源利用效率最大化与政府保障效果的最大化。

(一)坚持市场定租原则,健全法律法规

随着北京市公租房体量的不断增加,公租房租金应继续坚持市场定租原则,建立健全相关操作细则,并与准入、补贴、跨项目调换、市场租房补贴等相关政策有效衔接,充分发挥市场在资源配置中的基础性作用,通过释放价格信号引导租赁行为,促进职住平衡的空间布局,实现非首都功能的有效疏解。

(二)实施区域租金定价,有效引导预期

坚持区域租金定价的方式,保持区域内各项目租金价格均衡以及各区域间的合理价差,建立合理有序的公租房价格体系。通过透明、稳定的租金政策环境,释放价格信号,有效影响预期,引导租户自主选择可承受租金。

(三)建立租金调整机制,提高实施效果

建立租金动态调整机制,引导公租房租户的租赁行为,确保租金水平与

租户可负担能力之间取得平衡。建立公租房供需长效机制，正确反映公租房作为准公共产品的合理价格，避免出现过度保障和过度竞争，从而构建有序的公租房租赁结构，提高实施效果。

（四）完善租金补贴政策，体现公共性特征

租金定价坚持"当期可承受、未来可持续"原则，在注重市场定价、保证效率的同时，充分发挥政府补贴作用，通过对保障家庭收入信息的持续掌握，考虑政府财政能力，适时更新补贴政策，弥补承租人的支付能力和市场租金之间的差距，更好体现公共政策的公平性。

第五章　作为公共政策有效性核心环节的租金调整

租金调整是公租房政策核心环节之一。这个核心环节在新中国成立以后公有住房的发展中就已经存在，并且产生了很多问题。租金补贴是保障租金调整的重要条件。公房管理当中也有梯度补贴，目前还明确了市场租房补贴。调整和补贴要放在一起考虑，统一放在北京市发展公租房的政策体系当中去考虑。

目前，北京市公租房政策主要考虑两个方面。一是入口，也就是准入条件比较宽，包括三类人群；二是对特定人群进行租金补贴。应当说，支付能力和住房困难两方面因素都考虑了。因此，租金补贴本身为租金调整准备了条件。那么，下一步怎么搞？从公租房政策角度来说，还是要坚持问题导向。当前突出的问题就是对公租房的社会投资主体来说，租金调整不了是非常大的问题。不仅是建设期的融资成本无法偿还，运营期的收入也严重不足，同时公租房作为资产也会不断贬值，导致运营无法持续。因此，公租房租金怎

么调、如何调,本身就是一个公共政策的课题。它会影响未来公租房发展的预期。能否吸引社会力量投资公租房,租金调整是关键。

一、公共政策是对各方面利益的协调

比如水价、电价的调整都是社会群体利益妥协的结果,没有最好的方案,只有大家根据自身利益偏好选择的合理的方案。所以,要考虑公租房租金价格相关的利益主体。显而易见,既有政府,有社会投资者,有住房保障家庭,还有其他潜在参与主体,比如基金等社会资本。这些都是需要认真考虑的,只有尽可能让所有相关方满意,租金调整这件事才能办成。为此,要深入分析相关方的利益和诉求,科学测定各方的承受能力,按照获取最大公约数的原则制订调整方案。当然,要有意识地进行宣传沟通,尽可能协调多方面的目标,并把短期利益和长期利益统筹起来考虑。这个过程中,要深入地做群众工作,发挥相关利益代表的作用,形成利益协调的博弈机制,使得租金的动态调整形成稳定的政策框架和实施路径。

二、租金调整是公租房政策的基石之一

在市场经济条件下,要避免原来计划经济条件下公房发展造成的社会问题。实事求是地说,过去公房的租金调整也有很好的方案,但是最终没有很好执行下去。这当然有体制原因,有住房保障思路上的原因,但根本上还是各方利益没有协调好,从而导致运营无法持续,只好搞"房改"。过去都是以政府投资为主,但是政府要办的事很多,国家经济实力也不够,所以本身也缺乏动力。现在是社会主义市场经济,通过1998年以来的房地产市场发展可以确定,只要有很好的利益激励机制,社会市场力量就能够发挥巨大作用。所以,通过深入研究,必须从理论和实践上解决相关利益主体关注的问题。

租金补贴政策也需要关注,但不是一个特别需要讨论的问题,它取决于地方政府的财政实力和发展目标,某种程度上是既定前提。而租金调整,从政策上已经明确,关键是如何真的落地实施。问题聚焦在如何在财政约束下,找到一个最佳的解决方案。怎样更好地进行租金调整,让大多数人满意。从研究角度来说,一定要研究各地公租房租金调整的经验。其中,哪些是成

功的，哪些是失败的，到底是什么因素导致租金的成功调整，又是哪些因素制约了一些地方租金难以调整？比如，上海公租房租金是怎么调的，和上海市的公租房政策有什么关系，和当地文化有什么关系？再比如，中国香港公屋租金调整已经形成了很好的制度，这些制度在政策体系中有什么样的地位？在总结经验的基础上，结合北京的实际情况，探讨租金调整思路在实践和政策上的逻辑可行性。

因此，要从四个方面来考虑租金调整的问题，核心是租金调整是如何可能的。

一是加强对利益相关方需求的调研。北京公租房已经搞了近十年，具体的问题是什么？已经入住的老百姓对公租房政策有一个什么样的认知？政府对租金调整有什么看法和想法？"十四五"期间还要不要发展公租房？住建部是什么想法？解决问题之前首先要破题。要站在整个公租房发展方向的角度考虑租金调整的问题，要通过协调各方面的利益探讨实现租金调整的可行性，只有这样才能确定租金调整最大的制约因素。

二是理论上、策略上要有清晰的结论。无论是经济学理论还是政治社会学理论，必须有一个统领的东西。不能泛泛说住房过滤理论、市场失灵理论，那样无法提供租金调整的具体指导。本质上，要从社会再生产角度考虑，住房作为劳动力再生产的一个环节，必须随着社会必要劳动的变动而变动，否则就会造成再生产的阻碍。从这个角度说，动态调整租金是必需的，也是社会发展的基础条件。具体来说，要考虑实物补贴和货币补贴之间的关系。市场租赁对租金调整的影响是决定性的，它反映了特定阶段的供需关系。租金调整对将来想要进入公租房和承租公租房的人也有重要影响。对于想要投资公租房的社会主体影响更是关键的，它意味着社会资本对公租房发展的关注度。这么多的主体碰到同一件事情有什么样的反应呢？这是一些策略问题，但也面临着重大的选择。既要把理论搞清楚，也要把实践策略搞清楚。

三是租金调整到底怎么做。具体方案也应该随着实践需要进行调整，但是必须要明确租金调整的整体思路。举例来说，如果租金补贴政策不动，租金调整的结果会带来什么影响？经适房家庭会有什么感觉？限价房家庭会有什么感觉？廉租房家庭会有什么感觉？外来务工人员会有什么感觉？在不同的人群里有不同的分析，对公租房租金政策也有不一样的感知。必须设法解决他们的后顾之忧。在分析基础上，再确定某个项目在多少人满意的情

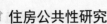

况下可以调整租金。这就是思路。不能笼统地说调整，要考虑短期和长远的关系，政策调整面向未来还是关注现在。更应重点回应已住人群的关切。总而言之，总体思路就是要认真评估各个相关主体对这件事情的反应程度，以及合理确定租金调整的时机、周期和幅度。当然，没有百分之百完美的方案，要在实践中不断试验、不断调整，最终结合整个内外部环境确定总的原则并坚持下去。

四是程序，就是具体的路径。像地铁、公交票价的调整，都有很好的经验，组织、程序、舆论的准备、信息的公开等，也是必不可少的环节。比如，在租金调整方面能否借助社区租务管理委员会？在程序当中，能否说明什么时候启动租金调整，哪些条件具备了，才能调整？然后在调整过程中，还要考虑哪些方面的因素？调整以后对其他项目会有什么样的影响？最后可能带来冲击的后果是什么？这个方案有什么影响？每一件事情多考虑几种方案。这些程序一定要明确，时间、地点、人群都要明确，才具备可操作性。

三、维护公租房租金的公共性

长远来讲，租金调整与公租房的公共性直接相关。公共性意味着围绕着租金调整的利益是多方面的，达到最大多数人满意是最终目标。这就要求避免过去仅仅考虑特定方面的利益，而忽视其他方面的因素。特别是，要善于从社会、政治、经济等多方面需求出发提出解决方案，为公租房发展长期可持续奠定基础。不同阶段的政策诉求可以也应该不同，但是所有政策的初心是着眼于社会的长期稳定和发展，不能因为现在的苟且造成未来的问题。要明确租金调整整体思路、具体路径，才能给政府和投资者以信心，也才能让广大的老百姓接受。事情当然很难，但根本是抓住核心，凝聚共识。方案是次要的，小步调大步调没有太大影响。租金调整的总体原则是维护略低于市场租金的定租原则，过程中可以根据各方面因素适当调整具体的策略方案，但总的原则是纲，离开总的原则谈别的考虑，最终会严重损害公共政策的实施效果，影响政策公信力。

第六章　"大质量"概念与公共目标

"质量问题是经济社会发展的战略问题，关系可持续发展，关系人民群众切身利益，关系国家形象。"① 在经历过三十多年经济高速发展后的今天，在我国发展进入经济新常态的今天，在加快供给侧改革发展的今天，重新定位质量问题，具有极端重要的战略意义。

当前，质量概念已广泛地渗透到国民经济、生产、消费和社会活动的各个领域。人们对"质量"的认识已经不限于产品实物质量和服务质量本身，而是从更广的视角、更大的范围、更全面的角度去研究质量问题。拿保障房来说，过去我们关注工程质量，建立了质量终身责任制，建立了诚信体系，保障房质量稳步提升。但现在我们还关注保障房的规划布局、分配运营、资金筹措、顶层设计和法规建设等方面，质量工作已经逐步进入全面质量管理阶段。因此，可以说，社会对于"大质量"的概念已经形成明显共识。

"大质量"概念的提出，最早可以追溯到美国著名的质量管理学家朱兰（Joseph M.Juran），他把"质量"从狭义的产品质量，扩展到包括设计质量、符合性质量、有效性和服务等方面在内的广义的质量。20 世纪 60 年代初，美国学者菲根堡姆（A.V.Feigenbaum）提出了"全面质量控制"概念，认为影响产品质量的因素，不仅存在于制造过程，而且与设计、原料、配件、生产工艺、检查、销售、使用和服务等全部过程的工作质量有关，必须从经营上对质量、成本、交货期和服务水平予以综合考虑，才能真正提高产品质量和经营效果。日本的"全公司质量管理（CWQC）"则把"广义的质量"解释为质量、成本、价格、交货期和服务等方面。近年来欧美国家把广义的质量称为"全面质量"。质量概念不仅被用于物质或精神的产品及其提供的过程，而且被更广

---

① 《质量发展纲要 2011—2020》。

泛地用来评价社会经济发展的水平,研究国民经济发展和增长的质量。

作为一种公共政策载体的保障房,其质量重心则在于保障功能实现的各个环节。从保障房功能实现的角度看,保障房的规划设计、分配、管理、运营以及保障房社区的治理等等都应该成为质量管理的对象。只有这样,保障房的供应才不仅仅是优质房屋的供应,而是成为有效实施住房保障公共政策的前提和基础。

"十三五"时期,质量和效益成为供给侧改革的目标。保障房建设必须把质量的概念扩展到"大质量",从而全面提升我国保障房的建设水平。"房子是用来住的,不是用来炒的",保障房作为集中体现住房新定位的公共产品,需要围绕实现保障功能的各方面,全面提高保障房质量,以为更好实现住有所居奠定坚实基础。

一、始终围绕保障房功能的发挥完善我国住房保障体系的顶层设计

我国经济已进入新常态,供给侧的转型升级必须借力质量和效益的升级。建设什么样的保障房和怎样建设保障房的问题,在今天具有更加重要的战略意义。"四个全面"和"五位一体"战略要求我们始终把保障房作为社会的稳定器建好管好用好。房子是用来住的,保障房是用来保障的,有一个什么样的住房保障体系,就会要求有什么样的保障房供应思路。保障房的功能决定了对其质量控制应该是全方位、全过程的,这是保证公共住房资源高效运用的前提和基础。因此,做好住房保障的整体设计至关重要。整体设计要借鉴国内外住房保障的经验,研究我国现阶段的住房保障需求,认真摸清存量住房的底数,从构建统一的租购并举的住房保障体系入手,在保障房的规划选址、资金筹措、审核分配、运营管理、财税支持等各方面形成长效机制。坚持久久为功,避免保障房建设成为一时的政府任务,而是作为构建经济社会发展的稳定器而长期努力。同时,因应不同发展阶段的急迫需求,统筹住房保障和住房市场,集中政府财力,扩大社会资本参与,逐步形成覆盖所有居民的整体住房解决方案。只有这样,才能稳定社会预期,为城市的和谐、稳定与发展打下坚实基础。

二、加快形成保障房质量技术基础建设的总体规划

2005 年，联合国贸易和发展组织（UNCTAD）和世界贸易组织（WTO）共同提出质量技术基础（NQI）的理念。2006 年，联合国工业发展组织（UNIDO）和国际标准化组织（ISO）在总结质量领域一百多年实践经验基础上，正式提出计量、标准、合格评定（包括检验检测、认证认可）共同构成 NQI，指出计量、标准、合格评定已成为未来世界经济可持续发展的三大支柱，是政府和企业提高生产力、维护生命健康、保护消费者权利、保护环境、维护安全和提高质量的重要技术手段。基础不牢，地动山摇。正如原国家质量监督检验检疫总局局长支树平所说的，哪一天中国质量技术基础上去了，中国的质量就上去了。"十三五"时期，要进一步深入实施创新驱动发展战略，发挥质量技术基础在质量强国建设中的引领作用，核心是坚持创新驱动，关键是依靠科技引领。加快形成保障房质量技术基础的总体规划，可以有步骤地提升保障房的质量和科技水平，推进建筑业的转型升级。保障房的质量技术基础，需要在总结过去保障房建设经验的基础上，根据各地住房保障体系的特点，因地制宜地规划建设。比如，对于一些形成较多保障房标准的地方，要有意识地加大质量的研究，使质量标准能更好落地。而在计量、标准都做得较好的地方，如北上广深等一线城市，则应关注合格评定，以形成可以复制推广的经验，发挥在全国保障房建设方面的引领示范作用。

三、努力提高保障房供应质量

保障房供应涉及诸多方面，土地、资金、规划、建设、分配、管理、监督等都需要以质量为中心。我国经济社会发展进入新阶段，对于住房保障也有了新要求。保障房建设也要因应新变化做出相应调整。以北京为例，结合首都战略新定位，配合非首都功能疏解，住房保障"十三五"规划已经明确提出了三个转变，更加突出"职住平衡"。由此，我们需要用更大的视野来看待保障房建设，需要用更高的站位来定义保障房建设，需要用更远的追求来引领保障房建设。保障房建设不仅要发挥民生保障的作用，还要服务服从于首都

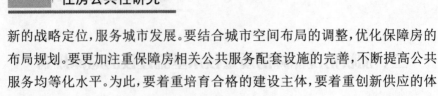

新的战略定位,服务城市发展。要结合城市空间布局的调整,优化保障房的布局规划。要更加注重保障房相关公共服务配套设施的完善,不断提高公共服务均等化水平。为此,要着重培育合格的建设主体,要着重创新供应的体制机制,要注重以"人"为中心而不是以"房子"为中心来统筹保障房建设。同时,充分利用存量房市场,共同形成适合首都特点的住房保障大格局。房子始终是为了人居住的,保障房的质量是提高住房保障质量的基础。人的需求、人的价值、人的生活是未来保障房质量发展的核心要义。

ISO9000: 2015 关于质量文化的定义是"一个关注质量的组织倡导一种文化,其结果导致其行为、态度、活动和过程,它们通过满足顾客和其他相关方的需求和期望创造价值"。保障房是一种文化,关注保障房质量就是关注人本身,就是更好地实现住房保障的目标,从而创造更美好的生活。

第七章　社区生态公共性的分析与思考

在北京建立"以租为主"住房保障体系的过程中,公租房的运营管理是一个无法回避的热点和难点。如何破解这个热点和难点,关系到新的住房保障体系建设的成败,因此需要进行系统思考。系统思考不仅要分析公租房社区相关主体的特点和利益诉求,更要分析相关主体相互联系和影响的机制,从而对公租房社区的社会生态进行统筹把握。而社会生态的最大特点是其公共性,公共性又体现在社区生态系统的开放性、整体性和层次性上。

公共性表现之一: 社区生态的开放性

公租房社区生态的最大特点,是系统的开放性。公租房之所以是公租房,就在于其人群的不固定性和流动性,系统作为社会系统的一个节点,不断与系统之外的社会进行信息能量的交换。而过去廉租房以及 20 世纪的公房管理之所以难以为继,关键在于系统是封闭的,人、房屋、信息等不能流动,加上租金长期难以调整,政府管理部门没有动力促进系统的对外开放。因此,反思过去公房管理的经验和教训,最重要的一点就是缺乏足够的能量促进系统的开放。这一点对公租房运营管理至关重要。就是说,要使系统保持开放性,必须确保有足够的信息能量交换。

具体来说,公租房社区运营的几个要素要保持开放性。一是人员,不仅要实现准入退出的日常化,而且为减少社会分异,要避免同类人群的聚居;二是资源和服务,要实现公共服务的全覆盖,把公租房纳入区域网格化服务体系当中;三是信息,不断促进小区内外信息交流,比如通过培训、教育和社区文化建设等,保持社区的活力。而要实现上述三类要素的开放,关键是充分发挥政府作用。由于公租房是住房保障体系的重要组成部分,政府理所应当要保持足够的关注和影响力。政府需要在公租房运营当中实现自己的政策目标,为此,做好公租房运营管理体系的顶层设计,增进运营管理系统的自组织功能,保证系统内外信息能量的交换就至关重要。

公共性表现之二: 社区生态的整体性

公租房运营管理的整体性,来源于居住的整体性,这是一个无法选择的突出特征。目前,按照北京市公租房准入标准,中低收入家庭、产业园区人才和稳定就业的外来务工人员等三类人群具有极其不同的群体特征。这三类人群共同居住在一个社区当中,造成社区统合的困难。为了提高系统的整体性,就要建立一套能够将三类人群关联起来的体制和机制。通过这种机制,解决关联群体利益代表和相互博弈的程序性问题,减少能量消耗,减缓增熵过程。换言之,公租房社区系统的整体性要求把承租家庭参与社区管理和社会治理放到突出的位置,并能够形成一套利益协调机制,化解基于社区居住整体性而产生的短期利益和长期利益、局部利益和整体利益、个体利益和公共利益的矛盾冲突。

公租房持续发展的核心难题是社会治理问题。中国住房问题本来就积聚着各种社会矛盾,而生活在一个社区里,社会矛盾更易通过日常生活转换为社区治理的顽疾。在实现政府职能转变、创新社会治理的过程中,政府承担着更大的责任。如果说一般商品房小区,还有业主委员会与物业公司这对矛盾双方承担社会冲突,公租房小区,则因为其本身的性质,租务管理、动态监管等职能的行使,就把冲突直接引到政府面前,政府很难置身事外。

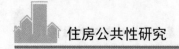

公共性表现之三：社区生态的层次性

发展公租房的目的是保障承租家庭的基本居住需求，因此，无论是集中建设还是商品房配建的公租房，都具有一般商品房不具有的物质特征。比如，居室较小，有关功能简化，配套设施较少，公共空间人流集中度高等，这造成一方面物业管理难度增大，另一方面居民需求呈现层次性。高低不均的生活需求，形成了社区不同的子系统，比如廉租家庭的低端业态和白领阶层的高端业态就并存在社区当中。特别是为平衡公租房运营资金，有一些配套商业是定位于营利性的，这些子系统和基本保障子系统交织在一起。因此，系统的层次性决定了公租房的运营管理带有最现代的社区管理特征，即公共空间与私人空间并存，市场与保障、自由与监管相互混杂。

如何满足各方面需求，在公租房社区提供均等的公共服务，问题更大。不同需求层次间的相互影响，都成为构建人文、绿色和可持续发展社区的变量。就服务业已经占主导地位的首都城市化格局来说，公租房社区系统既是挑战也是机遇，它把政府、市场、企业和家庭联系在一起，能否有效整合不同子系统，使之相互融合，关系到城市发展的内生活力。在北京创建世界城市的过程中，公租房运营管理是绕不过的一道坎。

基于以上的分析，公租房运营管理系统必须统筹考虑。根据北京已经运营的远洋沁山水公租房项目和京原家园公租房项目的实践，提出以下思路。

（一）激活动力

公租房运营管理要保持系统开放性，必须有完善的动力因子，以推动系统自组织进程和可持续发展。在市场经济条件下，最大的动力就是资金。具体到公租房运营管理，就是要保证系统各要素能够在金钱激励下共同发展。首先，应保证政府有足够的资金用于公租房的管理。在目前制度安排下，街道、居委会用于社区建设的资金非常有限，要提高政府对公租房运营管理的投入，必须增加财政投入。只有投入足够，才能有足够的人力物力投入推动公租房运营管理提高水平。其次，应保证租金定价和调整能够应付公租房持有单位的运营平衡。过去公房管理之所以捉襟见肘，关键是租金长期维持在很低的水平，无法保持房屋设备完好和社区管理持续。目前北京市已有持有公租房的社会主体，如果不能建立一个运营平衡的机制，企业持有公租房的积极性就会大幅降低，最后失去持有的动力。最后，应建立促进保障家庭阶层流动的成长基金，鼓励他们增加就业，提高收入，实现阶层向上流动，从而促使围绕保障家庭的资源提高流动性。因而，一个良好的退出机制必须同租金补贴相结合，增加系统的正能量，以使公租房运营管理系统充满活力。

形成动力因子的目的是提升系统自组织水平，最终形成一种良好的社区文化，在这种包容厚德的文化中，提高系统的统一性。

（二）优化结构

实现公租房运营管理系统持续运行的路径，就是优化系统的结构因子，从而通过结构支撑起系统开放统一的体制和机制。在目前的公租房社区里，最重要的是建立三个平台，容纳系统各要素在平台上进行交换、转化和融合。

第一个平台是公共服务平台。由于系统的层次性，满足保障家庭个性化需求的可靠路径就不是由政府或是持有主体去提供具体服务，而要充分发挥市场力量提供公共服务。但因为公租房的性质，有必要制订服务规则和提供基础条件。制订规则，是要求进入公租房社区提供服务的市场主体，必须遵守公益要求，信守职业道德。制订规则的主体是政府，政府应当承担准入的监管，以合理配置市场资源为公租房社区提供适合的各种服务；提供基础条件，是要求持有主体充分利用配套设施，合理安排市场主体进驻，以集中提供在居住空间内无法充分满足的功能。此外，可以重点引进民间非营利机构提供相关服务，以和政府有关福利、户籍、教育、医疗等公共服务一同分层次实施。

第二个平台是利益纠纷协调平台。由于系统的整体性，各种利益矛盾充斥在一起。做好利益协调，关键是形成一个平台，相关主体参与，确定议事规则和调解预案。目前，主要的主体有居民代表、持有单位、社区居委会、派出所和政府住房保障部门。应明确各主体职责，确定会议程序和调解程序并形成制度。在此，要确保居民代表产生的公平性，最大限度代表居民利益。同时，拓展公共舆论监督的途径和方式，确保利益协调方案的可操作和可执行。

第三个平台是信息资源流动平台。主要是促进社区内外资源流动，实现对保障家庭的动态监管，通过社区文化建设使得公租房社区同周围社区和

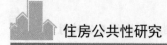

谐相处。流动分垂直流动和水平流动。垂直流动,重点是确保政府政策、法律和舆论等信息覆盖全体住户;水平流动,重点是人际交往、网络互动和租务管理等,以实现房屋、人员资源流动,优化公租房资产的周转率。信息资源流动,能够最有效地把监管和影响输入系统中,促使三个结构因子良性互动,提高公租房社区的稳定性和整合度。

(三)突出目标

公租房运营管理要实现可持续,关键是在社区目标上体现城市特色,以使社区建设同城市社会建设融为一体。北京已经明确要建设人文北京、科技北京和绿色北京,因此,公租房运营管理也应把人文、绿色和科技纳入目标因子。

人文目标指向社区的和谐和政府关爱;绿色目标指向社区的环保和可持续;科技目标指向社区的科技创新和活力。只有公租房运营管理系统以目标为指向,才能真正整合系统的主体和要素,形成社区管理的合力。一个大道理管千百个小道理,和谐社区的目标凝聚着公租房体系发展的全部正当性和合理性,为此而奋斗,公租房社区才能通过几年、几十年的努力,成为社会创新和发展的稳定器,真正把"住有所居"的目标落到实处。同时,目标的确立,也为各项运营管理工作指明了方向。举凡公租房的运营平衡、管理顺畅、持续发展等,均是题中应有之义。

综上所述,公租房运营管理系统在目前一般物业管理和租务管理之上,要把目光聚焦在社区生态的公共性上。进行系统思考,做好顶层设计,融会多方智慧,根据公租房后期运营管理的特点,创新管理机制,促使社区生态始终保持开放性,实现管理可持续的目标。如此,就可以在总结 20 世纪公有住房管理经验的基础上,结合政府、市场和社会力量构建"以租为主"住房保障体系,为城市未来的可持续发展奠定基础。

第八章　社区公共性的四个维度

随着公共租赁住房的大规模竣工入住,后期使用问题的重要性日益凸显。当前公租房社区管理与公共服务存在水平初级化、响应机制不顺、治理效果欠佳等问题。社会各界对公租房社区发展有诸多担忧,尤其是担心它可能重蹈过去公有住房发展的覆辙,成为城市治理的难题之一。从这个角度看,公租房社区的后续运营是决定公租房能否适应市场经济体制的一个重要因素,是公租房能否持续实现公共政策目标的关键。下面将从四个维度来探讨公租房社区运营中的问题,以及如何解决这些问题,从而实现发展公租房的目标。

社区是滕尼斯提出的一个与社会相对应的类型学概念。社区是指建立在血缘、地缘、情感和自然意志之上的富有人情味和认同感的传统社会生活共同体(滕尼斯,1999)。经城市生态学和其他社区研究的发展,社区演变为在现代城市社会中也存在的具有一定地域范围、社会互动和认同的居住生活空间。当前,社区被建构为一种城市基层管理体制——社区制,以解决市场经济兴起和单位制解体后出现的一系列社会问题,并通过社区建设加强基层政权建设。

公租房社区作为公租房实现住房保障功能的重要形式,必然成为政府社区治理的目标之一。由于其保障人群的特殊性、房屋资源的公共性、社区治理的复杂性以及运营的艰巨性,公租房社区运营问题既有一般社区运营的普遍性,也有自身的特殊性。因此,探讨公租房社区的运营问题就具有很强的典型性。特别是在落实"房子是用来住的,不是用来炒的"定位,构建"租购并举"的新住房制度过程中,公租房社区运营问题就更具有特殊的意义。

维度一：保障人群的特殊性

从公租房的入住人群来看,公租房社区居民可以分为三类:城市中低收入住房困难家庭、新就业无房职工、城市稳定就业的外来务工人员。由于分处不同阶层,保障人群对社区有着非常不同的需求,也产生了不同的社区行为与参与模式。相对普通社区,公租房社区具有中低收入人群集聚、住户流动性大、社区归属感低、对政府依赖性强、社会矛盾突出等特征。社区人群的需求与行为具有多向性,也给社区治理提出了难题。

以北京市为例,目前北京市已经实现廉租房和公租房并轨以及"四房"统一轮候。但是,不可避免的是,准入对象混住一个公租房项目,其需求、行为、价值观等不同会造成运营管理的难度增加。加上公租房配建模式造成的社区居住分异,不可避免会带来社会治理和社会服务方面的纠纷与冲突。一个比较典型的案例是北京城建集团自持的原叶美苑公租房项目,被高高绿篱隔开的空间背后,是不同群体利益诉求与资源分配之间的内在冲突。

维度二：房屋资源的公共性

公租房是政府筹集房源,并以实物配租方式,向一定社会群体提供的具有社会福利性质的保障性住房。公租房的核心理念是"住有所居"而不是"居者有其屋"。与产权型保障房相比,公租房可根据家庭收入和家庭结构变动,灵活调整住房资源的分配,通过准入和退出机制的实施,促进有限住房资源的高效利用。

但是由于目前沿袭产权型保障房的分配模式、准入标准调整迟滞、退出机制操作性不足和租金调整困难等问题,公租房的公共性体现不够。一方面,公租房需求与供应之间存在一定的脱节。比如,公租房小区建设伊始,没有考虑社区规划,建成的小区公共服务配套设施远远不能满足居住者的需要,特别是孩子的就近入学问题、百姓的就业问题、就近办事问题、就近交通问题、就近商业的选择问题、公共休闲场所问题等都远远低于社区的需求。另一方面,租金作为价格信号无法有效调整保障人群的区位选择,导致部分公租房空置,部分公租房供不应求。加上轮候制度的缺乏,对于公租房入住稳定的预期尚未建立;租金与周边社区市场租金价差较大,也出现了一些转租转借等现象。这些问题引起了社会舆论对公租房公共性的质疑,也给政府带来很大压力。

维度三：社区治理的综合性

一是管理方的权责划分模糊。公租房社区治理纵向上涉及从市到区、再到街道的各级政府以及各级部门，横向上涉及建设方、公租房管理单位以及民政、卫生、教育、社保、公安、市政等众多层级不一的机构。对公租房社区治理进行全面协调和领导难度很大，从而导致公租房社区治理体制滞后，社区发展既缺乏内在动力也缺乏外在的社会支持。

二是保障对象的生命周期与政策设计不协调。城市中低收入家庭与普通家庭的住房需求存在较大差异：第一，中低收入群体中重症、残疾、精神病、丧偶等非常态的家庭和婚姻状况突出，影响了社区治理的稳定性和持续性。第二，中低收入群体的收入水平和受教育程度偏低，对于社区参与普遍不足。第三，家庭收入和结构变化带来的流动性，对于社区运营形成比较大的挑战。一方面，居民的住房保障需求随生命阶段变化而相应改变；另一方面，政策调整带来的人群变化也导致治理结构和行为的变化。但目前的政策设计较少考虑这些动态变化，政策扶持和服务供给与动态变化相比部分脱节。

三是社区治理的顶层设计尚不完整，社区治理与社会管理、社会服务难以完全融合，社区本身的缺陷与社区外在生态之间还不能和谐共生。居住空间的文化差异和心理隔离，使得社会融合尚未成为社区治理的主流。

维度四：社区运营的长期性

外部效应的存在。张荐华（1997）将市场失灵分为结构性市场失灵、功能性市场失灵、制度性市场失灵三种。其中结构性和功能性市场失灵导致市场无法达到帕累托效率。公租房建设、分配和管理采取的是"政府支持、市场运作"模式。鉴于公租房属于以租金为收益、具有一定市场性的准公共物品，功能性市场失灵的存在导致住房保障会给社会上其他成员带来好处，但提供者自己不能由此而得到补偿，这就是正外部效应。因此，公租房的租金问题决定了其未来投资收益，关系到公租房长期运营的可能性。

政府干预住房市场存在着"悖论"。一方面，政府为了降低决策的成本，必须减少决策次数，住房政策的制订特别是变化应尽量减少。另一方面，决

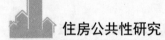

策次数减少将导致信息累积时间延长,出现一些过时信息,最终降低决策的有效性。可以看到,住房政策常常会有时滞性,导致保障性住房运营机构无法应对千变万化的情况。同时,信息收集还可能面临"道德风险",可能会面临被核查者的刻意隐瞒,人为地增加信息不完备的风险,而公租房持有方又有别于政府,本身不具有行政执法权,这给后续运营增加了相当的难度。

围绕以上四个维度,公租房社区的运营问题可以归纳为两大问题:可持续发展和和谐社区建设。可持续发展不仅在经济上必要,在保持房屋资源的公共性方面也极为必要。而和谐社区建设则是充分实现公租房作为公共政策载体功能体现公共性的必要前提。

问题一:实现可持续发展

2018年,由诸多原因造成的租赁市场剧烈波动,租金水平同比上涨约20%,迅速拉大了公租房租金与周边市场租金价格的差距。公租房租金动态调整机制虽然已经有所实践,但是其调整幅度和调整周期与政策设计之初相比仍有所偏离,以远洋沁山水公租房项目为例,调整幅度为每平方米增加2元,调整后月租金为每平方米43元,而此时市场租金已超过每平方米120元。由此,出现较大的利益寻租空间,当年9月以来,陆续被媒体曝光的公租房转租问题引起了社会舆论的高度关注。与此同时,租金问题还造成两个后果:一是由于公租房大规模建设期的资金成本较高,租金调整的周期和幅度无法满足还息的要求,加之运营成本的上升,对公租房可持续运营带来严重的影响;二是由于新入住公租房仍然按照略低于市场租金的水平来定租,新旧公租房的租金出现倒挂,新公租房的位置偏远而租金较高,旧公租房位置好、配套全而租金较低,因而对新公租房的配租和入住带来不利影响。

公租房不能片面强调福利性,而要引入市场机制和手段,保证租金水平随着租赁市场租金水平动态调整,只有这样,才能避免传统公房的租金陷阱,从而确保运营管理的资金平衡,更好地支撑公租房的可持续发展,使其在整个生命周期内持续不断地发挥公共资源的社会效益。因而,在保持同市场租金同步变动的同时,要使准入退出标准根据保障家庭的收入情况及时调整,确保公租房的有序退出,发挥资源的最大效应;同时,也要出于公租房公共性的考虑,与市场租金保持合理的距离,尽快完善社区配套,通过社区经营和合理的政府运营补贴来促进社区的可持续发展。

问题二：营造和谐公共空间

用管理一般社区的方式治理公租房社区,难以满足公租房社区治理需求。目前公租房社区治理,存在居民参与程度不高,公租房社区周边社会组织的发育缓慢等问题,居民对周边社会组织的知晓率较低,社会组织严重不足,致使社区管理的主体单一化。租赁居住的需求与利益的特殊性,社区治理的创新。创新的核心是如何在应对租赁群体流动性的同时,创造和谐的公共空间,持续推进社会融合。因而,社区的自组织程度,决定了社区治理的水平。我国在单位制解体后,社区由熟人社区转向陌生人社区,有必要在法制规范、创新体制机制和文化建设等方面重点着力。其中,群团组织的发展尤为重要,特别是草根组织的发展,能够吸纳利益不相关的人群在每一个特定的兴趣、爱好和活动中达到社区融合的目的。

在社会融合以外,公租房社区也要保持一定流动性,确保公共住房资源持续发挥住房保障的作用。从社区运营实践来看,优质居所、完善配套、良好服务和系统管理至关重要。而我国目前的公租房建设,还仅仅关注建房子,对住房保障的核心是保障人的居住这一理念缺乏深刻认知。我们总是将建设保障房当作住房保障的主要工作,而忽视了住房保障的核心是如何把公共住房资源更好地服务于人的居住需要。因此,要在对居民在社区心理和行为逻辑方面进行深入探讨,探索构建地域共同体的基础上,完善相关的软硬件资源,确定具有更高政治定位的使用机制,才能真正创造公租房文化,确保和谐社区建设和公共空间的创建,以利于整个社会和城市的和谐发展。

从解决上述两个方面的问题出发,公租房社区的运营必须作为公租房发展的出发点和落脚点。公租房的规划、建设、分配、监管、服务等各个环节,都要围绕着社区的可持续运营来统筹考虑。

（一）营造优质居所

长远来看,提高公租房的周转和确保公租房全生命周期的良好状态是公租房社区可持续运营的前提。公租房规划建设中要尽量兼顾交通区位、配套设施、建设成本、管理组织、建筑文化等方面的因素。住房不仅具有社会的、政治的属性,还有文化属性。只有文化的东西,才能长期发挥作用。为形成有特色的公租房建筑文化,在住房质量方面,需要在建造结构、建筑选材、

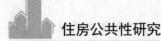

空间设计、功能优化等有形方面下大力提高针对性；在社区空间方面，加大保障公共生活的社区设施和空间布局；在社区服务方面，加大保障房使用监管的技术设施，比如人脸识别、智慧社区系统、虚拟社区等；在社区治理方面，合理配置符合社区参与人群需要的户型和面积，通过街区的布局，提高社区公共生活的便利性；在社区发展方面，构造更利于后期维护的共用设备设施，以使公租房社区与周边社区的交流更自然、更畅通。总而言之，公租房要更加符合租赁居住的特点，更能实现社会融合，创建社区文化的要求。这样住房不再仅仅是一个住所，而是全方位保障住房保障家庭居住服务，不断提高公共政策效果的合格载体。公租房提供的是一种生活方式，这种方式也应该对社会发展带来积极的影响。

（二）创建和谐文化

高质量的公租房，不仅在空间上提供一个人性化的生活居住环境，而且在时间上形成社区稳定和谐的发展基础。创建和谐社区文化，应包括完善的社会服务，比如在社会保障、劳动就业、公共卫生、社区医疗和基础教育等方面进行全方位的覆盖，特别是真正实现"租购同权"，方便建立在住房基础上的社会服务无缝对接；应包括和谐的人际关系，大力发展社区的社会资本，本着开放共享融合的理念，从分配源头做起，以多样化的社区服务和社区管理，形成空间上的和谐共居。构建社区内外良好沟通，形成社群发展之间的和谐共生。构建共性与个性结合的服务体系，通过培育社会网络生态的方式，培育积极向上的社区文化。应包括有利的发展环境，积极引入社会资源投入社区建设，构建促进社区发展的长效机制，举凡资金、资源、信息等能够无障碍地内外交换，促使社区自组织能力的提升。

从正面鼓励善用公租房，从社会层面引导租户参与社区建设以形成归属感和责任感，创造租户间互相监督的制约机制，避免在政府或运营机构与租户之间形成对立情绪，形成良好的社区氛围。探索利用"互联网＋"的思维和手段，整合区域资源，搭建社区"O2O"平台，把公租房社区"一刻钟服务圈"落到实处，打造"智慧社区"，形成宜居服务模式，实现公租房社区共建共治共享。

（三）完善社区治理

一个好的治理体系决定公租房社区的未来。社区不仅是"住"出来的，也是"治"出来的。"住"是给定的、被动的，而"治"是未定的、主动的。要积极建立"政府部门主导、社会组织进驻、社区居民积极参与"的社区合作治理模式，打破主体单一化、权力集中化、地位不平等、机制不合作、权责不清晰、治理方式简单的局面。坚持"谁持有、谁管理"的权属原则，让公租房社区建成后有人管、有人监督、有人复核。同时，强化相关社区参与主体的管理和建设，在公租房产权单位的统筹下，形成各主体间的良好架构和和谐关系，共同致力于社区建设。通过一定的社区组织形式，逐步建立纠纷协调机制、矛盾解决机制、需求分析机制、居民参与机制、行为引导机制等，完善后期使用监管体制、社区决策体制、社区动员体制、社会管理体制等，逐步建立社区制度体系、社区信用体系、社区援助体系、社区发展体系等。建设社区治理体系的目的是形成社区发展的内生动力与外在约束相协调、社区服务的内在需求与外在供给相适应、社区管理的内在要求与外在规制相一致的治理网络，最终实现公共政策目标，形成促进社会融合、提升民生质量的社区共同体。

（四）打造专业团队

公租房社区不同于传统公房社区，也不同于一般商品房社区。公租房社区是社会建设和发展的重要组成部分，因为其公共资源的特性和公共政策的要求，必须打造专业的团队来统筹社区运营。管理专业化水平是公租房事业健康发展的核心竞争力。专业运营团队是解决公租房社区运营问题的根本保障。

应按照市场化、社会化、专业化的要求，打造专业团队。团队要熟悉市场运作的手段和机制，充分调动市场主体参与社区运营，善于运用市场手段探索解决公租房持续发展的相关难题；团队要熟悉社会管理和社会服务，吸引社会力量关注和支持社区的可持续运营，围绕民生保障的目标，提高社会责任意识；团队要不断提高专业化水平，从基础抓起，明确各项工作的标准流程，创建社区运营的品牌。专业的团队，需要有专业的人员，应不断建立具有特色的薪酬福利体系、培训体系、用人和激励机制等，提高团队的凝聚力和战斗力。团队还要能够充分整合社区内外资源,围绕社区建设目标,持续不断地和社区各类主体共同努力,提高社区自组织能力,壮大社区社会资本,最终形成有公租房特色的社区文化,实现社区长期可持续发展。

从公租房公共性的四个维度考虑,社区运营将是一个长期的任务和目标。公租房社区的问题,既有一般性,也有特殊性。相对来说,特殊性是更根本的。随着公租房大规模入住并实际运行,运营当中的问题还会不断涌现,只要本着实现可持续运营和构建和谐社区两个方面的原则要求,就能够不断创造运营的新模式,形成运营的新思路,为最终实现"住有所居"的目标奠定坚实基础。

第九章　公众参与和社区治理

公众参与,就是公民试图影响公共政策和公共生活的一切活动。通过公众参与,提高行政过程政治化水平,不断赋予政府治理合法性,是中国进一步进行制度创新的重中之重。因此,提高社区公众参与水平,也是新时期提高城市治理能力、完善城市治理体系的必由之路。

一、社区公众参与的必要性

最近几年,城市社会建设方面最主要的成就就是城市社区管理模式的不断变迁。从最早的街道、居委会加社区单位的管控模式到不断构建社区自治的理念追求,从行政管理的基层延伸到行政权力与社会力量的共治,社区建设在不断现代化。特别是近年来,随着现代社会多元化和对公权力的公信力质疑,社区管理已经不断向多元治理递进。社会管理的相关内容也不断向社区公共服务和社区治理演进。单一的行政权力已经无法应对日渐复杂的社区利益冲突和公共事务的集体决策困境。日益觉醒的维权意识和充满乱象的物业管理，就是明证。因此，进一步增强社区公众参与对于构建有效的社区治理体系非常重要。

二、公众参与的可能性

目前，社区公众参与广度和深度都不够，但是具备进一步发展的可能性。一方面，政府对社区投入增加。社区资金增加、社会服务的购买、社区市民学校和社区选举机制的完善等，为公众参与提供了基础。另一方面，相关的制度也在不断完善，物业法规、社区工作条例、社区人员招聘培训机制等，为社区公众参与提供了制度基础。尤其是以政府为主导的一些公益组织，比如青年汇等，在加速社区阶层整合，促进社区信任方面起了非常重要的作用。

三、公众参与的问题和难题

社区公众参与目前还有很多制约。首先，就是社区阶层意识缺失，组织化程度较低。举例来说，能够主动参与社区治理的大部分都是留守人员，关注自身利益较多，而对公众利益缺乏兴趣。这从物业管理的困境就可以看出。真正构成公众参与主体的人群，既没有时间也没有资金，特别是缺乏足够丰富的社会组织把不同人群组织起来。其次，行政权力还没有对社区自治力量进行有效指导，习惯于靠行政命令，真正尊重社区多元利益和谋求协商的机制尚未建立起来。再次，社区意见领袖和广大公众的知情权极度缺乏，社区学习和可持续发展所需要的微观治理环境还很不完备。由此，很多集体决策陷入"囚徒困境"，多零和博弈而少正和博弈。最后，社区信息化能力远远跟不上公众参与的要求。社区网络建设还没有从发挥社区民主、实现社区自治的角度得到高度重视，使得大众化的信息传播和信息共享存在诸多局限。陌生人社会的熟人化，见效甚微。

四、公众作为社区治理体系的主体

加强社区公众参与,不仅有助于提高政府行政决策的质量,使社区公共事务更多回应社区多元诉求,而且能促进社区公众主体地位形成,增加公众对相关决策公正性的信任。实际上,作为现代社区治理能力的重要一环,社区公众参与是实现政府与社会共同治理的基本途径。因此,其基本对策就是通过不同的制度创新,不断建设社会资本。社区要以普遍的信任、良好的规则以及共同生活的良俗作为基本的建设目标。随着社会民主的进步,社区公众参与作为民主的一种细胞形式,必须得到最大限度的发展。

毫无疑问,现代社会普遍的代表性危机以及利益多元化导致寻求组织化甚至准意识形态的控制已经不合时宜,但良好的社区秩序不是自发产生的,需要政府强力引导。尤其是发展非政府组织和非营利组织方面,遵循自愿的原则实现社区的有序化,是赢得公众信任从而提高社区治理能力的必由之路。同时,必须时刻注意的是,政府要谨守公权力的边界,不要轻易越界。通过不断培养、鼓励、引导公众参与,提高公众整体的权利意识和责任意识,不断积累社会资本,一个良好的社区治理将是法治城市建设的基石。

第十章　社区统筹与社区发展

本章探讨三个问题:第一个就是公租房社区是一个什么样的概念;第二个问题是目前两种社区管理思路的内容和特点是什么;第三个是北京保障房中心在公租房社区管理中发挥什么作用,能够提供的最有竞争力的服务是什么。

一、社区的概念和演变

目前，公租房主要由两种方式取得：一种是配建，另一种是集中建设。在配建模式当中，公租房社区谈不上"社区"，因为公租房持有方不是唯一的主体。物业企业的选择由整个物业区域决定，而与社区相关单位的交往、互动也不是公租房运营管理工作的主要内容。所以，真正需要研究的是集中建设的公租房。典型的例子就是现在已经投入运营的京原家园。而要把社区管好，首先要了解"社区"概念的内涵。

"社区"是一个社会学的概念，英文是"community"，意思是"共同体"。最早是德国的社会学家费迪南·滕尼斯在1887年发表的著作《共同体与社会》当中首次使用。它的意义主要是指生活、工作在一起的人组成的团体。1933年，费孝通在翻译美国社会学家罗伯特·帕克的一本书时，把"community"翻译成"社区"，从此"社区"进入中文世界。追根溯源，"社区"概念包含以下内容：第一，"社区"中的人生活、工作在一起，是一个地域的概念；第二，这些人有相互的交往；第三，社区中的人有一些共同利益和公共事务。

从19世纪到现在，"社区"概念也在不断嬗变。费孝通在《乡土中国》中指出，中国社会本来是一个乡土的社会。所谓的"乡土社会"，就是按照儒家"以礼治国"的概念形成的由地域、亲缘和家族关系连结成的一个共同体。在这个共同体中，"情"胜于"理"，即使讲"理"，也是"情理"。也就是说，原来的社区，主要以情感为纽带连接不同家庭和个人。因此，很多公共事务要靠士绅、官绅这些社区领袖去协调。到了现代以后，特别是随着市场经济的发展和市民社会的形成，社区居住的人群，不再是亲戚，相互之间"无缘见面不相识"，充满了陌生感。加上社会流动性增大，尤其在公租房里，租户有可能住一年半载就离开了。人与人之间交往的深度和广度，与以前没法相比。以前我们讲"兔子不吃窝边草"，为什么不吃窝边草？因为吃窝边草容易出问题，他可能受到周围人的舆论压力和道德谴责。现在不一样了，社区居民相互之间都不认识，社区以一种因住房政策而聚居、因阶层不同而具有多元利益的面目出现。大家并不是为了一个共同目的走到一起。公租房社区里居民，可能是廉租户，可能是经适房、限价房轮候家庭，可能是非京籍流动人口,他们通过各种途径、怀揣各种目的来到社区。每个人的价值观都不一样,千差万别,每一个人都在忙自己的事,比如,白天的社区里基本上都是老人和孩子。居民没有时间去了解别人,没有时间去交朋友,因此想把这样一个社区管理起来,当然非常困难。作为社区整体,短时间内很难形成共同价值和社区意识。而基于原有阶层的沟通,一些人比如"两劳释放"人员,会逐渐形成一个小团体,从而表现出特殊的阶层意识。这些只会加剧集体决策的困境,造成达到共同意见的困难。如果做一件事情,公说公有理,婆说婆有理,那么最后这事就没法做。

目前,一方面政府努力建设法治政府,依法行事,必然要征求民意,提高公众参与的水平;另一方面老百姓又很难形成共同意见,最后结果就是啥也干不了。看看社区物业管理现状,就很清楚了。于是,社区矛盾和社区纠纷,以及基于社区公众利益而形成的一些社区公共事务,就很难进行协调和沟通,难以形成统一决策。这是农业社会向工商业社会转移过程中在社区发生的一些变化。公租房社区现状也是这样。

二、两种社区管理思路的内容和特点

(一)社区发展理论

目前国内外关于社区管理,有两种不同的理论思路,其中之一是"社区发展理论"。"社区发展理论"在七十多个国家非常流行。从 20 世纪初开始,美国社会学界就开始研究社区的问题。前面提到的帕克,就属于美国的"芝加哥学派"。芝加哥学派对基层社区的研究非常深入,他们提出社区的要素有三个:地域性,共同联系,社区交往。国内对社区的理解也差不多,但是国内学界更多的是把社区与基层政权联系起来。

"社区发展"是美国社会学家法林顿首先提出的,他把社区作为社会的一个细胞,作为一个微观主体去研究,通过发挥社区作用去提高社会管理水平。1951 年,联合国经济与社会理事会通过了 390D 号议案,正式倡议开展社区发展运动。1955 年,联合国发表了《通过社区发展促进社会进步》的专题报告,正式把社区发展作为一项运动,在全世界推广。

社区发展运动的主要特点是什么呢? 这就跟现在比较热门的所谓"公

民社会"的创建联系起来。经济学有所谓的"市场失灵"，政治学有所谓的"政府失灵"，那么在目前的情况下，如果同时面临市场失灵和政府失灵，怎么办？通过不断研究实践，西方国家发展出"社会治理"这一概念。政府统治，不是仅仅依靠暴力、依靠自上而下的强制力去提供合法性，而要兼顾社会本身所具有的能量去推进一些社会公共事务。具体到社区管理中，就提出两个要求：一个是"居民努力"，另一个是"政府合作"。一方面，政府要努力，联合国倡议各级政府重视微观社会的发展，进行一定的投资和规划。另一方面，鼓励居民进行自我管理，实行社区自治，促进社区的经济社会文化发展，促进社区的协调和整合。

社区发展为什么要提出这两个要求呢？

首先，因为政府在基层社区的组织能力下降。中国古代是"皇权不下县"，县以下的乡村全部都是"乡绅自治"。因此，古代社会的一个县太爷，就可以既是公安局局长，又是民政局局长，还是法院院长。这也直接导致中国国家能力的下降。新中国成立后，中国共产党通过基层党组织重建基层动员机制，才提高了国家能力。但改革开放以后，一方面，市场经济导致社会阶层分化，利益更加多元，社会矛盾突出；另一方面，随着市民社会发展，基层党组织凝聚力下降，居民原子化也导致社区领袖严重缺失。由此，基层社会治理才会出现一系列问题。

其次，因为城市规模越来越大，社会复杂程度越来越高，社区发展承担着越来越多的社会功能。20世纪五六十年代，社区发展主要注重经济层面，提供资金支持，解决贫困问题，提高居民的生活质量。从70年代以后，社区发展的重心从经济层面转向社会层面，致力于提高社区的凝聚力，提高社区的整合程度。原来的社会就是一个共同体，从上到下，"普天之下莫非王土，率土之滨莫非王臣"，大家有一个"大家长"。后来，每个人都慢慢地有了个性，尊重个人价值，社会逐渐趋向原子化。经济学上有一个概念叫"马铃薯化"，一个麻袋里装了一大堆马铃薯，相互之间没有任何交往。在这种情况下，要在社区实现社会整合的功能、社会救济的功能、社会纠正的功能，显然需要加强政府合作与公众参与。

1961年，联合国在《都市地区社区发展报告书》中提出了社区共同利益和社区的行动基础，要求在社区发展中培养社区情感，加强社区凝聚力，提高社区归属感，增加社区责任感。社区发展运动遍及七十多个国家，极大促进了这些国家的社会发展。首先是解决了一些社会问题,比如针对"五保户",在国外被称为"特殊人群",政府有一些福利计划去帮助和救助他们。其次是化解了一些社区矛盾,社区搞好了社会就会更加和谐。最后,提供了一些社区公共服务。国外的NPO、NGO都很发达,立足社区,面向"草根",既改善了人际关系,又使社区中人与人之间的关系不那么冷漠。通过组织一些活动,比如歌咏会、体育比赛之类,促进居民的社区识别,从而逐渐培育一定的社区荣誉感、社区意识,一些日积月累的社区规则、行为规范也会产生良好的影响。

美国社会学家邓纳姆对社区发展提出了七大原则。

第一是民主自治原则。社区中不再纯粹依靠政府的力量去做工作。短期内,政府不会赋予公租房运营单位执法权,因而也不能具有太强烈的政府色彩。只能依靠民主自治,依靠群众自己起来管理自己。

第二是基层自发原则。一个社区的发展,上面永远是号召,真正要做起来,还要靠社区自身努力。比如,京原家园要怎么样才能管好,不是靠管理单位苦口婆心,而是要靠租户自觉。要让一些有代表性的人、有代表性的意见来支撑社区的发展。

第三是大众参与原则。现在社区是一个陌生人社区,怎样把它变成一个熟人社区?需要积极引导大家参与。以前部分社区设置租户委员会,让大家参与,有人就有顾虑,担心设立租务委员会与现有基层管理机构相冲突。当然存在这个可能,但是居民表达自己意见,参与社区管理,是大势所趋,不让居民参与是不行的。毛泽东同志说过,什么是政治,政治就是把我们的人搞得多多的,把敌人搞得少少的。社区中也是这样,干一件事,支持的人多了,就能干成;反对的人多了,就干不成。因此,要引导居民广泛参与社区发展。

第四是社区合作原则。所谓"合作",就不是强制的,是大家互相妥协的结果。做一件事情要寻求多方支持,包括驻区单位,包括居委会,包括街道办事处,包括消防、工商等政府部门,也包括开发商。与这些机构都要加强合作,这样才能把社区管好。

第五是满足需要原则。这指明了公租房社区工作从哪入手。社区为什么要发展,就是因为大家有需要,社区设施还不完善,社区居民还有一些不同的需要、需求未被满足。所有运营管理工作都是为了满足他们的合理需求,这样社区的整体生活质量才会越来越高。所以不只是关注社区环境就可以了,社区不同的人群有不同的个性需求,物质的、心理的;不同的房子有不同的维护要求,硬件的、软件的;不同的单位也有自己的不同观点,积极的、消极的。如何把这些观点结合起来,获得最大的"公约数",需要在实践中探索。但都必须针对需要的满足,离开需要去搞社区工作,白白浪费精力。

第六是全面规划原则。社区发展不是一个短期过程,而是一个持续的过程,就像企业的长期规划,要总体上考虑资金、人员、组织机构、运行机制、纠偏补救措施、应急措施等方面。

第七是重视预防原则。风起青萍之末,很多事情的发展是有苗头的。社区管理工作水平的高低,取决于能不能发现这些苗头。战国时的名医扁鹊曾跟人说,论医术,我大哥、二哥都在我之上,但为什么我的名气却比他们大,大家觉得我是神医呢?因为我治的都是大病,大家就觉得我医术高明。我二哥治的是小病,一治就好,不会发展成大病,所以他的名气没有我大。我大哥没有名气,因为他在人有病之前就治好了,大家觉得他不会治病。但是,三兄弟之中,最高明的医生是我大哥,能够"防患于未然"。社区工作中哪些事情需要预防,这是特别需要研究的问题,会不会做工作也体现在这儿。能够未雨绸缪,把问题解决在发生之前,这才是一个好的管理者。

（二）社区建设理论

目前,国内主流的社区管理思路是"社区建设"。中办发〔2000〕23号文明确提出加强社区建设,一是构建社区的组织体系,二是推进社区服务的网络化、产业化,三是加强社区的管理,四是坚持政府与社会共同参与。那么,社区建设与社区发展有什么不一样?首先是背景不一样。采取不同的模式,既和不同国家地区的不同发展阶段有关,也和不同国家地区的文化传统有关。市民社会发展比较发达、有社区自治传统的国家地区会倾向于采纳社区发展的模式,把社区看成社会发展系统的动力源,强调社区的主体性和自发性;相反,在市民社会不太发达、政治共同体意识比较浓厚的国家地区,国家政治力量则扮演着推动者的角色,在社区发展中具有强有力的影响。这样,社区就成为一个基层单位,被纳入整体社会发展系统。其次是政府作用不一样。社区发展模式强调社区自治,社区建设模式强调党政领导,在社区设立了基层党组织。从管理方向来说,前者是自下而上,后者是自上而下。

社区建设的原则:一是以人为本、服务居民;二是资源共享、共住共建;三是权责统一、管理有序;四是扩大民主、居民自治;五是因地制宜、循序渐进。从以上原则可以看出,社区建设是由政府主导的一种社区管理模式。

社区建设的内容:一是社区的组织,包括基层党组织、居委会、中介组织等;二是社区的服务,有社会救助、福利、便民利民、再就业、社会保障等;三是社区的卫生;四是社区的文化;五是社区的环境;六是社区的治安。

可见,社区居委会的角色就是政府的派驻机构,是政府的一条腿,政府的管理职能在居委会的工作中都能找到对应内容。比如居委会的建设,成立机构、充实人员,对口民政部门;社区服务包括救济、“送温暖”等,也对口民政部门;老年工作,对口老龄部门;社区卫生工作,对口卫生部门;社区文化工作,对口文化部门;社区环境工作,对口城管部门;社区治安工作,对口公安部门;社区教育工作,对口教育部门;妇女工作,对口妇联;残疾人工作,对口残联;统战工作,对口统战部门;其他的对口部门还有环保局、科协、精神文明办等。

三、构建三大平台

从社区发展和社区建设两个角度,可以看到未来公租房社区的发展趋势。为什么我们的社区管理工作会越来越难?这既与整个社会城市化进程有关系,也与政府基层治理能力的下降有关系。从具体工作来说,就是党做群众工作的能力在下降,工作方式不能适应群众的多元利益诉求。毛泽东同志很多论述都提到,要关心群众困难,解决群众问题,让群众得到实惠。按照马斯洛的需求层次理论,最基本的需求不被满足而来讨论更高层次的需求当然就是缘木求鱼。

所以,要结合社区发展和社区建设这两种社区管理思路,重新定位公租房运营机构在公租房社区管理中的职能。

（一）落实公租房政策的平台

北京保障房中心的成立，是承担了一定的历史使命的。作为市级统筹的保障房建设主体，致力于构建一个"以租为主"的住房保障体系，通过公租房解决居民的居住问题。因此，首要任务是贯彻公租房政策。一是发展公租房，包括建设、运营管理等。二是善用公租房，合理使用公租房，发挥公租房的最大效益。作为企业，北京保障房中心和政府部门的最大区别在于，政府部门凡事追求"成本最小化"，而企业追求"效用最大化"。在公租房的使用监管方面，企业比政府部门更有积极性，包括入户调查、使用监管、房屋维修保养。只有这两条都保证了，才能达到公租房的政策目标，使保障家庭有房住，住得舒服。

以上任务，物业公司、社区居委会、住保部门都干不了，只有运营机构能干。所以，租务管理的第一位任务，就是贯彻落实公租房政策，实现公租房的战略目标，使公租房达到效用最大化，切实发挥保障作用。比如租金收缴，这是工作重点之一，租金收缴不上来、无法实现合理增长，就无法实现可持续发展，更谈不上善用公租房。公租房租金太低，就无法落实退出机制，无法实现流动。价格受供求影响，也对供求产生引导，公租房租金应该引导租户理性选择适合自己的住房。这些需要认真研究。从这一点上来说，运营机构应该比其他机构更关心公租房的政策是否得到落实。

（二）提供公共服务的平台

在社区里，居委会、驻区单位也提供公共服务，但运营机构应该更专业。公租房运营管理要打出品牌，核心就是公共服务的品牌。

一是规模服务。充分利用规模优势，使公租房租户可以降低生活成本，积累资金，更好地向上流动。要探讨怎么提供规模服务，比如集中物流、扁平管理、市级统筹，这超出了单个公租房社区的范围，要统筹考虑全市公租房社区的公共服务。例如能否在全市公租房社区推行统一的美发服务。

二是整体服务。目前公租房社区提供服务的机构和人员很少。以京原家园为例，目前只有社区青年汇这一个社区服务机构，老年人和儿童的服务如何满足？其他如医疗方面、卫生方面，有没有一个统一的方案？整体服务并不是每一件事都是运营机构自己去干，既然拥有平台，有配套的商业设施，就可以引进合格的供应商提供服务。尽快拥有一批战略合作伙伴，也是增加公租房社区吸引力的必由之路。

三是特色服务。针对公租房特定人群开展服务，这些服务基本上都属于非营利性服务，体现爱心和社会责任感的一些服务，比如双合家园为小雨萱提供的帮助方案、对残疾人的救助等。

（三）建设社会资本的平台

社会资本是 20 世纪六七十年代开始流行的一个概念，最初是一个经济学概念，后来逐渐应用在社会学和政治学上。简而言之，社会资本就是我们能够动员的社会资源。公租房社区里面有很多的社会资源。资源是稀缺的，当资源能够循环利用、不断增值的时候，就变成了资本。对于公租房社区而言，建设社会资本就是推动社区的自组织化，利用一切可以动员的资源，使其从一个陌生人社区变成一个熟人社区，从一个没有秩序的一盘散沙、一袋"马铃薯"变成一个有秩序的、有规则的、有网络的团体。系统论中的"布朗运动"，是水分子在加热过程中由静止到运动，最终形成一定的流向。对于微观的社区管理，我们要做的也是"加热"，让无序的水分子变成有序的水分子，然后通过能量的耗散，促使社区成员最后达到一种有组织的状态，增进共信、形成规则、构成网络。

具体来讲，建设公租房社区的社会资本，要采取以下几个方面的措施。

第一，要加大公众的参与。现在社区组织的活动不少，但是群众参与的活动比较少。比如，邀请租户代表参与租金调整，有没有可能？如何参与？能不能让租户参与解决社区管理问题？公众的参与，有可能是建设性的，也有可能是破坏性的，这需要有更好的组织技巧，但是推动公众参与是一个大方向。

第二，要凝聚共信。当前社区管理中的矛盾，都是由于不信任造成的。有的租户认为项目管理处只是收租金，没有为他们做好事、解决问题。做朋友，要打开心灵的一扇窗，窗户打开了才能交流。怎么让租户打开他们的心灵之窗呢？就是要增加信任，一言一行都要做到"言必信，行必果"，说话要算数，不要空许诺。如果"见人说人话，见鬼说鬼话"，结果什么问题也不能解决，下一次租户就不会相信了，容易引起误解和冲突。以诚待人，与人为善，这是公租房社区社会资本的一部分。

第三，要推动公租房社区的自组织化。有了组织，才能形成有秩序的管理；没有组织，就是一盘散沙。社会人群会自然形成一些组织，如果不去引导，一旦形成对抗性的小团体，社区管理难度会很大。要通过工作，发现一些社区的领袖，引导建立一些正式和非正式的规则。比如，租户管理委员会这就是正式的组织和规则。还有一些不成文的规定和非正式的制度，比如租户之间发生矛盾，如何解决？有没有人进行调解？社区需要一种认同，需要有人去协调化解矛盾。这些就是社会资本的作用，也是社区居委会无法实现的职能。

四、加强社区统筹　推动社区发展

（一）社区管理的原则

美国学者罗斯在《社会组织：理论与原则》中提到几个原则。

一是要从发现社区的问题入手。现在都有哪些问题，要做到心中有数。房屋质量问题、租金收缴问题、治安问题等，都要做详细调查。

二是要将不满的情绪导入行动。社区中会存在各种负面情绪，不要忽视这些情绪，对于口碑、舆论，要有一定的敏感性。无风不起浪，要想办法化解。

三是要符合大多数人的利益。就是要站在大多数人的立场上，让管理行为合法合理，引导舆论。

四是工作组织要有社会各方面的代表。公租房项目的运营机构要仔细分析租户群体，都有哪几类人，有没有代表人物，在建立社区组织的时候，要让各个群体都有代表，才能有广泛的代表性。

五是利用社区情感推动社区发展。京原家园在这一点上现在做得不错，比如"微笑服务"等。要发掘情感的力量，改善和租户的关系，推动社区管理。

六是要了解各个团体和阶层的文化背景。通过了解租户群体的行为模式，知道他们在特定情境下的行为选择，就可以有针对性地制订对策、预案和措施。

七是要加强社区的内部沟通。不怕出现矛盾、出现问题，就怕不去尽心解释沟通。社区管理中要学会换位思考，理解彼此的难处。

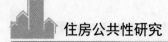

八是要注重长期规划。社区管理要有目的性、计划性,比如入户调查,要确定调查方式、调查范围、调查的先后顺序,这就是规划能力,要在做工作之前想清楚。

(二)加强统筹推进社区发展

1. 要加强社区调查。做社区工作,要先摸清底数,否则就是"两眼一抹黑",什么也干不了。调查的内容,包括社区的问题、资源、文化背景、内部联系等。

2. 要制订社区管理工作计划。明确事务的先后安排、时间分配,分清轻重缓急,不要想"一口吃个胖子"。

3. 要注重内部力量的动员与协调。有没有解决问题的手段? 能够借助的资源有哪些? 要注意借助各方面的资源和力量,通过平时点滴的努力,让租户和合作机构认同我们的工作,关键时刻能帮助我们、支持我们。

4. 要多方筹集社区发展资金。加强社区管理,促进社区发展,必然要有一定的资金支持。加强社区投资,除了自有资金外,还要考虑政府资金和社会募捐。

5. 要积极开展社区服务,包括教育、职业培训、卫生等。只有给社区带来更多的福利,才能得到社会各相关方的支持和认可。

6. 要及时总结经验教训。在社区管理工作中遇到困难和问题,要互相讨论、总结经验,才能有进步。

总的来说,公租房运营管理机构要做好社区发展的推动者,关键是做到以情感人、以理服人、以利聚人,不断提高社区统筹能力,充分运用内外部各种资源,从长期性和公共性入手,积极推动社区发展。如此,作为专业的运营机构,才能最大限度地激发社区活力,实现公共住房的政策功能,成为住房保障体系的有机组成部分。

第十一章　公共租赁住房的物业管理

公共租赁住房是我国建立"以租为主"基本住房保障体系的重要组成部分。随着全国各地一大批集中建设的公共租赁住房小区相继交付使用，小区物业管理问题也逐渐凸显出来。这些问题既有和普通商品房小区相同的方面，也有不一样的地方。正是这些不同的地方对公共租赁住房小区的持续发展形成了严峻挑战。

公共租赁住房小区比之商品房小区有诸多不同的地方，其不同之处有以下几方面。

1. 公共租赁住房小区的产权人一般为政府或政府指定机构，因此小区物业管理本质上是落实公共租赁住房政策的政府行为。

2. 公共租赁住房小区的规划设计强调配套全、功能齐、户型小、节能环保，有利于后期运营管理成本的降低。

3. 公共租赁住房小区的对象是符合国家住房保障政策的准入人群，主要是中低收入的住房困难家庭、新就业职工和外来务工人员。

4. 公共租赁住房小区的日常监管，带有明显的政府监管特点，即承租人必须接受一定行为规范和准入条件动态管理的约束。

5. 为弥补公共租赁住房小区的运营亏损，一般有一定数量的商业配套设施。

基于以上几点，公共租赁住房小区物业管理必然面临着房屋设施管理责任较大，人员众多、流动性强，管理事务繁杂，相关主体众多等问题。解决这些问题，除了解决公共租赁住房小区的持有单位日常租务管理以外，物业管理和服务是最主要的解决途径。特别是我国公共租赁住房制度刚刚建立，运营管理尚无经验，发挥市场选聘物业管理公司的作用就更为重要。

根据目前公共租赁住房小区的情况，物业管理要达到的目标就是通过对共用部位、共用设备设施的管理,有针对性地提供适当的物业服务,营造良好的社区文化,提高住户的居住品质,促进社区和谐。

一、建立全面风险控制体系

由于公共租赁住房小区产权人一般为政府和政府指定机构,物业管理服务水平直接关系到政府形象,因此责任重大。即使持有人为社会单位,其通过公开配租确定准入人群的方式,也使公共租赁住房小区被社会舆论潜在地当成政府的代表。目前,北京市住建委已经公开发文,赋予公共租赁住房物业服务单位日常监管的责任,因此公共租赁住房物业管理将迥异于普通商品房小区,其社会关注度更高、影响更大。为此,物业管理企业应当建立全面的风险控制体系,尽最大可能地杜绝管理服务方面的责任事故,同时时刻代表政府妥善处理社区内的各种主体和相互关系,营造和谐的邻里氛围。

就北京来说,近年来,物业管理行业出现的纠纷和事故,一方面固然有建筑物本身存在的问题,比如一些开发遗留问题,承接查验不严格问题,住户使用不当问题等;但另一方面不可否认的事实就是物业服务企业普遍缺乏风险防范意识和手段。比如多年前已经推出的公众责任险等,至今也很少列入不可或缺的物业服务支出。再比如,很多物业企业为了市场竞争的需要,纷纷根据 ISO 9000 标准实施第三方认证,但普遍缺乏流程的严谨控制和持续改进,在某种程度上,质量管理体系和日常管理两张皮的现象比比皆是。

结合公共租赁住房小区的实际,全面风险控制体系至少应做到以下几点:1. 通过市场选聘的物业服务企业必须实行"三标一体"的认证,在风险管理方面有良好的声誉;2. 必须普遍购买公众责任险和公共责任险;3. 最大限度地识别物业服务过程中的各种风险,特别是群体风险和社会政治等方面的风险,经过充分评估以后,制订详细可行的应对预案;4. 把租务管理和物业管理结合起来,加强对物业管理相关风险方面的监督和检查;5. 把风险防范教育与日常住户服务结合起来,通过政策宣传和社区文化活动,形成有公共租赁住房特色的风险文化。

二、建立集成的系统服务体系

公共租赁住房小区以准入人群为物业服务对象，因此，相比商品房小区，更有可能针对服务对象的需求制订整体集成的系统服务方案。

随着中国物业管理行业的发展，资产管理的概念逐步成为行业发展的未来方向。而作为政府持有的巨额资产，更需要率先考虑公共租赁住房小区的资产管理。资产管理不仅体现在有形的资产管理，比如传统的"三保"（保洁、保安、保修），更体现在无形的资产管理上，即从公共租赁住房社区的资源和资力的角度体现物业服务的价值。也就是说，通过中长期稳定的物业服务，使得公共租赁住房小区社区资源能够得到最大集成和节约使用，使得社区准入人群的资力得到持续不断的发展和提高。这一点，正是实现公共租赁住房这项社会公共政策的题中应有之义。

具体而言，公共租赁住房由于居住人数较多，需求既有普遍性又有特殊性。因此，结合小区规划设计的特点，要最大可能地在公共区域实现公共功能，比如洗衣、就餐、社交、学习培训等，以弥补居室设计功能的不足，使得社区所有的配套服务设施都能成为给准入人群提供满意服务的载体。一方面，物业服务要尽量满足居民最基本的生活功能，达到让居民生活成本较低、生活质量不降、生活水平提高的目的。这一普遍性的需求，要求物业服务尽可能整合好社区服务资源，发挥公共租赁住房小区的规模优势和成本优势，激发集中管理的边际效益。这些特色服务既可以采取针对住户的特殊消费折扣，稳定生活预期，相对提高租金收缴率；也可以就地吸纳居民就业，降低配套服务人员的用工成本，为支持准入人群生活水平的提高做出贡献，一举两得。另一方面，物业服务在有产权人提供费用收缴保证的前提下，要把更多精力集中在开发社区个性化服务上，逐步通过长时间积累形成一些战略性的小品牌，比如家政服务、接送服务和社区再就业培训服务、社区医疗服务等，丰富公共租赁住房服务品牌内涵。这方面要和配套商业的运营结合起来，打造有特色的社区商业文化。

随着社区服务的不断系统化和集成化，作为社区服务提供方的第三方资源也将得到长期稳定的收益，从而可以在广泛合作的前提下，不断提高居民的消费能力，拓展"最后一公里"和"十分钟生活服务圈"的经营边界。

三、营造和谐的文化沟通体系

要在社区实现对准入人群行为的日常监管,对于时下中国的小区管理现状而言,难度非常大。我们无法直接照搬中国香港房屋署的计分管理制度,固然有法制环境不同的因素,但更重要的因素还是文化环境。无论大城市公共租赁住房政策如何展开,在市场经济环境下,必然有相当一部分人群要把公共租赁住房小区作为长期生活的地方,当成事实上的"家"。因此,在公共租赁住房小区就不像已经习惯租房生活的香港人那样,比较容易接受对自己行为的某种限定,而是不可避免地在个人生活和公共生活之间形成内在和外在的张力。换言之,在国内众多商品房小区或是原有公房小区发生的个人生活和公共生活的冲突,将会在公共租赁住房小区特有的规划设计背景下进一步激化,矛盾预期更加难以调和。因为从文化方面来说,我们普遍缺乏公共生活的锻炼,在承重墙上打洞、堆放垃圾、以邻为壑等现象比比皆是,所以要搞好公共租赁住房小区日常监管,除了工作体系上尽可能完善之外,就是尽最大可能营造一个和谐文明的社区文化氛围。通过文化氛围营造,使得社区具备自我管理、自我学习的能力,养成准入人群的公共生活习惯和共同的价值观。

为此,就需要把物业服务和租务管理结合起来,仅靠一方是无法实现公共租赁住房持续发展的。首先,要建立一个社区的工作机制,借鉴中国香港和国外经验,组建租户管理委员会,真正团结一批社区积极分子,并通过他们的日常行为体现居民对社区的管理参与,引导社区居民形成行为自律。在这一点上,政府的相关部门比如办事处、居委会、街道派出所、社区工作站等要紧密配合产权人做好社区工作,同时可以吸引日渐发展的非政府机构参与公共租赁住房小区的管理,而物业服务则应在服务当中潜移默化地贯彻政府和产权人的管理要求,通过尽可能人性化的周到服务,把"遇事好商量"的观念灌输到每一个居民心里。其次,要有意识地主动发起一些社区活动,形成社区不同的沟通渠道,在非正式的沟通形式当中加强管理规约等共识的约束力,并且注意培养社区的意见领袖,随时掌握社区舆论和思想动向。最后,物业服务的全过程要引进和培养公共博弈的程序和习惯,对于物业服务事务,尽快形成一套简便操作的程序,使得相关人员和事务的处理能够争取大多数的支持。由于物业服务和住户之间没有物业费用因素的干扰，物业服务比其他性质的小区更能起到居间调节的作用。

总而言之，公共租赁住房小区的物业服务因为面对的对象迥异，面对的需求迥异，面对的任务迥异，从而必须体现出不同的特色来。更由于本身是政府公共政策实现的环节之一，因而也就更能体现物业服务向资产管理转变的大趋势，更能体现物业服务一心一意实现自身专业价值的大方向。

公共租赁住房小区毕竟是新鲜事物，目前积累的经验和教训都远远不够。物业服务只能在探索中前进，但是所有的探索都要指向一个目的，那就是全心全意为小区居民服务，全心全意为实现政府公共政策服务，全心全意为产权人对公共租赁住房长期可持续运营服务。

第十二章 北京市住房保障发展趋势与展望

"十二五"时期北京市住房保障发展呈现以下特征。

特征一：各区县住房保障发展不均衡

北京市的人口、资源分布不均，从中心城区向郊区逐渐扩散、递减，导致住房保障的需求、任务、方式也都各不相同。如果不充分考虑各区县的实际情况，用"一刀切"的方式来制定和推行全市住房保障政策，难以取得预期效果。

事实上，各区县对于住房保障政策的理解和实施存在很大差异。北京从传统产权型保障房发展思路出发，形成了目前"区县实施为主、市级统筹为辅"的住房保障格局。因此，各区县在开展住房保障时大都局限于本区的情况，被动执行市里下达的任务，对于本区的住房保障形势和需求，缺乏科学的认知和测算。以人才公租房的准入政策为例，各区县的认识、标准以及考虑因素都不一样；在后期管理执法方面，松紧不一，有的区县如海淀、朝阳有专门的机构，抓得比较紧，其他区县可能就松一些。这些现实因素导致保障房的布局、资金使用以及房源规划等等，没有做到效率最大化，在一定程度上导致了住房保障资源的浪费。比如因配租对象不当导致公租房空置，产业发展不均导致对外来人口住房保障处理方式不同等，影响了全市住房保障均等化目标的实现，从某种意义上说加剧了全市人口布局的失衡。其表现和结果就是，各区县住房保障水平、范围、方式、渠道等落差很大。

特征二：京津冀协同发展对住房保障产生重大影响

全市人口疏解的总体思路是由东、西城向朝海丰石疏解，朝海丰石再向城市外围郊区疏解，形成两个梯次。这对各区县住房保障规划带来重大影响。区县一方面要考虑疏解本区域的人口，另一方面又要考虑承接其他区县输入人口的管理和服务，政策制定过程中感觉很纠结。以丰台为例，南四环附近公租房数量较多，要承接较大量的输入人口，同时自身也有人口疏解任务，两个工作方向存在矛盾。

特别是各区县人口疏解的人群特征差异明显。按照京津冀协同发展规划，北京各区县要疏解大概190多万常住人口，主要分布在核心城区的东城和西城。据初步分析，这些疏解人口既有非京籍的低端产业从业人员，也有高端产业从业人员。两部分人员对城市资源依赖度不同，住房需求也存在不同特点。生活方式的不同造成承接区规划布局的困难。加上北京市人口分布，基本格局是以四环为界，四环内外各有一半人口。而四环以内的人口中，又集中分布在三环以内，大约占70%～80%。因此，整个核心城区的人口疏解压力很大。

特征三：住房保障区际合作困难较大

目前，公租房和定向安置房管理中人口的输出区和输入区之间的矛盾普遍存在。矛盾之一是资金方面，现有机制没有切实考虑输入区的实际困难和需求。当前的区际财政转移支付标准为2500元／人，其中1500元是直接的安置成本，另外1000元是后期的教育、医疗等配套公共服务成本。这个标准与输入区县的实际支出存在一定差距，无法完全覆盖。并且，这种转移支付是由区县财政之间以点对点的方式进行，市级财政作用尚没有充分体现。东、西城人口疏解工作不仅仅是这两个区县的问题，更是整个城市发展的需要，虽然东、西城本身具备较强的财政实力，但是市级财政也应发挥相应的作用。现有机制下，人口输入区缺乏动力，因此在公租房租户的社会管理和公共服务方面的职责履行也比较消极。根据丰台区的初步估算，以现有转移支付标准安置疏解人口，每人每年都存在数百元的资金缺口。矛盾之二是公共资源转移问题。人口输入区最想得到的是什么？他们希望输出区的优质公共资源能够同步转移过来，包括学校、医院等。但这些受制于输出区的意愿以及全市的统筹安排，存在较大不确定性。与此同时，输出区也要考虑被疏解市民的意愿，他们是否愿意在输入区解决教育、医疗等问题。矛盾之三是保障家庭的职住平衡问题。在这一方面，输出区与输入区在保障家庭的就业方面缺乏一个有效安排。从实际来看，居住在输入区的以老年人口为主，许多年轻人依旧留在中心城区就业并就近租房居住。另有些保障家庭将获得的保障房出售，保障房资源形成了浪费。同时，由于中心城区集聚了大量的优质资源，很多保障家庭不愿意把户籍迁出，附着在户籍上的相关社会福利仍然难以有效转移。矛盾之四是公共管理和服务缺乏全市的统一标准，区县之间差异较大。不均衡的公共资源和社会福利分布形成了人口自发流动的动力，与人口疏解方向并不同步，仅依靠行政手段开展相关住房保障工作，难度非常大。

特征四：公租房后期管理难度大

公租房后期管理存在的问题，一是体现在人员队伍方面。目前，除了海淀、朝阳等少数区县外，其大部分区县没有自己专业的后期管理队伍。通州委托原来的房管队伍实施公租房的管理，对于公租房物业管理方面有一定促进作用，但在租务管理方面经验也不多。二是体现在后期的社会管理和公共服务方面。公租房租户的就近就学、就医等问题难以解决，住房保障与教育、医疗等多个政府部门之间存在很大的协调难度。教育、医疗等公共资源配置政策基本上是全市统筹的，市级政府部门发挥主导作用，区县难以自己推动解决，更何况区县本身也缺乏公租房后期管理的经验和动力。公租房租户对于属地管理部门而言是一个"陌生"群体，与原有本地居民不一样，他们是由于公租房配租这样一个偶然因素而凑在一起的，从而导致其管理难度大、复杂程度高。目前户籍制度改革的推进也并不顺利，各区县的户籍政策以及附着在户籍之上的各项社会福利政策，交织成一个异常复杂的问题，给公租房社区的治理带来了很大的挑战。再加上公租房建设环节各区县有不同的条件和考虑，在建设品质、功能选择和规划布局等方面也有很大差异，在保障家庭需求方面缺乏针对性。公租房所提供的硬件以及相配套的管理和服务，与保障家庭的需求不匹配，形成一个长期存在的矛盾。

这些问题,仅靠区县是难以有效解决的。市级住房保障部门在公租房的分配环节,不可能根据各区县的房源条件、配套情况和管理水平来分配相应的人群,因此形成人房不匹配、人的管理与房的管理不匹配、人的服务与房的服务不匹配等问题。公租房后期管理的巨大难度,既有政策层面的原因,又有先天不足加上后天缺乏实践经验和专业团队等多方面因素造成的。例如公租房的执法问题,现在公租房中租户人群的管理以区县为主,东城的家庭住进了海淀区的公租房,就要接受海淀区的管理和服务,而这两个区县的执法方式、标准和惯例是不同的,这就容易产生问题。

特征五:政策制订和实施之间存在张力

市级住房保障部门是住房保障领域主要的政策部门,但缺乏有效的落实手段。正常来说,市级制订政策,区县执行政策。但区县受限于自身的实际条件而难以执行,而且也缺乏执行的动力,导致住房保障政策的制订和实施之间形成巨大的张力。主要有以下几种情况:第一种是政策适用于所有区县,但有的区县因为人员队伍、经验等条件限制无法实施。第二种是政策仅适用于部分区县,其他区县执行起来有较大难度。第三种是部分政策需要全市统一实施,但由于市级缺乏手段,导致区县也放任自流。第四种是政策目标与区县的利益追求有差距。市级的目标是促进全市公共资源的均等化,使住房困难家庭得到保障;区县则更关注自己的"一亩三分地",不愿承担本区域以外的责任。

因此,市、区两级要加强共识,不能仅以完成任务为目标,还要从民生保障、公共政策的角度对住房保障工作未来发展多加考虑。随着"十二五"期间保障性住房大规模建设阶段的结束,有关单位对"十三五"期间继续推行住房保障政策的动力有所弱化。现有"三房"轮候家庭、低收入群体的住房保障,按照任务驱动模式可以通过区县责任制得到较好解决。但一些新的群体如"人才群体""公共服务行业从业人员""新就业人群"等的住房保障需求,按照任务驱动模式是难以有效解决的。

"十三五"期间的住房保障工作,要在总体设计上做好统筹规划,适应新时期的发展需要。

(一)优化住房保障的布局

未来全市的住房保障布局要采取"3+1"的格局,即全市按照住房保障需求情况分为三个板块分类考虑、分类处理。第一板块是以东、西城为主体的核心城区，住房保障问题极其突出，还面临着人口疏解的繁重任务，任务很艰巨、需求很迫切、土地很匮乏，解决难度很大。第二板块是朝海丰石，住房需求相对核心城区较少，土地资源丰富、房源较为充裕，住房保障工作回旋余地大。第三板块是除上述两个板块以外的其他区县。概括来说，三个板块在住房保障环境方面存在较大的差异。按照从核心城区到郊区的延伸方向，三个板块在需求方面是递减的，在土地资源方面是递增的，在土地以外的其他资源方面是递减的，社会管理和公共服务水平也是递减的。

除了以上的"3"，另外一个"1"就是中央，横跨在上述三个板块之上。从地域上讲，中央单位在三个板块的区县都有分布，其住房保障政策游离于北京市的住房保障体系之外，但又对整个体系有巨大的影响。中央单位的住房保障问题对于北京市建立一个统一的住房保障体系是一个挑战，如何满足中央单位的住房保障需求，这方面的研究还比较缺乏。对于中央单位的住房保障工作，需要制订一套单独的政策体系。中央单位在土地、资金上也比较充裕，存在较大的住房保障需求，对新就业人群的住房问题比较重视，这些特点需要考虑进去。

（二）拓宽住房保障范围

从调研的情况来看，有三类群体的住房保障需求将在接下来一个时期内凸显出来：一是新就业人群，属于城市保持发展活力的基础。二是人才群体，其住房保障需求随产业疏解而逐步凸显。产业园区的住房保障问题也要纳入全市住房保障体系中统筹考虑，避免各个园区各自为政。三是公共服务行业从业人员，包括医生、教师、警察、公务员等，这个群体与前两类人群有一定重合，但是其身份特征则要求从市级层面考虑，对于提高全市公共服务水平也有直接影响。

展望"十三五"，北京住房保障工作未来可以考虑以下思路。

第一个思路是要区分情况、分类施策、对症下药。

对于核心城区要做好外迁安置工作，以实物保障为主，辅之以货币化安置手段。主要通过集中建设安置房小区解决保障家庭的住房问题，同时实现人口疏解。由于核心城区的高房价、高房租，货币化安置的效果可能不会太好，因此应该坚持以实物保障为主要解决方式。

对于朝海丰石四个区，要着重解决人、房及配套设施的匹配问题。在这些区县，实物保障和货币补贴两种方式都能取得明显效果。实物保障，要确保交通、配套达到较好条件，提升保障房的吸引力。要有足够的可提供给保障家庭根据自身条件选择合适区位和价位的房源，引导形成合理的人口分布。这个区域是最具备条件实现住房保障政策目标的地方，实现实物保障和货币补贴相结合，可以根据区县条件及市场住房供应情况灵活调整实物保障和货币补贴的数量和比例。

对于其他区县，住房保障应主要采用实物方式，具体有两种形式：一是产权型保障房或者长期租赁型保障房；二是选择区位合适的地块集中建设公租房。未来市保障房中心持有、运营的集中建设公租房项目可能主要集中在这些区县。限于区域条件，在这个地区采用货币补贴方式实施住房保障，缺乏足够吸引力，政策效果难以实现。

对于中央单位，要研究和制定一套全面、系统的住房保障政策。考虑到中央单位的住房保障需求和自身资源条件，其保障方式应注重发展高品质公租房，例如托管式的青年公寓等。保障标准应适当高于普通公租房，配套服务和住宅服务力求完善，充分满足中央单位需要。

此外，对于产业园区的住房保障，也要纳入全市住房保障体系中统筹考虑，形成明确政策，实现全市"一盘棋"。

第二个思路是要进一步完善顶层设计，提高住房保障系统性。

北京市现有的住房保障思路是"低端有保障，中端有支持，高端有市场"，存在一定问题，主要是住房保障目标不明确、三个层次界限不清晰。低端有保障，保障到什么水平？中端有支持，支持到什么程度？都没有明确提出。从北京市的实际来看，应致力于建立一个多层次的、可流动的住房保障体系，核心思路是"以租为主、市级统筹"，将租赁型保障房作为北京市住房保障的主要形式。北京作为一个大都市，随着经济社会发展，城市的人员流动性将会继续增强，采用租赁的保障方式才能有效满足相应住房需求。

经过"十二五"时期的努力，中低收入家庭的住房困难问题逐步得到解决，接下来要把视野拓展到中等收入群体，多管齐下为他们的住房问题提供有力支持，既保持实物保障形式（自住房），又更多地利用货币化形式。具体举措：第一，加大住房公积金对于房屋租赁的支持力度；第二，充分发挥社会单位的积极性，通过趸租、定向分配等统筹社会力量解决自住型住房问题；第三，加强住房金融产品创新，满足多样化的住房需求，例如推出一定年限的房屋租赁消费信贷。

高端有市场，不仅仅是稳定商品房交易市场，更主要是确保房屋租赁市场稳定健康发展。要把稳定房屋租赁市场作为公共住房政策实施的一个重要方面。住建部文件提出鼓励发展成本型房屋租赁机构，保障房中心可以就此开展相关探索研究能否承担这种角色，为稳定房屋租赁市场发挥作用。

第三个思路是要继续推进住房保障的"市级统筹"，合理界定市区住房保障责任。

市级层面要做好几个事情：一是政策制订，加强政策的市级统筹；二是规划研究，打破区县界限，在全市范围内统筹规划；三是运营管理，全市统一管理标准、统一执法水平。区县层面要做好的事：一是做好土地供应；二是做好房源筹集；三是做好公共设施配套。

第四个思路是通过立法把住房保障工作经验和思路稳定下来。

防止朝令夕改，引导社会公众形成稳定预期。努力实现住房保障理念和思路在较长一个时期内一以贯之、持续发力，推进住房保障体系不断完善。

第五个思路是要强化住房保障事业的社会参与。

在住房保障规划、建设和运营管理方面引入社会力量，"开门"办住房保障事业，更多地凝聚社会的共识和智慧。特别是进一步提高广大保障家庭的政策参与度，真正从改善租户的居住体验和提升生活质量方面做出努力。

第六个思路是要提高住房保障专业化水平。

不仅公租房运营服务工作要坚持走专业化路线，而且规划、建设、分配、监管等都要提高专业化水平。按照创新发展、协调发展、绿色发展、共享发展的思路，真正培养一支为住房保障事业奋斗的专业队伍，明确类似保障房中心这样机构的法定地位，才能确保相关的政策、制度得到有效落实，实现公共住房政策目标，提高住房保障效果，为京津冀协同发展、为把首都建设成为世界城市做出贡献。

第十三章　培育发展住房租赁市场

继住房和城乡建设部 2015 年发布《关于培育和发展住房租赁市场的指导意见》（建房〔2015〕4 号）之后，国务院办公厅也于 2016 年 5 月发布《关于培育和发展住房租赁市场的若干意见》（国办发〔2016〕39 号）。从住房供应体系角度强调培育和发展住房租赁市场的意义，到从深化住房制度改革实现住有所居角度强调培育和发展住房租赁市场的意义，既与从供给侧推进我国房地产"去库存"的要求相适应，又与住房租赁市场上升为未来城镇居民实现住有所居目标的重要途径相一致。

一、首都住房租赁市场发展现状

首都住房租赁市场发展一直处于野蛮生长阶段。由于政府更关注调控房价，一直以来的政策如限价房、自住商品房等都把稳定房价作为重点目标。尽管在一定时期内取得了一定的成效，但随着土地、资金等要素的波浪式变化，房价仍然如脱缰野马般难以控制，首都住房越来越具有投资品属性。而人民群众实现住有所居的目标，即使在公租房政策出台以后也仍然主要针对原有"三房"轮候家庭，以租赁方式解决住房问题还是受到很多制约。比如租赁市场供应主体发育不充分、市场秩序不规范、法规制度不完善等，特别是社会资本和社会力量对于住房租赁市场关注度不高。

（一）租金负担比较重

自 2010 年起，北京市住宅的租金直线上涨，至 2015 年底，北京市二手住宅租金指数为 176.4，与 2010 年 1 月相比上涨 76.4%（见图 13-1）。根据英国非营利性组织"全球城市商业联盟"对全球 15 个城市的调查显示，北

京房租负担排名全球首位,其平均房租是平均工资的1.2倍以上。[①]报道称,
房价的飙升,加上外地户口必须在北京连续纳税5年才能购房,使租房成了
北京许多年轻人和外来务工人员的唯一选择。

北京二手住宅租金指数走势图

图 13-1　2010—2015 年北京二手住宅租金指数走势图

从租金负担能力看,低收入及中低收入家庭的收入仅能承受平均租金
的 37%和 55%（见图 13-2）。

北京居民收入与房租比值

图 13-2　2015 年北京居民收入与房租比值

---

① 引自 http://m.cankaoxiaoxi.com/finance/20160422/1137509.shtml?plg_nld=1&fr=mb&plg_
uin=1&plg_auth=1&plg_usr=1&plg_dev=1&plg_vkey=1&plg_nld=1http://m.cankaoxiaoxi.com/
finance/20160422/1137509.shtml?plg_nld=1&fr=mb&plg_uin=1&plg_auth=1&plg_usr=1&plg_
dev=1&plg_vkey=1&plg_nld=1.

（二）区域发展不平衡

由于市区教育资源聚集,新建住房存量较少,加之产业较多,从而导致房租高涨。外来务工人员及新毕业人群只能选择租金相对较低、位置相对适中的近郊区域,一般位于五环外,例如,顺义城、回龙观、望京、北苑（见图13-3）。五环外聚集的产业及就业机构较少,居住在该区域的居民需乘坐地铁去市区上班,职住不平衡,从而延长了首都通勤时间,加剧了交通压力。

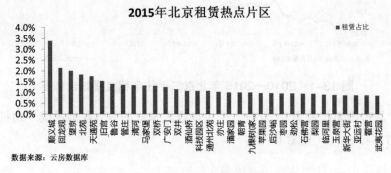

图 13-3　2015 年北京租赁热点片区

（三）租赁房源不稳定

尽管北京市早就出台了《北京市房屋租赁管理若干规定》（2007 年 11 月 3 日北京市人民政府第 194 号令发布,根据 2011 年 5 月 5 日北京市人民政府第 231 号令修改）,但立法层级不高,而且住房租赁涉及诸多部门,实施效果不佳。与此同时,伴随房产交易诞生的房产中介则利用信息、渠道等方面的优势几乎垄断了租赁市场,北京市约 90% 以上的出租房源被各房地产中介垄断。由于缺乏监管手段,居间和代理等业务基本上依靠自律,从而导致问题迭出。如《中国质量万里行》就曾提醒准备租房的消费者,在租房时应留心房东问题、收费问题、物业交验问题、押金问题等陷阱,防止上当受骗。据时任住建部副部长陆克华表示,2014 年在对北京市 3 万多名年轻人住房状况调查后发现, 43.8% 的人都表示在租房的过程当中遇到了中介的不良行为。此外,北京租房极为不稳定,租赁合同基本上都是一年一签,房东每年变更一次房租,有的在中间也可能变更或终止合同,难以保障承租人的合法权益,给人安定感。

(四) 租房主力是青年

根据 2014 年北京团市委、市政协社法委青少年工作小组联合开展的《北京青年人才住房状况调研报告》显示,租房成为青年解决住房问题的最主要途径。楼房是租房青年的首选,但仍有许多人住在平房和地下室。农民青年租住平房和地下室的比例极高,接近 2/3,蓝领工人的比例也较高,超过 40%。近 20% 的管理人员、15% 的专业技术人员和办事人员也住地下室和平房。管理人员租住地下室和平房的比例明显高于后两者,原因可能是由于管理人员的工作地点大多在城市中心地带,因工作紧张只能就近租房,城区租金较高,部分管理人员只能选择平房和地下室。合租现象比较普遍。除了农民群体,其他四个群体的租房青年超过一半是合租。租房者中,近 1/3 的蓝领工人、约 1/5 的专业技术人员和办事人员、16.5% 的管理人员住在 11 平方米以下的房子里。[①] 另据《青年蓝皮书:中国青年发展报告 (2014) No.2——流动时代下的安居》显示,高达 76.4% 的北京青年人才居住在非自有性住房中,研究生学历者的租房比例高于本科和大专学历者。在受访者中,每月平均租金为 1993.4 元,占家庭人均月收入的 37.1%,到达其所能承受的"极限",从某种程度上给其日常生活带来了较大经济压力。

(五) 住房空置较突出

据 2014 年中国家庭金融调查与研究中心发布的"城镇住房空置率及住房市场发展趋势"调研报告表明,2013 年全国城镇家庭住房空置率高达 22.4%,其中北京为 19.5%。[②] 空置率这一经济指标数据是用来描述房地产经济领域的资源配置状况。按照国际通行惯例,商品房空置率在 5%～10% 之间为合理区,供求平衡,有利于国民经济的健康发展;空置率在 10%～20% 之间为空置危险区,要采取一定措施,以保证房地产市场的正常发展和国民经济的正常运行。尽管没有官方空置率的数据,但是从直观感觉来看,北京住房的空置率依然令人担忧。一方面,北京土地资源严重不足,租

---

① http://news.youth.cn/gn/201403/t20140306_4819118.htm.

② http://news.xinhuanet.com/fortune/2014-06-11/c_1111078133.htm.

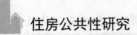
金高涨;另一方面,存量房屋空置,不能有效利用。这无疑反映了住房租赁市场活跃背后的部分隐忧。

从以上几方面特点可以看出,首都住房租赁市场存在如下问题:(1)供应主体单一,主要以居民自发为主;(2)市场失序,群租、合同纠纷等问题突出;(3)制度落实不力,流动人口管理难度较大;(4)资源利用率不高,职住不平衡现象突出;(5)租金支付压力大。

二、首都公共租赁住房发展情况

在租赁市场野蛮生长的同时,公共租赁住房发展迅速而有序。自2009年提出发展公共租赁住房以来,首都公共租赁住房迅猛发展。截止到2016年5月,北京全市共筹集公共租赁住房房源19.8万套,竣工8.6万套。

特别是2011年北京市保障性住房建设投资中心(以下简称市保障房中心)成立以后,公共租赁住房在整个体系发展上都有了长足进展。

(一)公共租赁住房建设顺利推进

"十二五"期间制约公共租赁住房发展的资金、土地、建设等问题得以解决。资金上,市保障房中心作为全市保障性住房投融资平台,积极拓展多样化融资渠道,通过发行私募债、银行贷款、公积金贷款、资产池抵押理财产品、特定资产池理财产品、接受委托贷款等方式累计完成合同融资额925亿元(含棚改专项融资421亿元),完成到位投资额770亿元(含棚改专项投资262.58亿元),通过棚改资金、委托贷款、提前支付、收购等形式累计支持其他保障房建设主体融资709亿元。土地上,全市通过配建、开发国有企业自由用地、改造工业用地等方式确保了土地供应。建设上,坚持多主体供应、多渠道筹集,有效调动了市、区两级建设主体的积极性。市保障房中心作为全市保障房建设收购平台,利用共同投资、股权合作、收购、集中建设等方式有力推动了全市保障房建设。特别是在品质管控、规划优化、住宅产业化以及超低能耗建筑等方面发挥了引领作用。五年来,住宅产业化实施面积380万平方米,在结构产业化、装修产业化等方面取得了积极成果。

（二）租金低于市场租金，租期稳定

在市场租金稳步上扬的同时，公租房租金并未出现大的变化。由于公租房优先保障"三房"轮候家庭，考虑到其租金支付能力，租金在首次定价后至今未调整。目前，东西城区的公租房租金仅为市场租金的42%，已低于市场租金的一半；朝阳、海淀、丰台、石景山公租房租金／市场租金的比值分别为48%、52%、70%、76%。

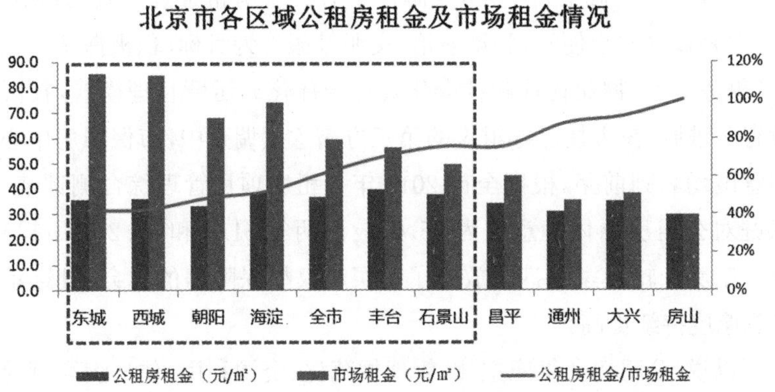

北京市各区域公租房租金及市场租金情况

图13-4　北京市各区域公租房租金及市场租金情况

从合同租期来看，目前主要的合同期均为3年以上，相比租赁市场租金变动来说，相当稳定。除因年度复核不再符合准入条件的家庭外，基本上都能继续在原项目续租。

（三）公共租赁住房调换日益频繁

全市公租房已实现区域全覆盖，除五环内因土地原因公租房项目较少外，5～6环之间东南西北均有项目。这为实现公租房调换创造了便利条件。市保障房中心成立了北京市保障性住房交换服务平台，截至目前已实现了近百套保障房的交换，其中在公租房调换中既有市保障房中心项目之间的调换，也有市保障房中心项目与各区持有的公租房项目间的调换。随着公租房竣工分配的规模增长、空置率下降，特别是随着新就业人群、稳定就业外来务工人员、教师医生等与就业关联度密切人群的入住，公租房调换的规模

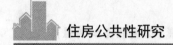

和频度也将不断增加,这为公租房资源有效利用提供了有利条件。

(四)管理专业化程度不断提高

随着公租房发展,运营管理问题日渐突出。市保障房中心作为全市保障房运营管理平台,在公租房的运营管理方面认真探索,管理专业化程度不断提高。一是加快配租入住,通过统一大摇号、先到先得、社会堙租、面向无房家庭配租等方式不断降低公租房空置率;二是努力提高租金收缴率,确保运营管理的可持续。截至目前,市保障房中心公租房租金综合收缴率在97%以上;三是以"安全便利、和谐融洽、文明健康"为目标,积极探索"三位一体"(租务管理、物业管理和社会化管理一体化)运营管理模式,社区文化建设有序进展。在市住保办组织的第三方满意度调查中,市保障房中心公租房满意度均名列前茅。根据全市2015年公租房项目管理综合测评情况,承租家庭对公租房总体满意度为65.6,较前两年61.9和65.2有所提高,有部分"三房"轮候家庭甚至放弃了购买产权型保障房的机会,继续承租公租房意愿度持续提高。

可以说,公租房在供应主体、管理规范化、资源利用、住户满意度等方面均有明显优点,这与租赁市场发展的现状形成鲜明对比。但与此同时,也应看到,租赁市场发展的不足也在某种程度上对公租房形成了一定制约,而公租房发展的经验能否复制到租赁市场也存在一定问题。按照中央"以政府为主解决基本保障、以市场为主满足多样化需求"的方针,要实现市场对住房资源配置的决定作用,加快培育和发展住房租赁市场已成为构建购租并举住房供应体系的重中之重。

三、加快培育发展住房租赁市场

在解决城市化发展中的住房问题过程中,国际上始终存在两种解决思路。一种是以英美为代表的自由主义的住房政策,核心是尽量减少对住房市场的干预,通过金融手段(美国)和民间持有主体(英国)等鼓励绝大多数人通过市场方式解决住房问题。以中国香港为例,政府公共房屋与住房市场几乎完全隔离,遵循不同的运行规则。另一种是以欧洲大陆为代表的社会市场主义的住房政策,核心是政府适度干预住房市场但将公共房屋与市场住房打通，尽量使其运行统一规则，实现住有所居的目标。以德国为例，政府对住房租赁市场的规制非常详细，确保了公共住房能够按照准市场方式提高运营效率。而亚洲国家，以日、韩为代表，则兼顾两者，政府既干预市场，又保持公共房屋的开放性。中国的住房问题解决方式在过去相当长一段时间内偏向于英美式的解决，但又如日、韩一样对保障房保持开放态度，即保障房可以转为商品房。事实证明，这种方式造成了诸多问题，公共住房资源不断流失，住房问题尽管不断解决但总是又不断产生。而随着城市土地资源的日渐紧张，特别是城市规模的不断增大，住房问题越来越成为严重的社会问题。可以说，住房问题已经不仅是住有所居的问题，而是同城市发展、经济社会发展紧密结合在一起。因此，重视住房租赁市场，是城市发展中应对人口资源环境严峻挑战的必然选择。

（一）满足不同住房需求

住房需求既有阶段性特点，又有阶层性特点，还有区域性特点。从阶段性特点来看，新就业大学生、新入职公共服务人员、新入职人才等，在不同发展阶段需求是不同的。最初可能是迫切的租赁需求，只是解决居住问题；随之则面临成家立业的住房需求，可能需要一个稳定的住房环境以及比较完善的配套设施；最后，有一定积累后还有置业以及对公共资源、位置等强烈的需求。从阶层性特点来看，按照收入分层的阶层对于位置、配套和服务需求具有阶层的特点。从区域性特点来看，核心城区与功能拓展区、发展新区等具有不同的住房需求。如此个性化的需求，仅靠产权型房屋是无法满足的，产权型房屋最大问题是无法应对不断变化的需求，位置、配套以及高昂的房价使之灵活性很差。只有发展租赁型住房，才能在更大的区域和更丰富的层面上满足多样的个性化住房需求。

（二）完善住房保障体系

"十二五"时期，首都住房保障体系不断完善，特别是公共租赁住房得到长足发展。以公共租赁住房为主的住房保障体系初具规模。但是，也必须看到，目前租赁性住房包括廉租住房和公共租赁住房在内还存在很多不足，无法有效地满足住房保障的要求。首先，从规模上来看，目前全市租赁型保障房仍然不足 30 万套，相对于全市 600 多万套存量房来说比例较低，只有

5%左右。其次,由于公共租赁住房建设较晚,难以在五环以内有效布局,土地资源的紧缺决定了大多数位于五环以外。加上建设速度较快,区位和配套、公共服务等都不是非常理想,生活不太方便。最重要的不足在于,由于政府财力有限,公共租赁住房准入门槛较高,按目前的标准,绝大多数新就业人才、公共服务人群以及稳定就业的外来务工人员无法进入。而已经进入的"三房"轮候家庭,由于其更多期望产权型保障,所以积极性也不是太高,从而导致热点区域需求旺盛,而较远区域需求不高。为了进一步完善住房租赁市场,必须培育发展住房租赁市场,使得更多的住房保障家庭可以通过市场补贴等方式自由选择居所,达到住房保障的目标。

(三)提高存量住房利用效率

北京既是首都又是特大城市,这样的特点导致了对于周边区域甚至全国范围内资本资源的虹吸现象。随之而来的,必然是土地资源的稀缺和教育、医疗等资源的供不应求。如果不能有效提高城市住房存量资源的利用效率,城市竞争力必然降低。从首都住房租赁市场发展的现状可以看出,旺盛的住房需求和存量住房的空置现象并存。从总量上说,已经基本达到户均一套房,但从结构上,则分配极不均衡,拥有多套住房的家庭并不鲜见,而无房家庭仍然规模巨大。只有释放存量住房资源,使得更多存量住房投向市场,才可以满足无房家庭的需要,才可以促进存量资源充分有效地流转和利用。现在已经进入了共享时代,滴滴打车、AIRBNB等商业模式已经初显成效。一个充分发展的住房租赁市场,无疑会大大提高存量住房的利用效率,减轻新建住房的压力,应对不断增长的住房需求。

(四)促进新型城镇化建设

新型城镇化核心是人的城镇化,人的城镇化核心是公共服务均等化,体现公共服务均等化的重要指标是人口有序流动。"十三五"期间,首都既面临着城市功能疏解和人口疏解,也面临着促进常住人口的住有所居。其最主要的保障是就业生活的有序流动。而从目前的租赁市场看,区域人口分布仍然很不均衡,集中居住的人流不仅带来难以避免的交通问题,而且造成公共服务供应紧张现象。在适应于流动就业方面,只有充分发挥住房租赁市场的作用,才能合理布局城市新市民、常住流动人口的就业和生活。由于租赁市场的分散布局特点,通过住房租赁市场的发展,可以充分发挥市场调节作用,真正引导人口有序流动,有效利用成熟区域公共服务资源,促使"职住平衡",实现更多住房真实需求的持续满足。

(五)改进社会管理服务

从住房租赁市场和公共租赁住房发展的对比分析可以看出,一个供应主体多元、经营服务规范和租赁关系稳定的住房租赁市场更能够实现"住有所居"的社会政策目标。目前,首都住房租赁市场仍然处于自发发展阶段,相关标准、规范尚不完善,运营主体严重缺乏。通过房地产中介为主体的市场竞争,不仅无序,而且造成了越来越多的社会管理和服务的问题。只有从供给侧着手,增强租赁市场相关要素的供给,才能为一个秩序井然、发展平稳的市场奠定基础。特别是住房不仅是满足居住需求的商品,而且聚集了家庭生活生产的方方面面,涉及社会管理、社会服务的多个链条。只有租赁市场规范了,流动人口的管理、流动人口的服务、住房保障效率、社会文明建设等才有可靠的抓手。人口是治理的主体,社区是城市的细胞,所有城市社会治理最终要落实到社区。而实现相关主体的合作,提高服务效率,促进社会融合,凝聚社会资本都有赖于一个成熟的住房租赁市场。

四、住房租赁市场发展趋势

健全以市场配置为主、政府提供基本保障的住房租赁市场,对首都调整住房政策、实现居民住有所居目标将具有重大影响。

(一)以租赁方式解决住房问题渐成主流

从房地产市场宏观调控、大力发展公共租赁住房到培育发展住房租赁市场,政府实现"住有所居"目标的方式在不断变化。毋庸置疑,以租赁方式解决住房问题将成为主流。这既是房地产"去库存"的需要,也是新型城镇化进入新阶段的新要求。随着城市规模的日渐增大,随着住房问题的日渐突出,随着人口资源环境的日趋紧张,以租赁方式解决住房问题是必由之路。我国城市住房总量已经达到一个新高度,刘易斯拐点也已经是不言的事实,如何更好地利用住房资源同如何更好地解决新市民的住房问题一样,成为当前和今后一段时间的重要挑战。而发展住房租赁市场提供了两者有效结合的途径,当然这一途径仍然受制于市场配置效率以及政府住房保障提供能力。两者是此消彼长的关系,但又不是可以互相替代的。国外经验表明,不同的历史文化发展现状决定了住房问题解决的不同特点,但绝大多数国家通过租赁方式解决住房问题应无疑义。

(二)存量住房时代悄然到来

大力培育发展住房租赁市场,意味着存量住房时代悄然到来。据一般规律,劳动人口占比越高,住房需求越强。自 2010 年起,我国劳动人口年龄 15 到 59 岁的人群开始减少,劳动人口占比持续下降。随之而来的,是房地产投资开始逐步下降,存量房交易活跃度超过了新建商品住宅交易。

2015 年,北京全市商品住房成交 28.2 万套。其中,新建商品住房销售 8.6 万套,成交套数同比增长 26%;存量住房销售 19.6 万套,同比增长 90.7%。存量住房与新建商品住房销售套数之比由 2014 年的 1.5∶1 提高至 2.2∶1。而从住房租赁市场看,租赁交易最活跃的区域主要在城六区,存量住房更是主体。但从存量房使用来看,一方面大量存量住房空置,不能进入租赁市场,房主更关注房屋升值而不在乎租金回报;另一方面,已进入租赁市场的存量住房使用长期无序,其使用的主要方式为个人零散出租和通过房地产中介出租,租期短,租金变动快。市场上专司租赁经营的企业数量少、规模小,而且主要业务在商业,直接进入住宅租赁市场的企业少之又少。由此带来的整个住房租赁市场既缺乏相关合格主体,又缺乏规范经营,供求关系处于完全自发调节,这给了个别房地产中介上下其手的空间,从而导致租赁市场更加不稳定,包括租赁关系在内的各种问题不断出现,严重影响了租赁市场的成长和发展。

因此,未来政府对租赁市场的规制将会对整个房地产市场产生重要影响。无论政策、税收、市场监管方式、主体等都将具有存量房时代的特征。市场更加关注规范运作和运营效率,对于未来住房供应体系和住房保障方式都将产生长远影响。

(三)货币化和金融支持成为主要渠道

进入存量房时代以后,政府对新建住宅的关注度将大大下降,采取更多方式盘活存量房源成为重中之重。这既有"去库存"带来的短期考量，也有首都调整战略定位、推进非首都功能疏解的长期考虑。在提高存量房使用效率的方式上，未来将会以货币化和金融支持成为主渠道。这一方面缘于北京金融业的发展现状，包括央行、各大商业银行总行、保险、信托等金融机构遍布全市，以新三板为代表的金融市场也日趋活跃；另一方面，也缘于地方政府财力比较充足而土地存量日趋减少的必然选择。从某种程度上，首都住房保障的实质更多是一种金融现象。不断攀升的房价和巨大的需求，更多表现的是资本流动性泛滥的逻辑结论。住房成为拉大人口收入差距的重要推手。住房保障问题，其实质是更多被基于是否持有资产带来的空间和时间上的社会阶层分化凸显的住房问题。住房作为生活资料、生产资料已远不如资本资产更足以代表其本质。由此，在城市住房总体规模上已告别短缺的时候，更多基于货币和金融手段来实现住房保障目的，不仅更加便利，也能使公共资源利用更加经济。但同时也要看到，首都住房问题因其特殊的时代特点具有更多政治和社会特征，仅仅从经济角度考虑住房问题，并不能保证收到切实效果。货币和金融手段能否达到老百姓满意，可能更多取决于这些手段能否带动更多社会力量推进住房租赁市场的稳定发展，实现更多社会治理的目标。

（四）建设租赁市场基础设施成为迫切要求

就国务院和住建部培育发展住房租赁市场的直接起因来说，供给侧的市场主体问题更加突出。没有合格的市场主体，提高运营效率、规范管理服务等租赁市场发展的目标难以实现。从政府来看，形成大、中、小型住房租赁企业协同发展的格局是最好的结果。但是，能够给住房租赁企业一个很好的营利预期是达到目标的前提。尽管已经出台了发展生活型服务业的指导意见，但是在政府视野中的房地产开发企业、住房租赁中介机构两类主体能否被吸引进来，尚难确定。其主要理由在于，住房租赁市场的规范化和效率提升有待于能够有一个整合全市存量房资源的平台。分散分布的租赁房源必然带来高昂的运营成本，无论维修、租赁、服务等都是如此，尽管已经可以更好地利用互联网手段，但是培育这样一个规模化、集约化、专业化的市场，其基础设施比如政策体系、信息系统、维修系统、治理体系等必须由政府出手。在不具备这些基础设施之前，尤其在住房交易远较住房租赁更能实现营利的情况下，社会力量很可能没有兴趣参与进来。

综上所述,培育发展住房租赁市场无疑具有极其重要的意义,也必将对房地产市场发展,对实现住有所居的民生目标产生深远的影响。政府未来在税收、金融、供地、建设等方面将会出台更多的优惠政策,这无疑为租赁企业发展提供了战略机遇,也对公共租赁住房发展提供了更多有利条件,但是无论公租房货币化还是政府和社会资本合作(PPP)模式,之所以推进迟缓,关键是市场自发力量在激励机制尚未明显的前提下并没有积极性。目前情况下,住房租赁市场进入门槛要求相对较高,尤其是涉及物业管理、公共服务、社会治理等方方面面,租赁住房与居民实际的住房需求距离更近,因而住房租赁提供的产品也具有更多准公共产品的性质,这无疑要求政府不仅仅是在政策方面支持,可能也要在市场参与主体的培育上投入更多精力。合格的运营主体和可以形成营利的稳定预期一样,是租赁市场健康发展的两大基石。

第十四章 以新发展理念推进住房保障

"坚持创新发展、协调发展、绿色发展、开放发展、共享发展,是关系我国发展全局的一场深刻变革。"十八届五中全会确立五大发展理念,标定了中国"十三五"时期的发展航标。

理念是行动的先导。进入 2016 年,京津冀协同发展规划进入加快推进阶段,落实首都城市战略定位,解决首都人口资源环境矛盾,治理大城市病,需要全面落实五大理念。

站在更高起点的首都住房保障,同样需要以新思路寻找新动力、以新理念引领新行动。

"十二五"时期,首都住房保障取得了令人瞩目的成就。100 万套保障房建设任务的完成,"以租为主"住房保障体系的完善,"三房"轮候家庭住房问题的基本解决,标志着首都住房保障为迎接"十三五"时期的新发展奠定了坚实基础。但是，我们也不能不看到，首都住房保障还存在着诸如住房保障覆盖面比较小、保障房准入门槛较高、区域差别较大、保障房缺乏吸引力、运营管理难度大等不平衡、不协调、不可持续问题。如何解决这些问题，关系到"十三五"时期住房保障工作能否让人民满意、能否在城市发展中发挥作用、能否更好地服务中央。

"十三五"时期住房保障必须坚持创新发展。京津冀协同发展对于首都住房保障格局将产生巨大影响，产业疏解带动人口疏解，寻找职住平衡的空间布局，需要住房保障统筹内城和外城建设，需要在应对人口流动的同时逐步实现公共服务的均等化。棚户区改造也将对城市布局产生重要影响，围绕改善人民生活和提高历史文化名城保护水平，住房保障需要探讨系统解决方案，需要在平衡多元目标的同时，走出符合首都实际的成功道路。任务空前艰巨，难度前所未有，只有坚持不断进行政策创新、体制机制创新、管理服务创新，才能找到在"十三五"时期首都特殊的战略环境下提高住房保障水平的必由之路。

"十三五"时期住房保障必须坚持协调发展。"十二五"时期"基本住房有保障，中端需求有支持，高端市场有调控"的住房保障思路面临着首都区域发展不平衡的挑战。人口资源的不平衡分布，导致不同区域需要不同的住房保障方式，仅仅依靠经济适用房这样一种方式打遍天下的做法已无法延续。面对首都住房房价高涨、中低收入群众住房困难的现状，必须避免头痛医头、脚痛医脚式的解决方案，而应认真研究首都区域特点，坚持因地制宜、因时制宜，结合区域特点实施住房保障。要充分利用市场机制引导资源在区域间的合理分布，要协调各区，统筹规划，有序实现内城人口疏解，根据不同区域住房资源禀赋，选择实物保障或是货币保障。

"十三五"时期住房保障必须坚持绿色发展。首都人口资源环境日趋严峻的形势，要求保障房建设必须转型升级。要以住房全生命周期理念发展住宅产业化，实现建筑业向制造业转变。全面推行绿色建筑和智慧住宅，实现节能环保低碳。要坚持保障房社区的绿色发展，通过引导保障家庭的环保习惯，实现建筑可持续和社区发展可持续的共同进步。要提高公共住房资源的利用效率，充分善用住房资源，促进有序流动，打击资源滥用。要加快建立保障性住房物联网，运用新技术、新材料，促进保障性住房可持续运营。

"十三五"时期住房保障必须坚持开放发展。首都住房保障形势逼人，

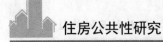

土地、资金、资源等都面临短缺。要充分加强社会合作，吸引社会力量、社会资源参与住房保障，培育社会非营利机构、非政府组织等，不断提高保障性住房全产业链的运营效率和服务水平。要积极向国内外先进国家和地区学习，借鉴先进经验，认真研究首都住房保障特殊性，争取住房保障站在更高起点，面向更高水平。要有国际视野和时代眼光，着眼于首都经济社会发展的不同阶段，尽力而为，量力而行，始终坚持群策群力，开放办住房保障，力求公开公平公正。

"十三五"时期住房保障必须坚持共享发展。住房保障不是建设保障房。住房保障必须聚焦住房保障家庭，必须关注中低收入住房困难人群的需求和期望。要从生活生产两个方面，合理规划保障房社区的公共服务设施，不断提高公共服务和社会管理水平，提高住房保障人群的居住体验。要吸引广大保障人群参与社区治理，有效协调社区公共利益，促进社区和谐宜居。要从城市发展角度综合考虑住房保障的社会功能，在政策、经济、社区、文化等方面统筹考虑，有效促进社区资源融聚、信息融会、文化融合，使保障房社区成为首都城市社会的有机组成部分，成为广大保障家庭的幸福家园。

"十三五"时期是首都住房保障的关键时期，是首都率先全面建成小康社会的决胜阶段。首都经济社会新常态更加明显，提质增效要求更加迫切。首都住房保障要坚持五大发展理念，走可持续发展道路。一方面，我们要认真学习领会五大发展理念的核心要义，认识到五大发展理念是过去我国经济社会发展成功经验的总结，有很强的现实针对性；另一方面，坚持一切从实际出发，实事求是，抓住首都住房保障的特殊性、阶段性和复杂性，创造性地落实五大发展理念。落实在工作中，就是既要认真总结过去住房保障的经验教训，深入分析住房保障政策的实施成效，不文过饰非，不讳疾忌医；又要抓住历史机遇，大胆进取，真抓实干，让人民群众不断看到实实在在的成效和变化。

第十五章　公共住房需要发展专业机构

从经济角度讲，首先，基本住房建设、公租房的发展是市场经济的一个长期任务，不会因为曾经大规模建设过，以后就不再有了。一个基本的判断是，现有的这三大平台以后还会长期存在。另外一个长期存在的原因，是中国正处在一个急剧城市化的过程中，贫富差距不断加大，而这种以大城市为中心的资源配置和管理体系，无论从就业、资源供给和市场博弈等哪个角度看都会导致相当一部分人被排斥在市场之外，无法通过市场解决基本住房问题。因此，决定了公租房等保障房存在的长期性和必要性。这是专业运营机构持续存在的一个事业基础。

其次，保障房中心乃至我市的公租房建设都将经历一个从量到质的转变过程。就目前而言，实际上还处于公租房的量的积累上，而在质的方面，包括建设布局、建筑品质、运营水准、管理模式等方面都还有很大的提升空间。这一发展过程将充满挑战，专业运营机构也将因为应对这种挑战而持续存在。

最后，专业运营机构作为一种新型的房地产开发企业存在和发展。市保障房中心有三大平台的职能，能够很好地将房地产上下游产业链加以融合，使投资、建设、运营得以有效整合。这样一来，一是有利于降低成本，二是能够有效地实现开发目标，这正是目前很多房地产开发商想做而做不到的。目前我们的城市建设为什么不理想？就是因为各个环节的投资主体倾向于逐利，而没有考虑到整个城市成长和居民生活的需求，没有融入和谐的标准、理念和文化内涵。如果能在此之上闯出一条路来，那么将在整个房地产市场创新出一种全新的发展模式，这对于将来中国保障性住房的可持续发展具有重大意义。

从政治角度来说，一方面，中国现在已经走在了市场经济的大路上，不

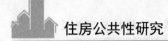

可能再回头。因此,基本住房保障就只能采取市场化的做法来实现。也就是说,政府不可能包办一切,必然需要市场、社会等多方面力量参与其中,而市保障房中心的存在,事实上恰恰等于起了一个引领和示范作用,促进社会机构参与保障房建设运营工作。这是社会主义市场经济的一个长期任务和发展方向。另一方面,我国政府的职能模式正在逐渐向"小政府、大社会"转变,诸如保障性住房这样的公共产品供应,就需要社会机构不断参与。市保障房中心作为一个提供公共产品的机构,其长期存在也十分符合这一体制改革的大方向。

从文化角度来说,自中华人民共和国成立以来,人们对住房的消费观念几经变迁,最初是以租为主,后来是以售为主,现在又要回到以租为主。就国外来看,实际上很多国家的房屋自有率是很低的,大部分也是以租为主,我们如果继续推进"以租为主"的住房保障体系,就需要依靠政府主动去引导和营造通过租赁方式解决住房问题的氛围,需要政府提供大量可供租赁的住房。在北京这种特大城市,居民还是比较容易接受这种文化观念的,因为土地资源十分紧缺,产权式保障方式是不可持续的,关键是能否有力量主动持续地去推动,这一点,可能需要市保障房中心做出表率。

从企业角度来说,中国企业最稀缺的就是企业文化,包括资产运营能力、房屋运营管理能力等,都是中国企业急需提升的方面。设想一下,再过十年、二十年,等到投融资和建设收购的业务量减少之后,随着公租房持有规模增大,运营管理的任务和难度会越来越大,甚至是前所未有的,那么形成有特色的公共住房管理理念和文化,将对市保障房中心长期可持续发展具有战略意义。现在来设想二十年后企业的性质和模式,市保障房中心不可能完全像中国香港房屋署那样,可能还是要带有一定的政府特点,但又有别于完全的政府机构,可能发展成为一个独特的专业化、社会化的公共住房管理机构。这样一种发展模式,对于其他提供公共产品的社会机构的发展也具有探索的意义和价值。

第十六章　保障房投融资平台机构运作问题

保障房投融资平台是一类特殊的投融资平台，其主要目的是解决保障房建设的投融资问题。2007 年，以国务院《关于解决城市低收入家庭住房困难的意见》（〔2007〕24 号）为标志，住房保障进入全面建设时期。住房保障明确为政府公共服务的重要职责。由于保障房建设时间紧，资金缺口大，因此加大市场化融资就成为紧迫任务。保障房投融资平台应运而生。实践证明，保障房投融资平台在保障房建设中发挥了非常大的作用，为完成住房保障阶段性任务做出了历史性的贡献。

但是，随着我国住房保障大政方针的确定，国家新型城镇化发展规划的出台，住房保障逐步进入常态化平稳发展的轨道，投融资压力有所缓解。与此同时，高速发展累积的风险在整个宏观经济增速下降中开始显现出来。随着《国务院关于加强地方政府性债务管理的意见》（国发〔2014〕43 号）发布，对地方融资平台清理进程开始加快，保障房投融资平台机构运作如何实现可持续发展，需要认真研究。

一、研究综述

国外对政府负债风险的研究始于 20 世纪 80 年代，90 年代开始有较多的成果。Hana Polackova Brixi（1998 年）和 Allen Schick（2000 年）分别从政府或有负债和预算角度研究财政风险。William Easterly（1999 年）从传统预算体制的角度，论述政府具有的财政机会主义特征。Ma jun（2002 年）对地方政府财政风险的监测问题进行了研究。

国内也对政府投融资平台概念和设立原因（巴曙松，2009 年）进行研究，认为融资平台是最为有效的预算外融资渠道（路军伟、林细细，2010

年）。计承江、袁亚敏、李亚敏、林祖松（2010 年）等通过对地方投融资平台的调研,研究了存在的问题和对策。对于投融资平台的风险,巴曙松的《地方政府投融资平台的风险评估》（2009 年）以及马庆琰、蔡丽平（2010年）、苏晓鹏、王兵、冯文丽（2009 年）等都进行了深入探讨,认为建立投融资平台的风险内控机制十分重要,包括建立筹资、投资活动的科学决策体系,建立企业财务风险跟踪监督机制和财务预警体系,利用合同条款约束化解财务风险。贾康、孟艳（2009 年）、邹宇（2008 年）、余萍（2009 年）等对地方投融资平台的运作模式进行了研究,认为由政府主导向市场驱动转变是加快政府投融资平台转型、实现可持续发展的必然选择。

2011 年,自我国实施 3600 万套保障房建设计划以来,保障房投融资平台也得到了发展。韩林（2011 年）、赵以邗（2010 年）、张文龙（2008 年）、廖俊平（2005 年）等分别对保障房融资的 ABS、REITS、BOT、PPP 等融资方式进行了探讨。唐丽丽（2013 年）专门探讨了作为保障房融资方式之一的投融资平台融资方式。保障房投融资平台虽然发展迅猛,但主要集中于保障房融资业务,从企业管理和住房保障体系角度对保障房投融资平台进行研究的较少。

二、投融资平台发展情况

2009 年,天津市保障住房建设投资有限公司作为全国首个保障性住房投融资平台,首期注资 25 亿,负责危陋房屋拆迁安置及保障住房建设项目投融资。2011 年,北京市一次性货币注资 100 亿成立北京市保障性住房建设投资中心,负责全市保障性住房的投融资、建设收购和运营管理工作。北京市保障性住房建设投资中心也成为全国最大的保障性住房投融资平台。

随后,随着国家发展改革委办公厅《关于利用债券融资支持保障性住房建设有关问题的通知》（发改办财金〔2011〕1388 号）发布,湖北、云南、河南等各省纷纷通过原有的地方城投平台开展保障性住房投融资工作。上海则由地产集团注资 20 亿成立上海地产保障房投资建设管理有限公司,打造其成为上海市保障房开发建设的主力军。除省级保障房投融资平台之外,各级地方也根据需要纷纷成立相应的保障房投融资平台。

保障房投融资平台成为中国地方政府众多投融资平台的重要组成部

分。据审计署 2013 年审计结果，截止到 2013 年 6 月，政府负有偿还责任的保障性住房债务 6851.71 亿元，或有偿还责任的保障性住房债务 4096.12 亿元，总计 10947.83 亿元。保障房投融资平台为中国保障房建设做出了巨大贡献。

三、主要运作机制

（一）以棚户区改造为主要内容的运作机制

棚户区改造不同于一般保障房建设。经过拆迁安置、腾退土地可以进行不同程度的商业开发，政府可以拆迁地块土地使用权作抵押，向金融机构进行融资。以天津为例，按照"政府主导、专项投资、封闭运作"的原则，以天津市保障住房建设投资有限公司为主建立"借用管还"的良性资金运行机制，有效缓解资金困难，促进棚户区改造工作的开展。

（二）以公租房建设为主要内容的运作机制

公租房只租不售，融资额度大，还款时间长，加上租金定价机制很难市场化，融资难度很大，一个可持续的投融资体制非常重要。以北京模式为代表，北京市保障性住房建设投资中心运作机制有以下特点：一是尽可能多渠道融资，降低融资成本。比如发行私募债、企业债、争取住房公积金贷款、信托贷款、开展银企合作等；二是实行保障房投融资、建设收购和运营管理一体化，有效提高资金使用效率和保证按期还款；三是加大部分商业配套运营，反哺公租房；四是加强市区两级合作，通过融资平台指定收购或委贷方式支持各保障房建设主体，满足保障房建设的资金需求。

（三）以"统贷统还"模式为主要内容的运作机制

通过原有融资平台开展保障房融资的企业，大部分实行"统贷统还"方式，即由投融资平台整合全省保障房建设项目向金融机构融资，资金投放地方，借款本息由各地方政府财政偿还。以湖南省为例，湖南省按照"统一融资、分散建设；统一规划、分期实施；统筹资源、统筹还款"的思路，新设立的湖南省安居工程投资公司由湖南省政府全额出资，注册资本 45 亿元。

由湖南省住房和城乡建设厅、财政厅、国土资源厅、发改委共同管理,以住房和城乡建设厅管理为主。国家开发银行湖南省分行为牵头银行,联合其他金融机构组成银团,统一向该公司提供贷款。平台只负责融资,不负责项目建设管理,其还款主要依赖地方财政,省级财政兜底。本质上仍是由政府信用为贷款提供担保。

四、运作中的主要问题分析

保障房投融资平台是一个复杂经济生态下的产物,具有典型的中国特色。比如政企不分、预算软约束、政绩导向、短期应对、市场缺位等特点,使其具有先天不足。随着自身规模的不断发展,暴露出的问题也越来越典型化。

(一)平台定位中工具意识过强

保障房投融资平台发展定位具有内在张力。一方面,平台总是要完成一定的政府公共职能,比如为棚户区改造融资以及促进人口疏解;另一方面,平台总是要通过一定的市场手段去实现职能。根据现有法律禁止性规定,中国地方政府不能发行债券,不能为融资提供担保。而要完成"十二五"时期3600万套保障房建设任务,又必须千方百计筹集保障房发展需要的资金。因此,融资平台基本上是以一个市场主体的角色,通过政府信用担保或承诺、土地抵押、保障房收益权担保等方式融资。这两者之间存在一定冲突。既没有完全遵从市场融资的规则,也没有完全按照政府职能履行的程序。保障房投融资平台行为规则尚处于一个需要不断创新的领域。

按照英国社会企业联盟(The Social Enterprise Coalition)的定义,从保障房投融资平台运用商业手段实现社会目的来说,可以归类为社会企业。社会企业追求社会效益大于追求经济效益,但是又和主要追求社会效益的公益类企业比如公共交通等企业不同,社会企业必须通过商业手段,实现一定程度上的营利。在我国,这一类企业并不少,比如很多具有公益性的国有企业,但是无论从社会认知上还是从理论研究上都严重不足。特别由于保障房投融资平台对应于短期大规模保障房建设来说,大多数融资平台工具意识明显,而主体意识不足。总是把目前的市场运作定位于一定阶段的手段,对于形成一定的体制机制缺乏动力。这和我们国家社会组织发展迟滞有关。政府把市场当作手段来对待,因而投融资平台也就成为运用手段的工具,专注于短期目标完成,忽视长期可持续运营。

（二）平台效绩评价中标准缺失

按照目前国企效绩评价办法,主要有国有资本金效绩评价、综合绩效评价、EVA 法评价、利益相关者评价等,定量评价权重远大于定性评价。对于保障房投融资平台的效绩评价,如果应用目前的评价办法,会陷入两难。一方面,如果过于看重定量指标,则由于保障房投融资方面并没有统一的行业指标,政府指令性计划更不具有可比性,效益类指标同真正的市场竞争类企业无法相提并论。与此同时,如果侧重于定性评价,则市场运作效益评价、资金使用效率等也很难一目了然,与公益类企业相比效绩评价很不充分。对于兼顾社会效益和经济效益的保障房投融资平台来说,亟须创新效绩评价标准,以评价此类企业的内在价值。

（三）平台运作的体制和机制缺乏创新

体制和机制决定企业未来。自改革开放以来,国有企业特别是政策性企业出现很多问题,其中很重要的就是企业治理能力问题。传统的委托代理问题、政企不分、权责不清、管理落后等在保障房投融资平台企业身上也不鲜见。从体制上说,投融资平台决策体制、监督体制具有核心意义。目前,大多数投融资平台并没有吸引企业利益相关方特别是保障房家庭和相关建设单位的决策参与,以政府为主的决策体制无法保证决策满足平台对社会公共利益最大化的追求。从机制上说,决策机制、市场运营机制、风险管控机制等同市场其他竞争类主体相比有较大差距。平台的治理机制不完善,还没有完全建立起现代企业制度。

保障房建设是重大的民生工程。建设和运营、管理要充分结合,投融资、建设阶段必须要慎重考虑后期运营管理问题。但是,目前很多保障房的配售价格或者租金价格,并没有经过认真的经济论证,过高的资金利息使可持续运营难以为继。考虑到投入保障房建设的社会资金回报问题,把市场对效益的追求通过一定程序有序纳入实现民生工程的事业中,也亟须一系列体制机制支撑。

（四）平台运作中的产品同质化现象比较明显

企业在市场生存,必须具备富有竞争力的产品。苹果公司的系列产品、微软的操作系统等无一不是企业生存发展的根本保证。但是对于我国保障房投融资平台来说,目前来看还没有能够保持竞争优势的产品。其一,就融资服务来说,只是为着完成任务提供给相关主体,既没有参与相关主体的运作过程,也没有形成一套以相关主体为关注焦点的服务体系。相关融资服务与同行业相比,没有值得夸耀的附加值;其二,就投资服务来说,国内投行业务已在金融服务中介业内方兴未艾,成为其发展的重要支柱。而平台缺乏专业人才,对于保障房领域研究缺乏,对保障房的发展方向和战略布局兴趣缺失。从以上两方面来看,平台提供的产品没有什么竞争力。其三,就通过市场运作实现公共职能来说,无法从保障房全产业链的角度形成系统的经营模式。所以,随着阶段性任务完成,在严峻的市场竞争条件下,平台也将丧失继续存在的需要和可能。这可能也是相当部分省级平台直接在原有城投平台上开展保障房投融资工作的考虑因素之一。

（五）平台运作中的资产风险初步显现

保障房投融资平台在完成政府任务的同时,形成了大量优质资产,大多以经营收入作为偿债来源。比如,建设收购配建的保障房、销售经济适用房或棚改安置房也有一定收入,包括拥有一些补充保障房运营的配套服务和商业设施。但是也必须看到,由于平台过分依赖金融机构贷款导致的财务成本负担过重,由于没有按照市场规则而优化投资布局导致的保障房区位配套较差,由于大规模建设缺乏长远规划设计导致的房屋功能质量方面的问题,也日益成为平台发展中的制约因素。资产运营既需要有专业职业经理人去运营,更需要资产本身具有持续运营的条件。这两方面平台都相对缺乏。特别是基于其发展定位问题,很多资产并没有从长远发展角度去考虑合理配置,资产流动性提高的问题也还没有破题,这都会在平台未来发展中形成一定风险,容易因前期研究和战略导向问题导致未来陷入困局。

（六）平台运作中的债务风险难以把握

作为地方政府投融资平台,与其他融资平台一样,共性问题是风险管控问题。保障房投融资平台的风险问题如何判断？从规模上来说，目前1万亿元的负债规模确实不小，但如果与偿债能力相比，风险总体上可控。因为保障房投融资平台除廉租房、公租房负债外，大部分都属于可销售的保障房，实现销售收入后基本可以覆盖成本。关键是平台的中长期负债，其偿债能力既取决于资产运营收入，也取决于政府能否继续投入资金。从公租房本身特点来说，其准市场化定租原则因为我国租金与房价的严重脱离，租金与成本无法形成可靠的函数关系。所以，日常运营费用增长、较高的还债压力都要求政府投入需要一个中长期的制度设计。但目前，由于运营时间尚短，还没有提上日程。与此同时，由于体制原因造成的风险管理薄弱现象，也越来越突出。一旦作为贷款基础的政府信用收紧、部分参建单位资金链断裂、产品供需脱节趋向严重等现象集中爆发，有可能使平台陷入困境。

五、从投融资平台到住房保障平台

保障房投融资平台不同于其他地方政府的平台企业，某种程度上已经成为或正在成为各地住房保障体系的重要组成部分。尤其是具备投融资、建设和运营职能的平台企业，事实上已经扮演着住房保障实施机构的角色。

（一）尽快完善住房保障的顶层设计

自1998年住房商品化、市场化以来，伴随着住房市场发展，住房保障也逐步发展起来。从最初的廉租住房一直到现在的公共租赁住房，住房保障思路一直处于变化之中，直到十九大才确定了建立"多主体供给、多渠道保障、租购并举"的新住房制度。而要加快建设以公共租赁住房、棚户区改造为主的住房保障工作，一方面必须以住房保障服务均等化为目标，合理界定政府与市场边界，合理划分政府职责，正确处理政府与市场的关系。另一方面，必须在住房保障的法律法规体系当中明确保障房投融资平台的地位和作用，真正按照社会企业的要求，提高治理能力，增强竞争优势，实现其可持续发展。

（二）明确平台定位完善法治约束

借鉴中国香港法定机构和其他国家社会企业的管治经验，从法律层面明确保障房投融资平台的定位和职能，规范对平台的管理，完善法人治理结构，建立现代企业制度。要从利益相关者角度，完善公众参与的决策机制，明确投融资平台职业经理人的委托责任，建立全方位的监督体系，增强立法和执法约束。要尽可能探索和完善保障房投融资平台的行为规则，硬化预算约束，尽可能通过政府购买服务的方式或者 PPP 模式提高保障房建设和管理的水平。要按照国务院 43 号文的精神，进一步清理政府性债务，严格平台投融资的主体责任，建立有效的偿债机制和全面风险管理体系。

（三）坚持市场化方向完善综合效绩评价体系

要解决保障房投融资平台市场化程度不高的问题，必须坚持市场化改革方向，按照市场主体的要求建立综合效绩评价体系。要按照市场要求去配置平台资源，把政策优势转化为资信和资源优势，把资金优势转化为资本和资产优势，把政府任务转化为规模和效益优势，把社会责任转化为产品和服务优势。积极投入市场竞争，创新组织、流程、人才培养和激励、产品与服务等方面的体制和机制，以建立完善住房保障体系为使命，通过市场运作探索创新整合政府、社会与企业自身的价值和效益追求的有效方式和途径。要把经济效益费用评价与财务评价相结合，正确处理保障房投融资平台发展中遇到的政府与市场、经济与社会、效率与风险、短期利益与长远利益的关系。

（四）创新运营模式提高运营效率

运营模式和运营效率关系到保障房投融资平台发展的成败。保障房投融资平台要抓住我国建立住房保障体系的战略机遇期，尽快形成具有核心竞争力的产品和服务，尽快在保障房产业链条发展上占据制高点，尽快应用互联网大数据等现代科技发挥规模优势、探索集成创新的有效途径。高度重视资本和资产运营，坚持以投行思维引领行业发展方向，通过资产证券化等现代金融创新手段提高资源配置的效率，形成保障房合理的战略布局。加大保障房社区管理和服务的创新力度，努力建设社会资本，通过保障房建设管理促进城市竞争力提高,通过履行社会责任形成独特的企业文化,通过可持续发展赢得政府和公众的信任。

总之,作为社会公共服务重要组成部分的住房保障事业,亟需保障房投融资平台持续健康发展。京津沪等地近几年的实践也已经证明,基于完善住房保障体系和投融资平台可持续发展的需要,必须尽快解决平台运作中已经出现的问题,化解累积风险。要逐步把保障房投融资平台纳入住房保障体系当中,充分发挥其市场化运作的优势,提高平台运作的效率和效益。借鉴国外社会企业发展的经验,逐步使发展中的保障房投融资平台成为应对经济新常态、构建"社会安全网"的重要组成部分,推进我国住房保障事业的发展。

第十七章　北京市海淀区
市场筹措公共租赁住房试点蠡测

北京市海淀区于 2013 年 1 月 15 日在 29 个街乡启动市场化筹措公共租赁住房试点工作。本次试点工作是为了充分利用存量房相关成熟配套设施,解决保障房轮候家庭个性化居住需求,减轻租金负担,改善居住水平。尽管其他省市已经在这方面有所尝试,比如上海市、湖北武汉市等,但与其他省市多是为了完成保障房指标的无奈选择相比,海淀区的试点是基于北京建立"以租为主"住房保障体系的一种主动探索,因此值得高度关注。

一、市场筹措公共租赁住房的含义

市场筹措公共租赁住房,是指以政府为主导,按照市场租金水平筹集存量房源作为公共租赁住房,面向已通过市级备案尚未配租的廉租住房、经济

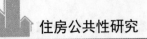

适用住房、限价商品住房和公共租赁住房家庭（以下简称保障房家庭）进行配租。

二、主要内容

试点地区和对象：本次海淀区的试点选择 29 个街乡成熟社区，配套设施齐全，交通便利，能够满足保障房家庭个性化需求。对象主要是保障房家庭（除公共租赁房家庭外）中大病、重残和老龄无房家庭。

房源要求：位于海淀区，面积 70 平方米（含）以内，符合法律法规规定可用于出租的成套住房。

租金水平：委托具有相应资质的专业中介机构测定所在区域市场租金，结合北京市房地产中介行业协会发布的上一年度区域住房平均租金报告综合确定。三年内租金稳定。

租金补贴标准：租金 20％直接由区财政补贴，80％为保障房家庭的实际租金。廉租住房家庭补贴 50 平方米，其他补贴 60 平方米。根据保障房家庭不同情况分 7 档补贴，同市里公共租赁住房补贴标准不同，增加了人均月收入 2400 元（不含）以上、2800 元（含）以下补贴 15％一条，其余分档除两类非市场租廉租家庭外分别增加 5％、10％、20％、15％。

租金缴纳方式：出租方在区住房保障部门选定的租金补贴代发银行办理银行卡，每月通过银行卡发放租金补贴，租金差额部分由保障家庭自行承担向出租房缴纳。

租赁合同：区房地中心与出租方签订租赁合同，期限不少于三年，物业管理费和供暖费由出租方负担，整修、维护和管理由房地中心承担。续约和解约均需提前三个月协商。区房地中心与保障家庭签订合同总期限不低于三年，合同一年一签。

实施主体：北京市海淀区房屋土地经营管理中心。负责房屋核验、租金补贴协议签订以及后期管理。

实施流程：1.出租流程：出租方向房地中心提出登记—房地中心实地查验—区住保部门权属确认—签订租赁合同—整修房屋；2.补贴流程：保障家庭和出租方共同到街镇住保部门提出补贴申请—审核—实地查验权属核验—确定租金水平和补贴标准—签订三方补贴协议—向出

租人发放补贴。

监督管理：区房地中心日常巡查，有违规违约现象的，限期改正，停发补贴；区房地中心可以解除租金补贴协议，租金全部由保障家庭负担。房地中心也有权解除合同，收回房屋，5 年内不予配租配售。

三、相关主体分析

出租方。好处：省心省力，免去自行或委托中介找租客、收租金、租户情况不清、房屋设备维修、空置等烦恼。房屋可以获得修缮，免去日常维修费用。不足：租金三年不动，要承受损失。租赁合同解除需提前三个月，不方便。家具和家电问题，如果按照现行公共租赁房标准，不带家具，若保障房家庭不要家具家电，不好处理。租金补贴为三方协议，一旦停发补贴，保障家庭退出困难，出租方利益能否获得保证存在不确定性。

保障家庭。好处：可以自行选择，成熟社区居住方便，生活方便。租金补贴力度比市里补贴大，缓解租金压力。不足：市场房租与公共租赁房租金相差较大（就目前看，远洋公租房项目与市场租相比已经低于 50%），个人承担部分降低有限。市级公共租赁住房有完善的物业服务，而试点区域社区物业服务较差，有的多层住宅没有电梯，相关消防设施也不太好，保障家庭居住也有不便。

区保障部门和房地中心。好处：充分利用存量房市场，快速筹集公共租赁住房房源，从"补砖头"向"补人头"转变；改善保障房家庭住房条件，减轻租金压力；减轻公共租赁住房建设压力，部分化解后期管理难度。不足：市场上合适房源有限，难以取得成效。北京房地产信息网数据显示，目前二手活跃房源中，70 平方米以下房源供不应求，能有多少可以进入公共租赁住房渠道，并不乐观。平均租金 63 元 / 平方米 / 月左右，按照现在方案，保障家庭承受的租金水平也在 50 元 / 平方米 / 月左右，远高于目前本市第一个公开配租项目远洋沁山水的租金水平，保障房家庭到底能够承受多少，也是未知数。至于后期管理难度，一点也不比集中公共租赁住房少，而对于试点的这类特殊人群，目前并没有有效的退出手段，实施起来困难不小。

四、试点工作对房地产市场的影响

随着海淀区市场筹集公共租赁住房试点工作的开展,其对北京市房地产市场的影响也会逐渐显露出来。

从需求方面来说,更加优惠的租赁补贴,必然提高保障家庭对市场租金的承受力,间接增加存量房的需求,从而使已经紧张的租赁市场供需矛盾更加突出,对后续租金增长起到促进作用;反过来又会抵消租金补贴的效果,促使租金补贴力度增大。

从供应方面来说,进入公共租赁住房筹集系统的房源是市场上租赁的主力,较少空置,且租金单价较高,调整幅度较大,目前对出租方的优惠吸引力并不大。市场二手住房空置部分,多为投资置业,并不谋求租金回报而是坐等房产升值,为了在合适时机出手,也很难纳入筹集渠道。

从未来发展来说,市场筹措公共租赁住房的补贴力度较大,加之筹集房源房龄一般较长,整修和维护费用也属必要支出,一定程度上造成了公共租赁住房建设资金分流,必然延缓公共租赁住房建设的进程,从而延长保障家庭轮候时间。目前房地产市场结构性的矛盾并没有缓解迹象,70平方米以下住房严重稀缺,难以在短期内保证试点工作顺利进行。

五、对建立住房保障体系的反思

现阶段,本市住房保障体系正在由"以售为主"向"以租为主"转变,关于公共租赁住房发展仍然存在不同认识,可以说海淀区市场筹措公共租赁住房就是基于不同认识而采取的一种措施。在此,我们不评价试点工作的好坏,也无法在试点工作全面展开前做没有意义的猜测。我们要指出的是,任何新行政策都会有这种利益、认知等方面的交锋,前提是要对形势做出基本判断。根据市保障房中心公开配租工作的进展,我们可以做出如下判断。

1. 在"四房合一"的过程中,配售方式的存在仍然对发展新的"以租为主"住房保障方式形成挑战,从而影响保障家庭对公共租赁住房的接受程度。

2. 市场存量房不少,但是适合于保障家庭的房源严重不足;而新建廉租住房和公共租赁住房本身品质也有问题,区位、配套和管理都有不尽人意的地方。

3. 住房保障资金仍然紧缺,不断增长的住房保障需求,导致财政压力日益增大。

4. 保障家庭对公共租赁住房租金的承受能力有限,加之城市生活成本提高,公共租赁住房运营的可持续问题短期内仍然没有太好的解决办法。

5. 公共租赁住房后期管理尚未形成成熟模式,法律环境有待完善,保障家庭法律意识有待提高,住房保障部门管理水平有待提升。

基于以上的认知,海淀区市场筹措公共租赁住房房源的试点工作具有合理性。但是如何打通保障和市场的有效通道,还有待认真研究。就目前整体环境来说,新一届政府把新型城镇化作为经济增长的潜力,解决住房保障问题必将进一步发力。但回到本市,首都作为特大型城市,人口资源环境的制约是未来最突出的问题。建立"以租为主"的住房保障体系,是现实的战略选择,不能动摇。为此,针对目前问题,不能采取走捷径、躲避矛盾的做法,而是要扎扎实实地补课。一是补上合适房源不足的课,结合本市公共服务均等化的进程,合理布局公共租赁住房;二是补上公房管理的课,认真总结改革开放以来房改的经验,根据本市建设世界城市的目标,提高公共房屋管理和服务水平;三是补上住房市场发展不平衡的课,关注中低收入人群的住房保障问题,打通保障和市场的通道,使得租赁方式成为本市主要的解决住房问题的方式;四是补上制度创新的课,在借鉴国外城市化进程住房问题解决经验的同时,探索适合本市特点的住房制度。

海淀区的试点工作,是一种值得关注的探索,其目的是在不补课的情况下,在现有市场发展的环境下,寻找解决住房保障的方案。这种勇气值得肯定,但是任何一种制度性的变革,特别是跨越性的制度变革,尽管可能也必须脱胎于旧有制度的襁褓,但总是要有新的因素,否则发展就只能是复古。我们认为,不断探索市级统筹建设、运营、管理公共租赁住房的方式和途径,在本市提高城市管理水平的战略选择中,将具有长远的意义。市保障房中心作为市委市政府解决住房保障问题的重要平台,对于发展探索新的住房保障体系负有不可推卸的责任,这种责任既在于过程中的不断探索,也在于持之以恒的坚守。既然北京市产业结构已经发生了重大转变,服务业已经占到

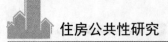

80%以上,那么一切工作的出发点就必须建立在超越仅仅是完成阶段性住房保障的任务之上,花大力气矢志创新,大胆改革,领全国之先,为首都的和谐发展贡献力量。

第十八章　关于住房公共性的几个理论问题

　　一段时间以来,住房保障的理论基础似乎是自明的,理论界在研究住房保障问题时经常当作前提来看待,但是发生在实践中的各种意见分歧,又充分反证了理论基础不清晰一定会带来深刻影响。举凡保障目标、保障方式、保障标准、实施路径等的分歧,都能从住房保障理论基础的角度找到根源。所以,深入分析和审视住房保障的几个理论问题,对于廓清实践的困境,更好理解党的十九大思想具有非常现实的意义。

一、关于现有住房保障理论的评述

　　现有的住房保障理论比较主流的是市场失灵和住房过滤理论,其他的还有基本人权、公平分配、社会稳定等方面的说法。但归纳起来,无非从政治、经济、社会和文化等方面进行阐述,角度虽然不同,其实质则主要是需求和供应两方面,换言之,主要还是围绕住房的使用来展开,并没有从根本上抓住住房问题的社会性质。

（一）关于权利方面的理论

1. 住房是一项基本人权

　　住房被视为一项基本人权,国家有责任和义务确保收入和住房困难群体实现这项权利。《世界人权宣言》《经济、社会和文化权利国际公约》等国际性文件提出,人人都享受获得适当住房的权利;英国、美国、法国、日本、新加坡等国家法律明确规定,住房是公民的一项基本权利。

2. 住房是社会平等权利的一部分

住房保障是社会保障的一部分,是社会保障在住房领域的体现。社会保障理论的基础是公平分配理论。公平就是使全社会成员都能够获得平等发展的机会,享有平等权利,并使弱势阶层能够获得最优先的照顾和最大利益的分配。公平有"纵向公平"和"横向公平","纵向公平"是在承认存在不平等事实的基础上,通过社会保障措施对社会财富进行再分配,使处于相对劣势的社会成员最终逐渐达到与其他社会成员有平等权利;"横向公平"是相同的收入水平能够得到同等的对待。①

（二）关于责任方面的理论

1. 住房保障的首要目标是民生

住房困难是居民根据自身收入无法从市场上取得可负担的住房。国际上一般把住房支出占收入的30%作为负担能力的指标。一般来说,住房不可负担体现在两个方面:一是买不起房,二是租不起房。两者同样基于保持社会稳定的目标,是政府作为社会守夜人的基本职责。买不起房,影响发展问题;而租不起房,直接是社会成员基本生存问题。民生是第一位的,要实行民生优先的战略。

2. 住房保障是收入再分配的重要内容

住房保障是政府对社会成员中不具备基本住房支付能力者进行的居所帮助,实质是政府承担住房市场价格与居民支付能力的差距。② 住房保障是针对居住条件达不到基本住房标准而又无力自助的人群,由国家通过国民收入再分配,保障这部分人的基本居住水平。因此,国家是住房保障制度的责任主体。

（三）关于住房市场的理论

1. 住房过滤理论

住房过滤是指在市场经济条件下,首先是为较高收入的阶层建造住房,

---

① Heady B：Housing Policy in the Developed Economy.London：Croomhelm.1978.

② 刘琳等著：《我国城镇住房保障制度研究》,中国计划出版社2011年版,第2页。

随着时间的推移,住房质量下降,老的房子价格降低;同时新建的住房供应量增大,于是有较高收入的家庭为了追求更好的居住环境,会放弃现有的旧房子,购买新房子,而较低收入的家庭能够继续使用旧房子的过程。由于住房商品有耐久性和异质性,使住房在动态市场中形成过滤。

20世纪20年代,伯吉斯(E.W.Burgess)观察了美国芝加哥市的城市住宅布局后提出了过滤理论,后来发展为一般均衡住房市场的过滤模型。通过对中低收入家庭提供住房补贴,从政府成本的角度衡量,会比政府直接为低收入者新建住房更有效、更节省。过滤模型是以住房市场中住房的非同质性为前提的。

2. 市场失灵

市场失灵理论认为,完全竞争的市场结构是资源配置的最佳方式。但在现实中,完全竞争市场结构只是一种理论上的假设,理论上的假设前提条件过于苛刻,现实中是不可能全部满足的。由于垄断、外部性、信息不完全和在公共物品领域,仅仅依靠价格机制来配置资源无法实现效率——帕累托最优,出现了市场失灵。市场失灵时,为了实现资源配置效率的最大化,就必须借助于政府的干预。现代市场失灵理论认为市场不能解决的社会公平和经济稳定问题也需要政府出面化解。

(四)理论分析

关于权利方面的理论,主要聚焦人的需求。这些理论只是把住房保障作为既定的价值要求确认下来,是基于历史文化的某种结果诉求,本质上是抽象的,无法提供关于解决住房问题的更多思路。应该说,只是一种法权意义上的立论,其真实的理由还是晦暗不明。

关于责任方面的理论,则从政治、社会层面揭示了住房保障对于政治、社会发展的重要意义。所有执政的力量,必须高度重视住房保障的作用,把它作为巩固执政基础的必然要求。从新加坡、中国香港等地住房保障的实践来看,住房对于巩固地区社会融合、形成政治认同都是十分必要的。

关于住房市场方面的理论,则主要是从住房供应角度来提的。该理论撇开了政治社会等方面的因素,只是就住房市场来论证住房保障的必要性。这一理论也是当前主流的理论。但是,该理论除了忽视政治、社会、文化等因素外,最根本的问题是把所谓完全竞争的住房市场作为既定前提,而对于住房作为特殊商品的特点、无法实现供应效率的原因等分析不够，所以其基本的结论只是明晰了政府有责任加大对中低收入家庭住房的供应或者补贴，对于住房保障发展的目标、手段、标准仍然无法提供更多有益的启示。

总体来看，上述诸多住房保障理论只是初步勾勒出了住房保障的必要性、责任主体等方面的一些观点，却无法从根本上应对围绕着住房保障的系统性问题，比如住房保障是短期的还是长期的，住房问题能否根本解决，解决的方式有哪些，解决的目标是什么，需要什么样的内外部条件等。而建构住房保障的理论基础，则需要从根本上分析特定社会阶段的具体情况出发，在分析现象的同时揭示住房问题的本质，从而将住房保障真正奠基在坚实的科学基础之上。

二、住房问题产生的历史和现实渊源

我国住房问题的产生有着深刻而复杂的社会原因。以住房市场化改革为界分为两个时期，改革前的住房福利制度由于人口增长过快和国家重工业发展优先战略导致住房投资规模有限，住房水平长期没有大的改善。本着"先生产、后生活"的原则，住房问题集中表现在两个方面：一是公房作为一种福利，僧多粥少，住房供给有限而需求不断增长；二是公房的低租金带来的可持续发展问题日益突出。因此，从本质上说，改革前的住房问题主要是国家战略选择的结果，是作为低成本社会的表现之一。由于市场和社会发展的不充分，城市化带来的住房问题只能全部由国家来解决，而国家现实的发展策略又决定了住房问题的解决只能是低水平的，在人人享有住房权的追求下导致资源配置上的不公平。

而改革以后，则随着住房商品属性的确认，特别是资产属性的日益突出、急剧城市化随着土地财政的狂飙突进完全改变了住房问题的内涵和外延。这个时期的住房问题开始成为世界各国普遍遇到的问题，即由于市场的外部性叠加拉大的贫富差距，使得住房的可支付性成为突出问题。同时，城市急剧发展带来的产业更新也赋予住房问题更多系统性的特点。在某种程度上，住房问题成为诸多民生问题的枢纽之一。从国内城市竞争情况来看，住房问题越来越成为城市竞争力的决定性因素。在住房问题出现的早期，可能是作为竞争力提高的结果出现，而在后期，则作为竞争力下降的原因出现。公共服务水平的提高，促进了住房投资的兴盛和价格的高涨，而迅速提高的成本又反过来对实体经济发展形成强大的抑制。我们在享受城市化带来的红利的同时，也必须直面一个高成本社会的到来，而这个高成本并不是所有人都可以承受的，甚至可以说，因为事实上平均化的摒弃，就是社会分化的一种结果。因此，住房问题的解决也就混杂了十分深刻的社会和市场的原因，涉及系统性的问题。

目前，随着二次城市化发展，即由小城市向大城市集中，住房问题有加重的趋势。站在跨越"中等收入陷阱"的角度，住房问题的解决实际上取决于如何在既定现实条件下寻找到公平的解决之道。或者出于短期考虑，严格按照"保障的归保障、市场的归市场"原则加大住房保障的供应，提高住房保障的覆盖面；或者着眼于长期，调整社会发展的目标，把"人人享有适当住房"不仅当作一种政府义务，也当作经济社会发展的新平台。而这一选择则决定性地取决于如何看待住房问题，如何找到住房问题的根源，如何确立住房政策的理论基础。

三、从整体来研究住房问题

"住有所居"已经在不知不觉间成为我国基本公共服务的组成部分，这是一个值得庆祝的变化。自住房市场化以来，住房保障基本上是作为房价高涨的衍生物面目出现。凡是房价大幅提高的时期，保障房建设通常也成为政府关注的焦点；反之，则通常较少关注。因此，伴随着中国住房宏观调控的周期性现象产生的，就是保障房建设的周期性现象。而住房保障的政策周期，也基本与之同步。从以经济适用住房为主的住房体系到商品房为主的住房体系，从房地产作为国民经济支柱产业的所谓争议到"房子是用来住的不是用来炒的"的定位，其间见证了中国住房政策的历史变迁和住房保障的高低起伏。但一路走来，我们终于认识到了一个事实，"住有所居"是社会的基本公共服务，它同医疗、教育、养老等一同构成了小康社会的重要特征。

党的十九大报告指出，新时代最突出的矛盾就是人民对美好生活的需要同经济社会发展不平衡不充分之间的矛盾。而美好生活的需要，不仅就其质量上是一种提高，而且在内涵上也是一种深化。原来我们孤立看来只是某一方面的问题，实际上反映了复杂的系统性问题，需要从更高的站位和更广的范围内谋求解决方法。住房问题毫无疑问就是这样的例子。从建立"租购并举"的住房保障制度到构建"租购并举"的新住房制度，住房保障的问题已经从整体住房政策的角度开始着眼，因而也从基本的民生问题上升到国家的战略问题。其解决方案就不仅仅是弥补住房市场的失灵，而是统筹引领整个住房发展的方向。这是一个全新的视角，也是新时代的重要特征。

从整体上来研究住房问题，就要超出过去政府与市场的所谓严格分野，而要使二者更好地结合起来，互相促进。从国际经验来看，既有两者完全隔离的做法，也有合二为一的做法。在合二为一的做法中，既有以市场统筹保障的，也有以保障与市场融合的。细微之处的差别，反映了不同国家政治文化价值的不同取向。所以，确定住房的定位，可能是根本性的东西，即住房发展的目的是什么，决定了住房发展的道路和选择。住房为什么人的问题，就先天决定了在住房问题解决上的战略应对。卡尔·波兰尼曾说我们时代的一个重要特点是经济统摄了一切，所有政治、社会、生活的考虑全部受到经济发展的影响。基于经济方面的考虑，住房聚焦的问题曾经集中在资金、土地等方面，而一旦置换为政治、社会等全方位的考虑，住房聚焦的问题也许就同过去不同了，可能是资源的使用、群众的获得感，也可能是社区的和谐融洽、人的社会化和社会资本的建设等。这将给住房保障带来完全崭新的发展策略。

四、新住房制度的解读

党的十九大报告再次重申"房子是用来住的，不是用来炒的"，并对住房制度提出了新要求：多主体供给、多渠道保障、租购并举。多主体供给，是我国住房供给侧结构性改革的新举措，要创造条件让更多社会资本、社会力量参与住房供给，进一步拓宽住房投资渠道。多渠道保障，是我国解决住房问题的新思路，将进一步增强我国住房方式的多样性、灵活性。租购并举，是构建新住房体系的总方针，将着力于同时发展住房租赁市场和住房购买市场，引导住房需求发展更加符合我国实际，增强人民群众住房的获得感。

这些新提法同构建以政府为主提供基本保障、以市场为主满足多层次需求的住房供应体系的要求既一脉相承，又有新发展。从住房供应体系到住房制度，住房问题的总体解决思路已经从局部到全局、从当前到长远、从政策到制度勾勒出清晰的线条。新住房制度坚持了以市场为主满足多层次需求，从房子是用来住的、不是用来炒的定位出发，统筹了政府和市场，明确了租购并举，着眼于增强人民群众住房的获得感来建立住房市场的长效机制。我们可以预期，随着我国发展进入新时代，有关住房制度方面的探索将拥有一个全新的视野。

北京发展从"城"的发展进入"都"的发展，进入了新阶段。新阶段要求首都住房体系必须满足更加多元的目标，既要有利于疏解非首都功能促进城市布局更加合理，又要有利于提升首都核心功能更好为"四个中心"服务。为此，全市统筹的住房体系将是题中应有之义。

五、住房的历史与功能

住房的历史源远流长。住房在人类历史发展中发挥的作用，越来越变得让人日用而不知。一方面，我们为了在城市里有一个蜗居而身心俱疲；另一方面，住房对于社会和国家的影响越来越成为普遍性的。不仅中国狂飙突进的城市化过程如此，其他国家的城市化过程也是如此。隐藏在住房背后的，到底是时代给我们的挑战，还是人类历史发展长河中神秘的启示呢？

遥想远古初民社会，人类第一次选择穴居时，该是怎样的一种历史飞跃？与大多数动物不同，人类的居住首先是氏族部落聚居的结果。在漫长的历史进程中，因为智人的直立行走和火的应用，人类第一次从自在的存在迈向了自为的存在，而不再是大自然完全被动的生存，从而第一次开始人类对于自身生产和再生产的有意识的保存与发展。人类社会就此起源。居住成为促成部落氏族形成的决定性因素，人类的分工也因为居住而首次从男女之间的分工、简单的生产分工开始蓬勃发展出来。因为聚居，人类可以通过群体的互补特别是集体力量的质变形成了抗衡大自然的力量。联系人类公社模式的实践，其实可以确定一个事实，人类因为集体而强大，也因为集体而促进了分工的发展，又因为分工的发展，使得单个人相对于原始人来说在自然环境下的力量更加孱弱。一方面，我们作为群体日渐强大并最终成为所有物种中的万物之灵；另一方面，离开了社会集体，每个人能力因为分工而日渐衰弱甚至深度畸形。自然而然的一个结果就是，人不能不成为类的存在，不能不成为社会的存在。每个人成为集体和社会机体的一部分，既卑微又伟大。住房在促成我们自身的变化方面，某种意义上甚至是决定性的，也成为几千年以来人类社会的集体无意识。从这个角度说，我们也许能够理解家庭和个人对于住房的那种根深蒂固的心结。

福建的土楼、王家大院等具备防卫功能的住房，实际上可以给我们更多的启示和思考。历史上不是只存在一种住房的模式，就是所谓"风可进、雨可进，国王不可进"家庭私有权利的堡垒——a man's home is his castle。住房在历史上还存在很多模式，或为着家族的存在，或为着集体的互助，或为着市场的交易，不一而足。从本质上说，人类需要住房提供什么样的功能，住房就有着什么样的存在形式。当然，很多形式的存在可能已经不是为了居住而存在，而是成为人类行为文化的某种载体。譬如古罗马的神殿、巴洛克和哥特式建筑、寺庙、教堂等，但即使就居住方式来说，租赁居住、聚居、山林独居、营房等，也还有着复杂的文化社会功能。至于为了投资等经济功能的考虑，也是司空见惯。那么，住房问题所需要的功能到底是什么呢？贯穿于各种住房解决方案的思考中，有没有一种一以贯之的规律呢？

所有关于住房的问题，都是时代性的，它产生于特定的时间和特定的地点。因此，其解决的途径和手段也服从服务于特定的目的。比如，封建时代的所谓养济院、福田院等纯粹住房救济的存在形式，代表了一定社会文明的进步。既跟一定社会的财力有关系，也跟特定社会的价值取向有关联。宋以来，社会发展到了一定阶段，政府有能力关注最底层民众的生活，从而稳固政权。但根本的还是基于治道循环的历史教训，底层民众"无恒产、无恒心"的生存状况时刻酝酿着反抗的力量。为了国家的长治久安，代表一定阶级的统治者也必须以社会持存的维护者身份出现，强调家国天下的一统和安宁。至于历朝历代的寺庙提供的住房保障，其意义也大致如此，可以给无家可归者一条出路，避免这些人铤而走险。当然，最低限度的保障也成为人道之为人道的社会心理根源，历史的积累最终成为社会的某种无意识，保障社会能够作为一个基本的共同体保存和发展。工业时代的住房问题，则成了一定社会生产再生产的前提。按照马克思的分析，有关住房的费用，是劳动力能够长期提供的必要条件。单个资本家可以毫无顾忌地盘剥，但整个社会则必须有力量来确保最低限度的保障，以使整个资产阶级维持其统治和利益。政治总是在经济的边界，确认自己的合法性和合理性。那种放任自流的自由，其实只是一种"我死后哪怕洪水滔天"的幻想。

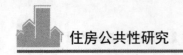

六、租金问题对于可持续运营的影响

（一）租金是公租房体系的核心要素

公租房不同于其他保障房的根本之处在于，公租房的定价原则是按照略低于同区域、同品质的普通商品房价格水平确定的。实践证明，完全脱离市场价格的保障房，比如经济适用房和限价房，最终都因为价格与市场差距越来越大而难以为继。过去福利制度下的公有住房之所以面临巨大难题，也是相同的原因。应该说，通过模拟市场机制，提高公租房的供应效率是发展公租房的初衷。尽管各地执行上有差异，但基本机制不应改变，这是能够保证公租房长期可持续的根本条件。而就市场机制而言，价格是市场配置资源最主要的信号。合理调整租金有利于合理配置住房资源，提高配置效率，最大化实现政策效果。

（二）租金的科学、合理调整是公租房产权单位可持续发展的必要条件

作为公租房长期持续发展的第二个条件，就是运营单位的长期可持续。就一般住房发展的规律而言，住房在存续期间的费用支出，远远大于其建设成本。随着公租房运营成本刚性增长趋势（人工、物料等）的日渐明显，租金必须相应调整。作为租赁性质的住房，不同于产权型住房的关键就是长期运营。所以，后期的持续投入必须有一个稳定的机制，确保住房能够持续保证公共性功能的发挥，从而避免像部分廉租房社区一样成为政府长期的负担。

（三）建立公租房租金调整的长效机制，有利于稳定社会公众的预期，促进住房保障工作稳定发展

公租房首先是作为公共性的存在，而所有公共性存在的影响是极其复杂和长期的。我们现在一些保障房社区出现的问题，比如审核不严、管理失范、问题频出等，根本上与我们忽视公租房作为公共政策载体所具有的公共性影响有关。每一个公共性存在，其客观存在总是作为社会观察政府公共政

策的一个窗口，从这个窗口来选择自身的行为和偏好。如果保障家庭的收入水平和可支付能力逐步提升，而租金不加以调整，就会引导更多的人涌入住房保障体系，从而对准入和退出造成严重挑战。从社会公平上说，也会对政府政策的有效性造成价值上的质疑。所以，只有良好的租金调整机制才能维持政策的初心，促进社会公平正义，鼓励勤劳致富，避免"福利陷阱"。

七、住房政策的社会影响

1. 政策制订应长远考虑，一以贯之，不因社会关注热点变化而变化。公租房政策设计的背景是公共财政不足，需要保障家庭承担部分保障成本，如果租金固化或者调整过慢，将持续加重财政支出负担，陷入不可持续的局面。过去，我们的住房政策稳定性一直不强，除了社会发展阶段性的原因外，主要是我们仍处在改革发展的过程中，对社会事物研究的深度不足，因而很多政策只是着眼于短期效果。随着我国城市化进入深度发展阶段，特别是社会发展进入新时代，人民对美好住房的需要应该成为长期可以预见的一个基本事实。为此，政策要逐步转到长期目标上来，聚焦长效机制。

2. 住房保障政策要致力于实现社会公平与注重效率相结合。在具体的实现过程中要更多采用市场化运作机制，避免过多的行政干预。历史经验表明，政府过度干预价格的领域，往往是资源错配严重的领域。让市场在资源配置中发挥决定性作用，这是我们改革开放以来的一个基本经验。正确处理政府和市场的关系，体现在住房保障当中，就是更加充分地运用市场机制，吸引社会力量参与住房保障。这也是"多主体供应"的题中之义。同时，作为公共性存在，公租房同其他公共住房一样，理应关注多方诉求，在协调多方利益的过程中实现政府政策的社会目标。无疑，住房保障的目标也是多元的，但更好地提高公共资源的利用效率是所有目标中有关高质量发展原则的体现。对于我们这样的大国，在集中资源有步骤解决各种问题的大背景下，效率具有更长远的意义。

3. 政策要有利于吸引社会资本。目前北京的公租房建设采用了市场化融资机制，解决财政资金不足的问题，而且政府也鼓励进一步吸引社会资本投入公共产品供给领域。那么，什么样的机制有利于吸引社会资本？首要的是对于行为的激励，对于市场主体来说，就是能够看到营利的预期。我们的市场经济不断成熟的标志之一,就是市场主体的相关行为更加理性,而非只停留在"适者生存、物竞天择"的阶段。政策应该鼓励相关主体更加关注长期的发展和收益,只有制订和实施符合这种引导要求的支撑措施,才能确保政策的落地效果。比如稳定的金融支持、土地规划方面的政策优惠等。其中,稳定的租金调整机制,是特别重要的一点,这也是很多金融机构参与保障房建设、试图发行 REITs 产品最担忧的地方。只有保证社会资本拥有可预期的长期营利,才能确保公租房项目的吸引力。

4. 政策设计应注重短期目标与长期目标的平衡。目前遇到的"三房"轮候家庭、上访等问题,都是当前的阶段性问题。随着"十二五"时期北京住房保障存量家庭住房问题的逐步解决,关系城市发展的人才住房保障、常住人口住房问题等都将提上日程,所以公租房的政策设计确实要着眼于长远的政策目标。

第十九章　稳步推进基本住房保障均等化

首都经济新常态、城市功能战略调整和社会治理思路变化等对住房保障的影响越来越大。新的五年与过去相比,具有更多不确定因素。随着"十二五"时期大规模保障房建设阶段的结束,住房保障出现了新情况、新问题。只有抓住发展的主要矛盾和矛盾的主要方面,才能实现可持续发展。

一、新阶段主要矛盾是基本住房服务的不均衡

在新阶段,无论是住房保障对象、保障方式方面的变化,还是落实构建新住房制度的要求,最根本的是解决基本住房服务的不均衡问题。

（一）基本公共服务均等化是社会发展到一定阶段的必然要求

1. 20世纪20年代英国经济学家庇古指出："国民收入分配越是均等化，社会经济福利也越大。"二战后，英国的《贝弗里奇报告》明确提出要倡导建立社会保障体系，包括住房保障。

2. 2008年，胡锦涛同志在中央政治局第四次学习时指出，公共服务体系建设要建立在经济发展水平上，协调好覆盖面、保障和供给水平、政府财政能力等关系，关键是创新公共服务体制，形成供给的社会和市场参与机制。

3. 基本公共服务均等化的意义：是科学发展的现实需求——新发展理念要求发展更多关注共享，聚焦人民群众的获得感、幸福感和安全感。为了解决政府公共服务的不充分、不均衡发展与人民日益提高的美好生活需要之间的矛盾，就需要大力推进均等化。这是社会发展对公平和正义的要求，也是公共政策今后一段时期的重点关注方向。

既是促进社会公平正义的重要举措，也是创建服务型政府的重要任务。

（二）公共服务资源的严重失衡是北京住房问题的主要根源

1. 首都城市扩张过程中带来的资源集聚现象。摊大饼式的发展方式以及城市化发展的阶段性特征造成中心城区行政、教育、医疗、文化等资源过于集中，客观上导致城区住房价格高涨和对普通住房服务的挤出效应。

2. 核心区功能过多带来的级差地租现象。功能过多导致土地级差地租现象日趋突出，住房成本不断提高，住房环境日趋恶化。

3. 贫富差距加大导致的住房结构问题。金融与房地产的过度发展，加大了阶层收入差距，住房总量平衡下是居住结构的严重不均衡。

4. 产业结构变化特别是服务业发展带来的超量人口流动现象。生产性服务业和生活性服务业对外来高端、低端人群均有吸附作用，这些人群就业的不稳定带来阶段性居住困难。

（三）基本住房服务均等化的问题在"十三五"时期更加突出

1. 竖向不均衡：社会成员之间的住房服务差异大。京籍与非京籍、高收入人群与中低收入家庭、投资与基本需求等不平衡。

2. 横向不均衡：区域之间基本住房保障差异大。核心区、城区、郊区之

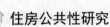

间的住房资源和住房服务不平衡。

3. 治理不平衡：市区之间权利、义务划分问题。市区两级政府在资源处置和政策制订上并不能完全协调，产业布局与空间分布都面临着深刻调整。《北京城市总体规划（2016年–2035年）》公布以后，首都城市的战略调整，将促使治理不平衡的矛盾更加突出。

按照党的十九大精神构建"租购并举"的新住房制度，就必须聚焦主要矛盾。主要策略是坚定不移发展租赁住房，租赁住房是主要矛盾的主要方面。其中最根本的是发展公共租赁住房，公租房是租赁市场发展的牛鼻子，公租房的发展可以起到引领和示范作用。

二、推进均等化的主要方式是发展公租房

1. 发展公租房有利于公共住房资源的均衡分布。新总规的减量发展，对资源的空间分布有很大影响。基于公共目的的公租房，可以放大公共住房资源的外溢效应。

2. 发展公租房有利于基本住房服务的均等化。随着公租房服务内涵进一步深化，将带动相关资源均衡分布，为产业布局调整创造条件，为人口流动发挥导向作用。

3. 公租房有利于全市住房问题的统筹治理。区域住房问题的不均衡，需要公租房作为市级统筹的公共产品发挥更大作用。要在实现公租房可持续发展和提升社区治理的探索过程中，寻找适合首都特大城市治理的模式。

三、更多依靠市场推进市级统筹

（一）新时期推进市级统筹的战略目标

1. 积极推进公租房合理布局，提高公租房对流动就业的匹配度。

2. 积极推进公租房的统一轮候、统一分配、统一运营、统一管理，实现公租房政策全市统筹。

3. 积极推进公租房建设标准化、服务标准化、信息一体化水平，为长期

持有运营夯实基础。

4. 推进公租房统一监督执法体系建设,实现公租房资源的合理公平利用。

5. 推进廉租房、公租房、人才公租房、公租房货币化等政策协调,突出公租房在基本住房保障体系中的主体地位。

（二）加强社会合作提高社会参与是实现市级统筹的条件和前提

1. 推进市区两级住房保障机构合作,调动各方积极性。

2. 推进国有企业合作,扩大土地和建设住宅产业化相关产业链。

3. 推进相关社会主体合作,提升公租房规范化水平。

（三）提高市场化水平是实现战略目标的必然选择

1. 提高投融资服务市场化水平,发挥资金资本优势,形成吸引社会力量、社会资本的体制机制。

2. 聚焦服务,发展生产性服务业和生活性服务业,不断提升公租房对住房需求的吸引力。

3. 突出效率,推进市场参与和市场竞争,形成以政府购买运营管理服务为支撑的市场化供应能力,提高创新能力和运营效率。

（四）坚持政府支持、市场化运作的发展道路

1. 推进绿色建筑实践。加大超低能耗建筑、城市腾退空间再利用、文化保护等方面的研究实践,逐步形成行业标准和行业规范。

2. 规范租赁住房市场构建,为公租房运营创造良好的外部环境,稳步扩大公租房对住房市场的影响力。

3. 完善棚改购买服务,探索老城更新的有效方式,更加关注文化创意产业在城市更新中的积极作用。

4. 高标准建设通州城市副中心,创建保障房展示窗口,持续提高住房保障的影响力。

5. 推进平台化企业建设,整合更多住房保障资源,提高信息化水平,构建新型保障房发展平台。

第二十章　基本住房保障的法律保障

　　着眼于建立完善的符合首都实际的基本住房制度,大力发展公共租赁住房,推动住房保障方式向"以租为主"转变,是首都建设世界城市、应对人口资源环境挑战、促进城市可持续发展的必然选择。

　　目前,随着本市公共租赁住房建设的不断深入,一些深层次问题逐渐显现出来。其中,最关键的问题是发展公共租赁住房的法律环境不完善。北京市已经出台的管理规定都是政府的规章或规范性文件,法律位阶较低,相关规定也不系统,特别是有些关键问题尚不明确,不利于公共租赁住房的发展。因此,急需在立法层面明确相关问题,促进"以租为主"住房保障体系建设。

一、首都住房保障方式向"以租为主"转变

　　目前,北京城市综合承载力处于危急状态,后备土地资源空间已非常有限,大规模建设产权型保障房面临着诸多制约。而随着近年来征地拆迁成本提高和建材价格上涨,保障性住房建设成本不断提高,而定价仍要考虑购房家庭的负担能力,售价和成本倒挂,需要巨额政府补贴。加之产权型保障尚未形成封闭运行机制,资源难以循环利用,产权型保障难以持续。

　　因此,采取"以租为主"的住房保障方式是唯一选择。租赁型住房保障相对于产权型保障更加公平。通过统一定租、差别补贴方式,收入越低的家庭,补贴越多,获益越多,同时不存在资产收益,避免了拉大与未享受住房保障家庭的巨大获益差距。租赁型住房保障效率更高,通过租赁型住房资源流转,能够持续为解决住房问题提供稳定供应。因此,建议从立法上明确"以租为主"的住房保障方式,建设符合首都特点的住房保障体系。

二、住房保障目标是保障基本居住权利

根据 2012 年我市国民经济和社会发展统计公报，全市城镇居民人均住房建筑面积为 29.26 平方米，多数城镇居民住房问题已经得到解决。因此，公共租赁住房的保障对象主要为原"廉租住房、经济适用住房、限价商品房"轮候家庭（约有 13 万户）、新就业职工和稳定就业的外来务工人员。这部分中低收入家庭无法承受市场租金。而根据我市新建商品住房不同户型结构分析，70 平方米以下户型的需求为 11.6%，而供应只有 6%，市场缺乏小户型住房，加剧了中低收入家庭的住房困难。因此，为解决住房困难，保证"住有所居"，公共租赁住房只能多建小户型，满足基本住房需求。

目前，我市公共租赁住房来源主要有三个：一是商品房配建的，如远洋沁山水项目；一是国有企业利用自有用地建的集中公共租赁住房，如京原家园项目；三是原有的经适房或限价房转为公共租赁住房，如海淀苏家坨项目。这些项目一方面建设较早，有的在《公共租赁住房建设技术导则（试行）》出台之前，有的则由别的类型转过来，在"保基本"上多少存在一些问题。一是在功能上，有的厨房、卫生间较大，而卧室较小，不利于节约空间；有的没有阳台，满足不了租户的晾晒要求；还有在户型上，零居比例较高，不利于家庭未来发展。二是在配套设施上，或者不健全，满足不了衣食住行需要，或者超出基本需要，比如配置高档的车库，与租户使用习惯不太吻合，或者共用设备过于先进，维护成本较高等。三是小区规划上，缺失一些基本的生活设施，比如垃圾收集站等。这些问题对于后期运营管理都或多或少带来一些困扰。因此，建议在立法中明确住房保障的标准是"保基本"，制订严格的准入标准，确定基本住房标准，并根据本市经济发展水平逐步提高非京籍准入标准，以与当前的市情相匹配。

三、住房保障体系核心在全市统筹

根据《北京市"十二五"时期社会公共服务发展规划》，本市把基本公共服务及其均等化作为发展目标。在住房保障领域，也面临着如何实现基本住房服务均等化的问题。借鉴中国香港和国外经验，有必要统筹考虑城市的

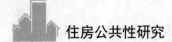

人口资源环境,为全体市民提供"底线均等"的住房保障。

从本市目前的情况来看,一方面仍然强调住房保障"以区为主",各区县根据自身轮候情况确定公共租赁住房发展计划,由于各区土地、资金等条件各不相同,造成住房保障水平极为不均;另一方面,已经成立了市保障房中心来发挥市级统筹的作用,如何和各区进行合作和协调还面临很多挑战。特别是土地供应方面,必须要各区提供计划,而这严重限制了根据全市轮候情况来合理安排公共租赁住房发展计划的可能性。尽管市住房保障办公室给予市保障房中心巨大的支持,但与"以租为主"住房保障方式配套的全市准入、轮候配租、入住监管、运营管理等制度尚不完善,市级统筹难度较大。特别由于租赁型保障,面临着为非本区人员和非京籍人员提供基本公共服务的问题,全市统筹更是势在必行。为此,建议明确住房保障的发展方向是建立全市统筹的基本住房保障体系,在继续推行"四房统一"基础上,明确市住保办、市保障房中心、区级住房保障部门、区级公共租赁住房运营机构的职责和权利,严格相关主体法律责任,推动全市统一的住房保障体系的建立和完善。

四、公共租赁住房租金必须动态调整

如何避免公共租赁住房发展不可持续,陷入传统公房管理的老路子,关键在于租金定价和调整机制的建立和完善。公共租赁住房同产权型保障房不同,持有单位要长期持有。这一方面要依靠土地低成本、税费减免和配套商业收入的反哺,另一方面要依靠租金随着市场租金的增长而同步调整。2005年以来,我市租赁成交活跃的区县,平均租金季度环比涨幅均值为2.84%,近两年,还有加速趋势。一方面市场租金增长过快加剧了公共租赁住房的需求,另一方面公共租赁住房租金的优势也逐渐体现出来,为公共租赁住房租金调整留出了空间。

现有公共租赁住房租金定价原则是按照略低于市场租金水平确定,但是由于租赁市场租金波动剧烈,如何确定市场租金存在困难;对于同一个项目不同时期入住的租金定价,也还没有完善的办法。至于租金调整,调整幅度大小,迄今也无定论。就市保障房中心公共租赁住房的收购来说,20%资金依靠财政投入,80%依靠市场融资,目前可以争取的最长期贷款为15年,如果 15 年期满后再续一次,达到 30 年,则为满足偿还贷款利息要求的最低租金增长率为 2.3%,考虑运营成本增长问题, 3%～5% 比较适宜。这样的租金调整幅度,略相当于市场租金涨幅的 1/3,调整难度将大大降低。因此,建议确定目前的租金定价原则,公共租赁住房租金按照略低于市场租金确定,明确租金调整幅度为市场租金变动幅度的 1/3,一般两年调整一次,为公共租赁住房长期持续发展奠定经济基础。

五、明晰公共租赁住房退出的法律机制

公共租赁住房的退出问题,关系到"以租为主"住房保障体系的生死存亡。如果不能实现公共租赁住房的有效退出,公共租赁住房资源的滥用将不可避免,会像以往的直管公房一样变相成为福利房。

目前,公共租赁住房退出面临的主要问题是相关政策规定的操作性不强。如按照本市公共租赁住房管理办法,承租家庭不符合承租条件暂时不能腾退承租住房的,租赁合同期满后给予 2 个月过渡期,过渡期内按同类地段类似房屋市场租金收取租金。过渡期届满后承租家庭仍不退出承租住房的,按房屋产权单位规定的标准收取租金,具体在租赁合同中约定;拒不退出行为记入信用档案。虽然赋予产权单位解除合同的权利,但按照合同,采取直接从工资卡划扣租金或者暂停水电卡有效期等都不现实,记入信用档案威慑作用不大。采取诉讼手段解决,既费时又面临执行难的问题。

公共租赁住房退出标准不能等同于准入标准,要适当宽松,特殊情况下,如困难群体可以获得一定的补贴。但是,符合退出条件而拒不退出的,必须严惩。在中国香港,退出标准一般为准入标准的 2～3 倍;对于长者(老年人),标准更低。对于符合退出条件的,不退出会面临巨额罚款和 6 个月监禁。同时,房屋署还有执法权,中国香港房屋条例赋予房委会采用必要武力强制解决的权利。为此,建议立法明确退出程序,在过渡期后仍不退出的按照侵占公共财产论处,严惩不退出行为;同时,赋予市保障房中心日常监管的法定职责,经住房保障部门确认后,对于符合退出条件又拒不退出的,经立案后可以申请法院先予执行,从而为公共租赁住房长期发展提供坚强的法律保障。

六、完善公共租赁住房社会管理体制

公共租赁住房小区的管理特点,可以归纳为"一多二散三杂四长"。"多"是人口多,因为户型小,小区人口规模相比同样规模的商品房小区更大,公共服务提供难度也更大。"散"是分布散,公租房采取集中建设与配建相结合的方式,项目多,分布散,管理成本比较高,管理协调难度比较大。"杂"是对象杂,承租对象职业、行业、年龄、背景各异,同时,中低收入家庭本来就属于社会管理的难点对象,利益表达、纠纷处理均非易事。"长"是时间长,建设和投资都是在项目运作的初期,而管理贯穿整个运营管理全过程,租赁管理涉及的内容广泛,如何建立和谐社区,需要各方面齐抓共管。

目前,我市已经公开配租的公租房小区,运营管理已经出现一些问题,比如租金欠缴、邻里纠纷、子女入学难、户籍管理难等,建议明确公共租赁住房社区社会管理的责任主体为属地街道和居委会,明确纠纷协调机制,加强社区管理的投入,充分发挥政府作用,为建立和谐社区奠定良好的制度基础。

七、建立公共租赁住房发展长效机制

作为城市发展的稳定器,没有长效机制的保证,基本住房保障体系难以持续。建议将目前行之有效的政策支持,通过法律形式固定下来。

一是在资金支持上,目前主要的来源是土地出让金净收益的10%、住房公积金的增值收益和部分财政专项资金。来源不稳定,随着经济状况的变动而变动,无法为公共租赁住房提供稳定的资金来源。实际上,在经济下行情况下,个人可支配收入减少,更需要解决中低收入人群的基本住房问题,而资金来源却是越来越少,这会使矛盾更加尖锐;反之,在经济稳中有进的情况下,个人可支配收入会增加,住房保障需求会减少,而资金来源却越来越多。两者之间,形成了一种张力,不利于住房保障体系的稳定发展。特别是在北京这样的大城市,城市经济正在转轨,城市化进程加快,第三产业所占比重越来越大,住房需求增长迅猛,土地资源有限,对土地出让金的依赖也会越来越小,如何保障公共租赁住房资金来源将成为首要问题。建议明确公共租赁住房建设发展的稳定资金支持,公共租赁住房专项资金应不少于当年财政支出的2%。

二是在土地支持上,为支持公共租赁住房长期持有,继续坚持划拨方式实现低成本或零成本供地。特别是根据城市功能区规划,结合交通发展和产业布局优先预留公共租赁住房土地,以形成全市公共租赁住房的合理布局,为产业发展和核心城区人口疏解奠定坚实基础。

三是建设支持上,坚持大市政配套先行原则,根据公共租赁住房特点,在部分规划指标上适当调整,增加相关配套设施,兼顾公益性和市场需求,以集约用地,提高资源利用效率。完善现有建设技术规范,推广公共租赁住房住宅产业化,加强质量监管,为后期管理打下良好基础。

四是税收支持,建议确定目前已经出台的公共租赁住房建设、运营过程中的税费减免和税收优惠政策,鼓励民间资本参与公共租赁住房建设。

第二十一章　京津冀协同发展下
北京市棚户区改造问题探讨

一、棚户区改造战略定位

（一）棚改在世界历史发展中的长期性

从世界历史的角度看,棚改是各国特定阶段普遍存在的问题。在世界城市化和工业革命发展的不同阶段,由于城市人口和工业的集中,级差地租现象凸显,城市中心出现贫民区具有历史必然性。因此,棚改不是一时的任务,而是世界历史长时段发展中要解决的问题。

（二）棚改在城市发展逻辑中的必然性

从城市发展的逻辑来讲，根据产业发展阶段的不同，城市本身的发展具有不同的形态。当经济发展处于重化工业阶段，城市化主要体现为规模集中趋势，资源、交通、人口向中心城市和城市中心集中，而随着产业变化，特别是第三次工业革命发展，产业格局趋向于分散分布式，城市功能必然要随之变化。而北京作为首都，人口资源环境的恶化，严重影响首都功能的实现，所以产业转型无论是理论逻辑还是实践逻辑，肯定要有一个调整。从保持首都可持续发展来说，棚改是保持城市活力的重要措施。

（三）棚改在京津冀协同发展中的作用

京津冀协同发展是个系统工程。多元目标赋予棚改更大的广度和深度，如何在区域发展中实现住房保障目标，棚改无疑是一个重要的抓手。自古以来，人口迁移都是重大历史事件。顺利实现首都功能疏解和人口疏解，产业、人口、资源、服务、文化等都需要协同推进，这是市场逻辑下不可能完成的任务。必须政府、市场和社会共同协作，才能获得成功。而这种实践，对于构建新的治理体系具有先行先试的实验意义。

二、棚户区改造目标梳理

首都棚改目标很多，不能仅仅局限在改善民生、疏解功能等方面。北京的区域差别、资源格局、服务水平等对棚改都有重要影响。主要有以下四个方面的目标：民生改善、城市更新、经济发展、文化传承。

（一）民生改善

民生改善是党和政府的重要目标，是建设小康社会的首要职责。改善城市公共设施，缓解交通拥堵，防止环境恶化，保持人口规模，无疑是政府强力推进棚改的根本动力。民生保障事关社会稳定、人民幸福，必须从政治高度看待棚改。

（二）城市更新

面对首都城市发展的超大型化，如何保障和谐宜居之都建设？关键要有战略视野和历史眼光，通过棚改实现城市有机更新，真正落实科学发展观和五大发展理念。

（三）经济发展

经济发展只是潜台词。经济社会发展的新常态要求政府要更有作为。棚改作为多元目标复合体，能够发挥一石多鸟的作用。

（四）文化传承

北京是历史文化名城。文化既是凝固的，更是鲜活的，不断在传承中发展变化，每个阶段都具有自己的特征。中华人民共和国成立后北京有两个发展思路：一个是在旧城基础上发展工业化，改善人民生活；另外一个是保护旧城、重建新城实现现代化城市功能。实践证明，后者是正确选择。

今天，所谓的大城市病和古都风貌保护的严峻形势，迫使我们必须高度重视从文化的角度来保护旧城，实现文化传承，延续文脉。

三、棚户区改造途径和策略

目标决定道路，目标决定策略。棚改以后，腾出土地的用途决定我们现在采取什么方式和策略。

（一）基于政治目标的选择

政治就是大家的事，既包括民生也包括文化。城市建设需要各方面的投入，政府投一点，企业投一点，老百姓投一点。

本质上，政治目标就是顺从民心民意，谋求民生福祉。不能总把焦点放在政府投资以后的收益上，应该有新思路。就是说，在政治目标的实现上，应以政府为主，通过政府投入，尽快实现民生改善、环境改善。棚户区的存在，既是城市市容上的缺陷，更是政府工作的短板。

发展经济的最终目的，还是民生。政治目标是棚改的首要目标。

（二）基于公益目标的选择

任何一个政府、任何一个城市都有公益目标。维持城市基本运行，是政府基本的公益追求。由于城市扩张过快，城市基础设施、公共服务等都存在既有欠账。北京城市脆弱的一面，在重大灾害面前表露无遗。而棚户区无疑是脆弱的环节之一，事关人民生命安全。所以，从公益角度看，应有效运用城市基础设施投资的成熟手段，调动市场机制去提高基础设施和公共服务水平。

（三）基于经济目标的选择

社会主义初级阶段的主要任务是解放生产力、发展生产力。经济发展是获得政治合法性的重要方面。在棚改方面，政府投资要发挥导向作用，引导和吸引社会资本和力量投入棚改。在能够实现自身平衡的棚改项目上，政府应采用政策引导、资金支持等方式，更多通过 PPP、BOT 等模式，激发社会资本的活力去解决棚改问题。

四、棚户区改造难点分析

北京市棚改难点，主要有以下几个方面。

（一）公共服务均等化问题

北京棚改选择原地回迁的较少，异地安置较多。输入区和输出区矛盾凸显，除资源不均外，公共管理水平也存在不小的差异。文化认同和社区融合度都成为难点问题。不同区域公共服务水平的差异，导致棚改以后的生活成本增加，方便度下降，生活体验变差。由于中心城区教育资源、医疗资源特别集中，使得异地安置意愿降低，棚改推进困难。

（二）产业发展不同阶段下的空间变迁

北京经济进入新常态日趋明显。产业结构转型加剧空间布局调整的紧迫性。之前，以城市工业为主的产业布局，受行政计划因素影响较深。而随着服务业的发展，市场自发形成的区域物流等产业，导致原有空间布局矛盾激化,棚户区生活环境急剧恶化。如果不通过市场因素引导适合服务业发展的产业空间发生变化,单靠行政力量实现疏解,并不具有长期合理性。应发展有利于分散资源布局的产业,如分享经济、创意产业等,从而在顺应产业发展潮流中推进棚改。

（三）行政体系对资源的支配

政治中心对资源支配力度很大。不同行政区的资源要求不一样,城市越大,拥有财政力量、建设市政能力越强,对应能力增长越快,随着城市发展越来越快,城市区域增大,小城市被大城市吞并,大城市被超大城市吞并。摊大饼式发展,使得城市边界虚化。谋求京津冀协同发展,不能沿着过去的道路继续走,而应努力实现京津冀城市群的发展,培育更多中小城市。京津冀协同发展不是只有一体化方向,更有差异化的方向。要从产业链、价值链的高度,突出资本在空间布局中的作用,充分利用市场机制和手段,构建分工协作的空间布局。

五、构建棚户区改造长效机制

（一）政策体系

在京津冀协同发展的大背景下,用创新的思路来进行棚改工作,需要政策支持。传统政策体系习惯于以各区为单位,一区一策,发挥、推广各区优势,既有区域广大的原因,也有公共服务缺乏统筹的原因。这些政策极大影响了百姓的预期。在缩小城市规模基础上,强力推进政策统筹。就棚改而言,必须推动全市统一行动,改变目前一区一策的状况,避免互相攀比。在整个京津冀协同发展下,资源流动和人口流动都将加快,明确政府鼓励、政策支持的顶层设计至关重要。

（二）标准体系

现在各区各项工作都有不同的标准,怎样把这个标准做好?不管是服务还是管理,都要有明确标准。例如,从西城区疏解到昌平区,昌平区的服务水平和西城的服务水平不一致,西城区百姓享受的服务和昌平区百姓享受

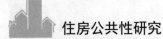

的服务不一致,因此必须在安置、后期管理方面明确标准。要通过典型主体的成功经验,逐步规范棚改操作的具体流程,通过示范区的示范作用,明确棚改主体的准入标准。在区政府的主导下,打造出北京市主力棚改主体,通过专业化操作,在金融支持、项目运作、房源筹集、后期管理等方面形成标准流程和验收标准,有步骤推进公共服务均等化。

(三)规划体系

棚改安置后的土地利用,是棚改核心问题,直接影响百姓预期。要改变将后期土地利用同前期棚改隔离的做法,允许百姓参与未来土地利用。规划方案要更多地征求原住民的意愿,使得城市发展与自身的牺牲联系起来。很多征地拆迁问题,之所以出现合理与不合理的补偿问题,主要是未来土地利用人为造成上下对立。要切实从环境改善和历史文化名城保护角度研究规划方案,尽可能在发展相关产业时,安排原住民的就业问题,使得棚改成为改善百姓生活的机会,避免产生被抛弃的疏离感。

(四)运作体系

棚改欲吸引社会资本投入,必须解决社会资本回报问题。棚改的运作体系,必须让大家看到收益在哪里,有没有提供一个好的营利机会。关键是棚改服务的价格问题。通过合理的评估体系,把包括经济效益在内的综合效益估算出来,并予以有吸引力的价格,才能吸引社会资本。作为PPP模式落地的前提,就是给社会资本一个合理的投资回报预期。

(五)社会体系

棚改是综合性整治,涉及社会管理的方方面面。无论是疏解还是运作,都要有完整的社会保障计划和社会保障体系的支持。棚改与社会保障体系相比仍然不是一个长期的保障,社会支持能力和生活保障水平不足,应该如何进行下去还有待商榷。应该多关注居民的财务问题,兼顾居民的短期和长期利益。要真正了解居民的真实需求,而不是我们觉得这样做了,然后他们幸福了,其实不然。要更多从居民角度,从城市各个管理主体、服务主体的角度去考虑各种需求,加强对策研究,提升效率,加快节奏。

六、棚户区改造、人与住房的文化功能

老城棚改工作将重新审视"人"这一主体。棚改工作的核心仍是一个政治问题，是如何能在保证民生的同时完成政治文化目标，如何做好新时期的群众工作，如何营造"人民的城市"，如何在老城居民中培养信任，形成统一期望，在共同的价值观基础上，将老城居民组织起来。多元利益需要一个能够相互协调的机制。要"安置"的不仅仅是作为经济意义上的人，不能满足于停留在"居住补贴"的简单层面，而要使居民的就业、就医、就学、生活能够得到长期的保障，满足人民群众对美好生活的期盼。要"改造"的也不仅仅是区域的环境，不能再停留于"砖头"的替换，而是通过留白增绿，增加公共空间，增加公共服务设施，增强群众的获得感与满足感。根本上，老城的更新是要应对新的时代对于城市功能的要求、应对人对环境的新的认知，从物质和文化等层面全方位实现生活方式的变迁。这个过程不应该是疾风暴雨的，而应该是潜移默化长期持续的。所谓"有机"，就意味着内生，意味着吐故纳新一样的自适应，意味着在改变环境的同时慢慢改变人。世异则事异，城市的发展与人的发展应该是和谐共生的。基本内涵则根基于城市的多样性和公共性。

老城棚改工作需要长期运营。内城棚改要彻底转变旧城改造时期的改造方式，杜绝兴建高楼、杜绝突破容积率、杜绝通过出售住宅回笼资金。对老城的疏解、整治以及提升，是一项不应该追求营利的公益事业，是一项集人口疏解、环境整治以及功能提升的综合性事业，绝不可能"毕其功于一役"，而是需要长时间、多方面的探索、挖掘和运营。老城棚改工作的探索，应该作为我国城市发展、城市更新的宝贵经验加以总结和传承。

未来老城棚改工作任务的公益性、复杂性、长期性，决定了未来棚改工作必定是以棚改主体为核心。在过去一个时期内，老城棚改工作的推进是以项目为核心，但在新时期的大背景之下，棚改工作已经不再具备以项目委托方式开展的条件了。区域的规划开发，优先于个别项目的开发。过去那种小而全的开发方式，应当让位于总体规划以后的分阶段实施，而每一个实施过程都是整体工作不可分割的有机组成部分。要坚持自愿的原则，在各方长期磨合和价值认同前提下，共同完成城市的更新与变迁。在这里，每一个相关方都不应缺席,而应基于对历史的责任感,为老城的保护和文化传承做出贡献。新的时期,长期发展的运作主体应该成为统筹老城棚改区域、推动老城疏解整治促提升的抓手,协助落实老城的历史文化名城保护策略,突显北京历史文化价值和古都风韵。

老城改造不仅仅是住房位置变迁和更新改造,更是一种新的城市核心区可持续发展模式的探索。在"人文北京"的指导下创新人口疏解模式,关键是发挥住房的文化功能,实现住房可持续发展,从而有序实现城市更新和功能调整。

下篇：公共性与其他国家和地区的公共住房

第一章　中国香港社会的稳定器

——住房政策和公屋发展

去过中国香港的人，对中国香港的房价都有切身体会，每平方尺 1 万多港币的价格，让人叹为观止。房价就像铜锣湾鳞次栉比的高楼，展示着极尽奢华和淹没个人的力量。但是，普通的中国香港人倒并不担心，大抵是因为还有公屋。目前，中国香港近 50％ 的人居住在公营房屋里。毫不夸张地说，公屋是中国香港社会的稳定器，没有公屋六十年的发展，一半中国香港人有可能会流落街头。发展中的中国香港公屋，支持了中国香港经济的起飞，也成就了中国香港世界金融中心的地位。

在 1954 年港英政府对住房市场进行大量干预之前，中国香港住房主要是私营部门提供的，政府采取"自由主义"政策，只进行最低限度的干预。"二战"以前，中国香港人口规模很小，大概不超过 60 万人，而且流动性很强，这种流动性和中国内地政局密切相关。当内地政局恶化，人们纷纷迁移中国香港，一旦政局正常化，人们又纷纷返回内地。解放战争时期，大量移民流入中国香港。中国香港人口在 1945—1950 年，增长到 240 万人，增长近 4 倍。人口的急剧增加，导致私人公寓过度拥挤，住房短缺问题十分严重。从 1947 年开始，寮屋（非法占地的以铁皮及木板等搭建的临时居所）住户现象极其严重。在屋顶、地铁和已建社区的山坡上,寮屋区比比皆是。寮屋区带来的公共健康威胁、火灾隐患、居民暴动危险和私人租屋高房租一起成为了严重的社会问题。

1951 年,专门为低收入和中等收入家庭提供住房的中国香港房屋协会成立。政府提供了 250 万元贷款,同时按市场价格的 1/3 提供土地。两年间,协会为 8000 位居民提供了住房,但大部分是中等收入家庭。从罗尔斯的公平观来看,让中等收入家庭受益而忽略穷人需求的政策,是不公平的。但当时中国香港普遍的"难民心态",提高了对住房的忍受力,所以并没有给政府造成太大压力。1953 年圣诞夜的石硖尾大火,导致 53000 人无家可归。突发住房危机一下子突破了人们的忍受极限,由住房问题带来的社会危机成为火药桶。当时,如果政府不对遭受火灾的人进行救助,将会导致社会动荡,威胁到政治和社会稳定。1954 年,政府成立了徙置事务处,负责安置大量寮屋住户。由于火灾受难者每天的援助成本为 5 万港元,选择为受难者直接提供住房帮助显然更划算。安置住所的租金十分低廉,约 11 平方米的房间每月租金只有 10 元。但安置房屋并非真正公屋,寮屋住户并不是居住条件最差的。那些居住在私人租屋里的穷人,条件更加恶劣,22% 的人均空间少于 1.48 平方米,48% 的人均空间少于 2.22 平方米。这也说明,政府在 20 世纪 50 年代住房干预只是出于政治的原因,而不是出于公平的考虑。

1961 年,政府引进廉租房项目,那些每月收入低于 500 港元、生活在不合格和过分拥挤住房里的家庭,可以申请廉租房。但是廉租房规模较小,1964 年寮屋安置住房和廉租房比例约为 17∶1。同时,廉租房也并不是主要为穷人服务的。霍普金斯(1968)调查显示,47% 的廉租房家庭月均收入高于 500 港元上限,1/5 是白领。保障低收入家庭只是名义上的,住房公平并没有落到实处。

1973 年,根据新房屋条例组建的房屋委员会成立,专责发展公屋,执行新任总督麦里浩的十年建屋计划。1978 年,政府鼓励私人机构参与十年建屋计划。从 1973 年到 1980 年,政府建造了 119177 个单位,解决了 713935 人的居住问题。十年建屋计划需要的大量土地也带动了新界发展,荃湾区、青衣岛、葵涌等迅速成长为新城镇。但计划在十年间满足住房基本需求的目标太过遥远,移民的大量涌入和石油危机、建筑业过热等事件严重迟滞了公屋的发展。1980 年,十年建筑计划宣告失败。尽管如此,住房公平作为主要的考虑因素，终于纳入公屋的发展进程，确保质量、改进设计和完善管理成为十年建屋计划的显著特点。住房公平不仅成为进一步巩固政治稳定的手段，也成为进一步促进经济发展的手段。在20世纪70年代，中国香港工业化进程加速，提供稳定的、高素质和熟练的劳动力成为确保竞争力的必要条件，良好的社会服务特别是公共住房服务成为中国香港经济的重要推动力。

1987年，中国香港颁布住房长期发展战略，中国香港住房政策的公平特征进入了一个新的发展阶段。私人机构优先发展战略获得通过，政府主要依赖私人住房部门满足住房需求，"居者有其屋"计划成为住房政策核心。鉴于1997年中国香港主权要移交中国，港英政府不再重视所有公共服务，包括发展公屋。与此同时，20世纪八九十年代，中国香港从工业中心转变为商业中心，保障廉价劳动力租住的公屋重要性大大降低，中产阶级代替蓝领阶级成为经济发展支柱，资助中产阶级自置居所成为政府偏好。中国香港回归后，特区政府延续了过去的住房战略。因为对特区政府来说，居屋可以带来家庭凝聚力，增强对中国香港的认同感、责任感，还能促进社会稳定，培养归属感。1998年，董建华在首次政策声明中承诺每年在公有和私有部门建造85000套公寓，以期在2007年使住房拥有率达到70%，并要求在2005年将租住公屋的轮候期限降低到三年。

1997年亚洲金融危机以后，中国香港房地产市场逐渐崩溃，住房价格下降60%，负资产抵押问题严重冲击了中国香港经济。2002年，特区政府住房政策发生重大变化，逐步减少政府对住房市场的干预，转而把帮助无法承担私有出租房屋的低收入家庭作为特区政府住房补贴的要点。居屋计划被取消，次年居屋公寓建造和销售被终止。公屋又重新回归了基于住房公平的政策目标，尽管这种结果只是政府稳定房地产市场的副产品。

回顾中国香港住房政策发展历程，公屋始终发挥着社会发展稳定器的作用。无论从政治上考虑社会稳定，还是从经济上考虑经济发展，客观上发展公屋有助于在中国香港人民之间建立社会安全感，有助于社会融合。住房问题从来不是一个简单的经济问题，无论选择政府干预还是自由主义的放任政策，都必须考虑由住房问题引起的一系列社会问题。卡尔·波兰尼曾经发出振聋发聩的建议，必须让经济问题嵌入社会之中。处在转型期的中国，确实应正视这个建议。随着社会主义市场经济的发展，中等收入阶层

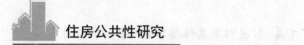

利益诉求日益高涨,必须从保障住房公平的角度综合考虑住房问题。这既是中国香港公屋发展昭示给我们的经验,也是中国实现"住有所居"的现实要求。

孙中山先生曾经提出两个主要的民生目标,一是"耕者有其田",一是"居者有其屋"。如果说,前者已经得到较好解决的话,后者还有很长的路要走。从大规模的棚户区改造到构建包括廉租住房、经济适用住房、限价商品住房和公共租赁住房在内的住房保障体系,我们已经对解决住房问题进行了深入探索。但我们始终不得不面对这样一个现实,中国社会正日益成为一个经济社会,经济因素的考虑始终占据着主导地位。如果说日益重视民生问题隐含着缓解社会矛盾、追求社会和谐的话,那么回归住房公平的住房政策还远没有成为社会共识。特权房、腐败房、房叔、房姐、房价高涨、暴力拆迁……一系列随着城镇化进程发生在房地产领域的悲欢离合,无不凸显一个冰冷的事实——住房正成为一个不断拉大而非缩小贫富差距的推手。一个日渐撕裂的社会,一个加速溃败的社会,一个阶层日益固化的社会,亟须一个面向未来全面逆转的契机,以期重新打造一个民众的中国梦,促进社会融合,凝聚社会共识,增强社会活力。笔者以为,这个契机就是重建一个提高民众幸福感和安全感的教育、医疗、住房和社会保障体系。这是作为社会守夜人的政府勉力实现公平正义的天职。

1973年,港英政府在对立法委员会的公开声明中,明确将教育、医疗护理、住房和社会福利作为社会的四大支柱。正是在这一年,中国香港房屋委员会成立,中国香港公屋发展开始取得长足进步。中国香港施政理念的变化,提供了公屋发展的契机。公屋发展的历史,也很好地诠释了施政理念。当前,北京市政府明确提出"民生优先",要把保障和改善民生作为建设发展的出发点和落脚点,深入推进基本公共服务均等化,切实解决人民群众最关心、最直接、最现实的利益问题,坚决维护首都社会和谐稳定,不断提高发展的包容性,让人民生活更加幸福美好。悄然变化的施政理念,必将为北京市公租房带来难得的发展机遇。

第二章　中国香港房屋委员会的昨天和今天

　　中国香港公屋 60 年的巨大成就和香港房屋委员会（以下简称房委会）是密不可分的。在香港房委会成立之前，港英政府先后成立了香港房屋协会（1948 年）、徙置事务处和工务署下建筑处（1953 年）、屋宇建设委员会（房委会前身）（1954 年）、房屋问题委员会（1965 年）等，分别承担公共房屋的规划、建设、分配和政策统筹工作，没有完整的政策设计。1972 年，十年建屋计划公布，为达到目标，政府整合了此前分布在不同机构中发展公屋的职能，并以《房屋条例》赋予新的房委会以统一的权力和职能。可以说，真正意义的中国香港公屋，其完善的政策设计是以 1973 年《房屋条例》的订立和香港房委会的成立为标志的。

　　经过整合后的房委会，负责规划和兴建公共屋村，为房委会所定并经当时港督批准的各类人士提供居所。此外，亦担任政府代理机构，负责管理全港公共屋村，包括平房区、临时房屋区及临时安置所，并负责管理寮屋区。根据《房屋条例》，房委会还有就一切与房屋政策有关事宜向政府提供意见的职能。自 1973 年以来，《房屋条例》经过多次修订，房委会职能逐渐扩大，除了发展公屋之外，1977 年起负责发展居屋计划和决定私人机构参建居屋的购买资格，1988 年新的自置居所贷款计划、临时房屋区和平房区的直接财政责任也交付房委会承担。近年来，房委会在特区政府应对商品房市场过热的过程中，也发挥了积极作用。可以说，职能不断扩大的房委会在整个中国香港公共房屋政策体系中居于核心位置。

一、房委会在特区政府房屋管理管制架构中的位置

　　在中国香港特区政府有关房屋管理的架构中，与发展公屋有关的机构

有运输与房屋局、房委会和房屋署。

房屋局与房委会：1988 年 4 月 1 日之前，由政府的房屋司负责与房屋有关的政策事宜，并以公职身份任房委会主席。1988 年 4 月 1 日房屋科解散之后，政府没有任何决策部门负责监督房委会工作。房委会与政府就政策事宜的沟通，是在总督会同行政局与房委会主席层面进行，实施细节则由房屋署与其他决策科／部门磋商拟订。1994 年 11 月 18 日，房屋科重设之后，房委会与政府在政策和推行层面的沟通，就通过房屋科进行。1997 年以前，房屋科在建造公屋方面的角色，是协助房委会取得发展公屋所需土地，以及预测长远房屋需求。1997 年以后，房屋局担当更重要角色，从宏观和策略性角度制订公营房屋政策，并确保房委会审定的政策与政府本身的房屋政策和策略一致。而房委会则制订运作方面的政策，并在政府策略性架构下，推行公营房屋计划。

房委会与房屋署：房屋署是房委会的执行机构，负责实施房委会制定的政策。除投诉小组以外，房委会下属各小组委员会均有房屋署代表。向房委会及其下辖小组提交的所有文件，均由房屋署人员准备。在提交之前，文件必须在每周一房委会主席例会上予以讨论和审批。房屋署署长在辖下部门职责范围内向房委会主席负责，署长工作表现也由房委会主席撰写。房委会主席专注政策和小组委员会层面的工作和对外事务，房屋署署长则专注房屋署的日常运作。有关房屋署人事事宜，属于房屋署权责范围，由于房屋署员工是公务员，房委会无权干预他们的任免。

房屋署与房屋局：房屋局负责整体房屋政策，但不负责监察房署工作。在程序上，房屋署拟定和提交房委会及其小组的文件，均无需经房屋局审批。但实际上，房屋署如认为有关文件涉及主要政策事宜，都会事先把草稿送交房屋局征求意见。房屋署依赖房屋局做出统筹，与其他政府部门商讨有关公屋发展事宜，房屋局协助房屋署解决有关个别工程项目和用地问题、精简政府规划和审批手续问题等。房屋署署长为房屋局常任秘书长（房屋），协助房屋局处理所有与房屋有关的政策和事务，并就寮屋管制清拆事宜直接向房屋局负责。

从三者的关系可以看出，发展中国香港公屋的组织架构分别涵盖了宏观、中观和微观层面，使得公共房屋的发展形成严密的组织体系。

二、房委会作为法定机构的运作与管理

房委会作为法定机构，与国内提供公共服务的事业单位相比，具有明显优势，一方面从组织结构上凝聚了政府和社会各阶层的精英和智慧；另一方面，作为落实《房屋条例》的载体，有效整合了各种社会资源，最大限度上减少发展过程中的阻力。

组织方面：根据《房屋条例》，房委会由以下人士组成：房屋署署长；由行政长官委任数目不超过 3 名的公职人员；行政长官委任某个数目的非公职人员。房委会委员由行政长官委任，任期两年，并有资格连任。过去十年，委员人数在 25～32 人不等。从 1994 年 12 月开始，前房屋司及后来的房屋局局长获委任为房委会委员。房委会主席、副主席由行政长官委任，在 1988 年 4 月前，房屋司官员获委任为房委会主席；1988 年 4 月，前房屋科解散后，房委会主席由非公务人员担任。房委会下设多个常务小组委员会，根据授权履行职权，并在职权范围内独立运作。但如涉及重要政策事宜，则需取得房委会批准。各小组委会主席均需就其工作向房委会提交年报，以供审阅。各小组委会主席由房委会主席提名，由房委会委任。小组委员会任期通常两年，任满可连任。按照惯例，除投诉小组委员会外，房委会主席是所有小组委员会成员之一。

人事方面：房委会可委任高级人员或其他雇员，支付委员会厘定的薪酬及津贴，决定任职条件。

财务方面：房委会在成立之初，政府已要求房委会财政自主，有权持有资产，拟定和执行关于兴建楼宇的建议、计划及工程项目、借款，以及把盈余经费投资于证券等。在房委会接收了政府原有的廉租屋村后，政府拨出临时补助金，以弥补当时因此出现的赤字。自此之后，房委会须确保从各个屋村所获得的收入，足以应付其经常开支。房委会每年须向行政长官提交下一财务年度的工作计划和收支预算，以供审批。1988 年，政府把直接财政责任交付房委会，房委会设立一个资本架构，包括政府永久资本、住宅楼宇和非住宅楼宇权益的拨付产值。此后，房委会负担私人参建计划下未售房屋的或有负债，以及居屋计划和私人参建计划房屋因按揭违约担保引致的或有负债。

房委会的权力：根据《房屋条例》，房委会的权力主要有以下几方面：

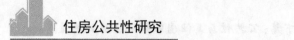

（1）任何类别财产的获取、持有、建造、管理、运营的权力；（2）拨出自有土地做停车场，停车场的运营；（3）在符合行政长官指示下，清理中国香港任何土地，为提供房屋或相关目的的开发和规划街道、空地；（4）订立任何合约，确定准入标准，厘定、更改和减免租金，其他收费、信托、接受捐赠、担保等的权力；（5）向行政长官提出意见，担任政府代理人等。在权力的行使方面，房委会可以根据《房屋条例》作出授权，获得授权人员可以为行使该项权力而使用一切合理、需要的武力。其他具体的权力：（1）租约终止后，仍然占用土地的租户即为该土地的侵入者，获授权人员可使用合理需要的武力将其驱逐，并可为此目的要求警务人员或任何其他人员协助，法院没有司法管辖权聆讯由该人提出的与终止有关的宽免申请；（2）上诉委员会审裁小组决定为最终决定；（3）获授权人员可随时为执行职务进入任何土地视察；（4）保管和处置在房委会控制和管理的屋村任何土地上发现授权人员觉得是弃置或造成阻碍和防扰的财产；（5）可向任何人发出书面通知，要求该人在指定地点、时间就占用土地一事接受询问；（6）房委会经运输署署长及路政署署长批准后，可以用订明的方式指定任何或一段未受限制道路，只有符合受限制条件的车辆可以通行；可锁押或移走不按规定停泊的任何车辆；（7）虚假陈述、拒绝提供资料、非法让予、非法修改租约、妨碍公务等均可处罚款和监禁；（8）房委会或授权人员均无须对根据第24条（保管或处置财产）所做的任何事情而致使任何人遭受的损失或损害负法律责任。

相关条例的豁免：《房屋条例》施行后，《建筑物条例》第41条加入新条款，声明除属于政府的建筑物获得豁免外，建在属于房委会用地上的建筑物或由房委会控制及管理的建筑物，免受《建筑物条例》条文规管。房委会不受《税务条例》规限，归属房委会或房委会控制管理的财产，不受《业主与租客（综合）条例》第Ⅰ部规限。

《房屋条例》就房委会作为法定机构的运作做了详细规定。这些规定，全方位保证了房委会发展公屋的权力得以集中行使和高效运作。几十年的实践证明，房委会的运作是成功的，也是中国香港240多个法定机构当中有代表性的典型。

三、以房委会为代表的法定机构的启示

反思中国香港房委会的昨天和今天，我们发现法定机构在提供公共服务方面，确实走出了一条成功的道路，对于北京构建"以租为主"住房保障体系具有十分重要的借鉴意义。

首先，法定机构的组织、运行和管理均由法律规定，避免了行政力量对机构的人为干预，提高了政府依法管理的水平，真正实现了政事分开。一方面，它使政府摆脱了公共事务和公共服务的具体执行工作，加之法定机构较强的专业性、社会人士的较高参与度，均有利于发挥政府和社会两方面的积极性，有利于实现城市社会的公共治理；另一方面，明晰的权责也使政府与法定机构之间具有了监管和合作的基础，从而确保有效提供高水平的公共服务。

其次，机构设置的专门化、治理结构的规范化、充分的自主管理权和灵活性、运作的公开透明化都有利于促使法定机构不断提高公共服务水平和工作效率。特别是财权、人事权的充分市场化，有助于减轻政府财政负担，有助于机构更好地参与市场竞争，政府提供公共服务更多采取市场方式进行，从而为市民提供更多、更专业、更高效率高水平的公共服务。

最后，法定机构是未来政府职能转变，更多通过成熟市场配置公共资源的必然选择。随着全能主义政府向法治政府过渡，众多事业单位的行政色彩越来越弱，转向法定机构无疑是一个较好的选择。目前，已经试点法定机构的深圳、珠海等地，正在积极探索法定机构的成功之路。

就北京构建住房保障体系来说，不断创造实现法定机构的条件，势所必然。我们感到，按照国有企业架构来实现住房保障体系的目标，难度越来越大。一方面，公租房运营机构在企业职能和政府职能之间摇摆，实现国有资本保值增值的目标和有效提供保障性住房的目标之间，形成越来越大的张力。另一方面，在发展公租房的过程中，受到政府多个部门的制约，尽管有市住保办的有效协调，但相关工作仍然受制于相关法律的缺位，进展困难。特别是为着实现统一的住房保障体系，市保障房中心承担着全市统筹的重要职能，但受制于市区两级政府架构，在土地取得、保障房建设、轮候配租、租

金调整、后期运营、租户退出等方面，难以高效实现市级统筹的目标。如何借鉴中国香港房委会的运作经验，朝着法定机构的方向努力，是越来越迫切的任务。

第三章　年度计划与机构使命

制订年度计划是中国香港房委会每个年度头等重要的工作。一个好的年度计划，既能确保各项工作始终围绕机构职能来进行，也能因应市民不断变化的住屋需要。机构历史变迁的脉络往往就是在年度计划的细微变化中，逐渐清晰起来。

一、制订年度计划的组织过程

时间：房委会计划是跨年度的，工作计划涵盖区间是每年的 4 月 1 日至次年的 3 月 31 日，比如 2013/2014 年度计划即指 2013 年 4 月 1 日至 2014 年 3 月 31 日之间的工作计划。因此，制订来年年度计划的启动时间，一般在年度计划中期检讨之后，也就是每年 9 月份。

组织：一般先由房屋署策略处组织策略处、发展及建筑处、屋村管理处和机构事务处的支援小组参照中期检讨情况提出各自的年度计划和成效指标，汇总后经咨询运输与房屋局意见后，提交房委会主席例会讨论，批准以后送策划小组委员会。策划小组委员会经讨论后，形成年度策略计划，该计划会载明年度策略方针、主题建议大纲和主要工作。策略计划经过房委会和辖下小组委员会全体委员召开集思会以及个别小组委员会的集思会讨论，进一步搜集意见，形成机构年度计划拟稿（草案）。拟稿提请房委会委员审议，通过后即为最终的年度计划。

二、制订年度计划主要考虑的因素

（一）房委会的机构理想、工作目标和基本信念

机构理想：协助有住屋需要的低收入家庭入住能力可以负担的居所。

工作目标：以积极进取、体恤关怀的态度，提供市民能力可以负担的优质房屋，包括优良的管理、妥善的保养维修，以及其他房屋相关服务，以切合顾客的需要；本着开明的态度、公允持平的立场，提供服务及房屋资助，确保公共资源得到合理的运用，符合成本效益；继续建立能干尽责、讲求效率的工作队伍。

基本信念：关怀为本、顾客为本、创新为本、尽心为本。

（二）中国香港最新情况及对房委会的影响

1. 年度内中国香港市民对住房问题的关注焦点，特别是住房问题整体方案和政策导向。同时，关注特区政府对住房问题的解决思路。

2. 中国香港市民公屋轮候情况以及屋村存在的主要问题和租户的迫切需要。

3. 关注有置屋需求的中低收入家庭，主要是居屋建设需求以及房委会因应需求而制订的临时计划。

4. 中国香港长远房屋策略。包括 1998 年和 2013 年的长远房屋策略，以及有关租金调整、准入退出标准、组织构架等方面的检讨报告。

（三）年度计划的主要内容

1. 机构概览。主要是房委会和房屋署的机构理想、组织架构、人员等方面的最新情况。

2. 机构策略。主要有机构工作总体目标，即把公屋轮候期限定为三年；年度计划考虑因素分析；考虑各项工作的优先次序后确定的策略方针。

3. 上年度计划的年中业务进度检讨，即年中工作总结。

4. 年度主题大纲和主要工作。主题大纲每个年度大同小异，主要有四个：提供优质居所；促进可持续生活；充分合理运用公共资源；提升商业楼

字吸引力。主要工作依据主题大纲确定,每个主题会有相应的落实措施和年度工作。

5. 主要的成效指标。房委会年度成效指标方面也大同小异,虽然根据情况有所增减,但总体上一般有 19 项,如新建公屋单位数、平均轮候时间、管理公屋每个单元平均年度费用、欠租比例、挤迫户占公屋家庭比例、空置率、翻新空置单位平均所需时间、工程项目平均筹建时间、接收楼宇平均每个单元损坏项目、建筑工地意外率、回应媒体查询速度、每名员工的培训投资、培训课程整体评级、耗纸量、屋村回收可循环再造物数量、写字楼耗水量、写字楼耗电量、年内设计住宅共用设备共用部位耗电量、屋村管理咨询委员会召开次数等。

6. 主要工作范畴。围绕建筑和屋宇监管、采购、自住房屋、商业楼宇和机构事务等方面,制订年度总体控制指标。

7. 综合预算。年度财务预算数据。

(四)年度计划与机构使命

中国香港房委会的年度计划和一般的年度计划有很大区别。一是计划非常完整,从年度计划策略到预算,涵盖了机构所有的计划工作,这对于有效指导全年度工作是非常有利的。二是计划主线突出,就是围绕机构职能来安排各项工作,充分发挥房委会在中国香港住房保障架构中的作用。三是计划操作性很强,各项指标清晰明了,可以计量。四是计划简明扼要,没有废话,开门见山。五是计划制订过程集思广益,充分调动了各层次人员的积极性。这些都是非常值得我们借鉴的。

除了这些具体方面之外,最需要学习的可能还是在年度计划中体现出的机构的使命感和理想精神。伟大的管理学家彼得·德鲁克(Peter F. Drucker)曾指出,机构是组织人们为共同目标奋斗的一种手段,使命是组织存在的原因。一个组织只有为使命而奋斗才能生存下去,反之失去使命的组织将很快垮掉。

了解中国现代史的人都知道,国共两党不同的使命意识,造就了现代中国两个政党组织的不同命运。历史只会选择那些始终与人民同呼吸共命运、顺应人民需求的政党。这也是今天面临错综复杂的国际形势,全党重新开展群众路线教育实践活动的根本原因。一个始终追求共产主义的政党,一个始终全心全意为人民服务的政党，才能真正成为与时俱进的学习型组织，才能永葆党的青春和生命。

了解改革开放以来企业发展历史的也知道，不同企业的组织使命造就了不同的企业命运。很多曾经辉煌一时的企业消失了，只有很少的企业比如联想、海尔、华为等生存下来并不断发展壮大。而这些生存下来的企业，一定都有着超越于企业之外的使命，比如《华为基本法》第七条：华为以产业报国和科教兴国为己任，以公司的发展为所在社区做出贡献。为伟大祖国的繁荣昌盛，为中华民族的振兴，为自己和家人的幸福而不懈努力。正如有理想、有追求的人生是有意义的人生一样，有使命、有理想的组织才是有意义的组织，才能为组织和成员提供一种价值，才能实现"周虽旧邦，其命维新"，成为常青藤企业。古今中外，概莫能外。

中国香港房委会就是这样的组织，中国香港公屋 60 年的辉煌成就就是房委会追求理想和使命的纪念碑。

第四章　道与术
——中国香港公屋轮候编配体系的思考

学习中国香港 60 年公共房屋发展经验，是北京发展公共租赁住房的后发优势。但笔者总有些犹疑，在匆匆忙忙学习具体经验的时候，是否会忽视那些具体措施之后隐藏的真正的理念和精神。这一点，我们并不总是可以打保票的。

远的如"胡服骑射"之类已经太久远，这成效难以尽考。近的如洋务运动"中体西用"，除了模仿外国船坚炮利而有所得外，于真正的现代性实在搔不到痒处。《大学》说，"物有本末，事有终始，知所先后，则近道矣"。知其然而不知其所以然，往往是我们学习外部经验的最大障碍。这就要说到学习中道与术的关系。术是具体做法，是细节，是方法；道是根本理念，是根本，是方向。五四时期的问题与主义之争,余响至今仍在。拿中国香港公屋发展来说,也有必要分一下道与术,谈些问题与主义。如此,才能真正做到结合北京实际具体问题具体分析,增强道路自信和理论自信。

在前面的系列中,我们已经有意识揭示具体问题背后的逻辑和理念。今天,就公屋轮候编配问题再一次深入地谈道与术的关系。

一、公屋的轮候

公屋的分配是中国香港公屋制度的一大特色。其主要的制度设计是建立统一的轮候册,轮候册根据申请书通过房署初步审核后登记的时间先后顺序建立。申请人需年满十八岁,如已婚需同配偶一同申请,申请人家庭所有成员在中国香港不得拥有任何房产,收入和资产不得超过房委会的限额。在配租前,申请人家庭至少有一半的成员须在中国香港居住满7年,且仍在中国香港居住。登记在轮候册的申请人须明确申请区域、家庭人数和配租的房型标准。轮候公屋的平均轮候时间为三年(该标准是房委会根据轮候册家庭数量和机构新建计划、空置和退出单位平均数确定的)。

不是老人的1人家庭则采取计分制,以申请人分数多少来安排轮候时间。计算方法:申请人年龄(18岁为0分,以后每1岁加3分)+轮候时间(1个月加1分)-公屋户籍资格(若属公屋住户,则减30分)。

公屋申请区域分为四个:市区、扩展市区、新界和离岛。市区只供高龄人士和天伦乐优先配屋计划的部分申请人。而新界和离岛的申请人,其配租标准要高于市区和扩展市区。比如,3人家庭一般平均面积为室内30.6平方米(2010年标准),在新界和离岛可以放宽到4~5人编配标准。房屋署可以根据供求情况,灵活掌握编配标准。

二、公屋的编配

公屋编配按照轮候册顺序均由计算机随机编配。既包括轮候册申请人,也包括其他拆迁安置或临时救济的人员。每个申请人有3个编配机会,如无正当理由拒绝3次,则取消申请,取消申请后可以在15日内提起上诉。取消后，1 年内不得再次申请。如申请人提出任何配租的区域、户型大小等特殊要求，均被视为"不合情理"加以拒绝。轮候家庭可以在乐富编配大厅实时查询轮候册编配情况。

在编配前，房屋署要对申请人进行复核，再次确认资格。房屋署在编配前 1 个星期发出约见信，约谈时要核对身份证件和各项证明文件，并对入住公屋做出警诫，提醒申请人一旦做出虚假声明则须负法律责任（罚款 2 万元及监禁 6 个月）。鼓励社会举报虚假声明，一旦举报会迅速审查。若资格不符合，申请会被取消，两个月内可以提起上诉。上诉委员会会再次安排会见重新审核，书面通知上诉人结果。如果因为房委会调整准入标准或者申请人准入条件再次符合，须于取消后 6～24 个月内提出恢复申请。

特快公屋编配。对于受欢迎程度低（如垃圾房）、有效空置期长、区位偏远或者有负面因素（如租客在室内自杀）的房屋，每年实行一次特快编配。所有指定日期前登记的申请人，依照轮候顺序自行挑选，不受区域限制，但要符合编配标准。一般有两轮挑选机会。

体恤安置。申请人如有迫切需要（如离婚而无家可归），可向社会福利署提出申请，符合资格人员由社会福利署向房屋署推荐。

公屋编配的特殊计划：

1. 高龄人士编配计划。

（1）高龄单身人士优先配屋计划。配屋时，年满 60 岁，符合公屋申请资格，但资产限额为一般公屋申请标准的两倍。

（2）共享颐年优先配屋计划。两个或以上亲属或非亲属年满 60 岁愿意同住一屋，非亲属的要签署同意声明。

（3）天伦乐优先配屋计划。旨在推广孝道，促进家庭互相帮助，提倡居家养老。选择以一户申请的，最少 2 名家庭成员，1 名年满 60 岁的父母或供养年老家属，可以提早 6 个月。选择两户申请的，一方为核心家庭，一方为年老的父母亲属，可以选择市区以外就近屋村的两个独立单位。

（4）长者自住业主优惠计划。私人破旧楼宇的高龄自住业主（若年满 60 岁，居住 10 年以上，没有电梯的可以豁免房产审查）以暂准租住证方式入住长者屋或独立单位。

（5）长者"一站式"公屋申请服务。符合高龄人士配屋计划年满 60 岁的，可同时做初步与深入的资格审核。

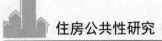

2. 拆迁安置居民编配计划

对于政府拆迁安置或因受天灾、紧急事故影响的居民，或受屋宇署拆除违章建筑影响而无家可归的居民，房署可以视情况而定进行编配。符合公屋资格的，可以入住公屋，不符合资格的可以入住中转屋。若不愿意被安置，可以领取现金津贴，接受津贴之后两年内，没有任何资格再度领取津贴或申请公屋。受天灾影响的，一般先安置在收容中心（集体宿舍类型的，3 个月内零租金、零水电费），之后再根据相关政策进行安置。

此外，还有"初级公务员及退休公务员"配屋计划、执行"调迁及舒缓挤迫调迁计划"的配屋计划、纪律部队的配屋计划等，不一而足，都是编配制度的组成部分。

上面就是中国香港公屋编配的大体内容，可以说都是具体操作的技术，了解之后甚至可以直接拿来为我所用。但是，受到北京此前因应产权型保障房建设分配管理而形成的"以区为主"内在机制的制约，拿来的效果实在难以乐观。那么，怎么办呢？如何根据实际进行取舍呢？首先要分析一下中国香港公屋编配制度内在的道，也就是贯穿于这些烦琐技术之中的理想理念和伦理价值。

三、追求效率和公平

应该说，轮候制度的建立是实现公平编配的基础，以时间顺序来确定轮候顺序，确保政府可以在一定时期内根据需求确定资源配置的顺序，从而实现政府的最大经济效益。对于一个建基在合理性预设基础上的官僚制政府来说，功能和效率的追求必然是考虑一切的出发点。房委会能够有序开展公屋建设，实现公屋资源常态化配置，得益于轮候制度体现出的形式上的合理性，即量上的明确性。反观我们的住房保障，高举民生工程的大旗，一时之间固然推力巨大，规模和数量积聚速度惊人，但疾风暴雨之后显露的问题，又严重制约了公租房的持续发展。一而再，再而三，三而竭，政策焦点的不断变迁成为住房保障不能承受之重。今天，我们已经越来越认识到，一个理性化的政府，必须逐步实现管理的科学化与合理化。某种程度上，技术理性应当而且可以作为一个法治政府的基本追求。

如果说轮候制度体现了形式上的合理性，那么在分配上，中国香港公屋编配则体现了实质上的合理性。实质合理性更多体现了伦理道德理想主义。我们可以看到，关于优待老人、拆迁安置、体恤等不同方面的考虑都纳入了编配设计中。这不仅体现了政府对多层次基本住房需求的关注，而且有意识地把公屋资源的分配作为促进家庭和睦、邻里和谐的手段。意识到这一点，实在让人有些惊讶。充满浓郁殖民地色彩的中国香港，除了有一抹现代金融自由港的亮色，竟然还能保持如此之多的传统文化积淀。从长者、天伦、伤健、共融等概念中，我们不难看到特区政府在促进港人文化归属感方面做出的不懈努力。由此，是否可以从另一个层面说，公屋成为中国香港社会的稳定器，不仅仅因为其解决了低收入家庭的住屋需要，更为重要的是公屋成了人们追求更好生活和更好社会的港湾。在几十年中国香港人的记忆中，屋邨文化越来越成为许多中国香港人在都市森林中的浓浓乡愁。

公屋既是手段也是目的，既有"术"上的算计，也有"道"上的追求。这恰恰是现代政府不能摆脱的宿命。离开了"道"的"术"，公屋发展就会偏离航向、失去初心。离开了"术"的"道"，无论理想和价值怎样高举，也无法避免在日益经济化的社会中被消解的命运。

在中国香港轮候编配制度中，道与术是如此完美地组合在一起。它提醒我们为着实现"以租为主"住房保障体系，需要我们从整体上超越就住房谈住房，需要我们形成新的心智结构，需要我们始终围绕首都的定位来规划未来。比如说，老城棚户区改造，为什么不可以用考虑用公租房的方式进行顶层设计？为什么不可以用超出金融的计算来谋划城市的更新和活化？为什么不可以吸引更多居民参与来确定具有最大公约数的方案？当然，这很难，但正如马克思在《资本论》法文版序言中所说的，在科学上没有平坦的大道，只有不畏劳苦沿着陡峭山路攀登的人，才有希望达到光辉的顶点。

我们正面临着这样一个时刻，既要尽量化约，追求形式合理性，保证公共房屋资源的高效运营，又要向深度和广度进军，实现实质上的合理性，使公租房成为首都更美好明天的推手。前途是光明的，道路是曲折的，只要我们始终秉持"事业、亲人、家庭"的信念，就能识物之本末、事之终始，动天下之心、为天下之事！

第五章　中国香港长远房屋策略

近年来,中国香港楼市受外围经济因素的影响,资产泡沫风险不断增加,严重影响了中国香港宏观经济和金融系统的稳定。特区政府因应楼市变化,分别从增加土地供应、遏制物业投机、加强市场监管等方面出台一系列措施。其中最重要的措施是成立长远房屋策略督导委员会,就中国香港长远房屋策略进行检讨。督导委员会经过 10 个月的研讨,在 2013 年 9 月拿出了长远房屋策略的咨询文件。这次长远房屋策略是中国香港 1998 年以来再次对房屋政策的研讨,无疑具有里程碑意义。

本次长远房屋策略主题是《凝聚共识　建设家园》。督导委员会主席、中国香港运输及房屋局局长张炳良教授在题为《安得广厦千万间?》的序言中指出,长远房屋策略的关键是如何扭转因严峻的房屋问题造成的社会分化和阶级矛盾恶化的形势,为每一个中国香港家庭提供适切而可负担的居所。具体目标是通过公屋解决低收入家庭住屋需要;通过居屋和其他资助房屋,解决中下收入阶层和首次置业的年轻人的住屋需要;稳定中国香港私人楼市,优先照顾港人的住屋需要,帮助有能力者置居。总的策略是持续增加供应,稳定楼市,重建房屋阶梯,重视供应房屋(公屋和居屋)的作用,促进社会流动。

长远房屋策略的主要内容:

一、中国香港房屋问题

中国香港近年来的主要房屋问题大体是以下三大趋势。

1. 公私营房屋供求均严重失衡。供应下跌,私人住宅价格和租金指数升至最高位,公屋申请人数不断增加。

2. 负担能力不断下降。家庭收入增长赶不上房价上涨,房价严重超出居民负担能力。

3. 人口特征转变。新家庭组成和分户成为趋势，人口老龄化加剧，对房屋需求造成持续压力。

二、长远房屋策略愿景

重建促进向上流动的房屋阶梯，为中国香港市民提供适切而可负担的居所。以供应为主导，新增供应应以公营房屋居多。

三、长远房屋需求推算

综合考虑家庭数目净增长、受重建影响的住户、居住环境欠佳的住户以及其他因素等，确定未来10年供应47万个单位。未来供应公营房屋和私营房屋比例为60：40，并因应环境转变动态调整。同时，灵活处理公屋和居屋比例，维持公屋和居屋建成量的可转换性。

四、社会上特定群体住屋需要

1. 长者。坚持"居家养老"原则，优化规划设计。

2. 35岁以上非长者单身人士。由于35岁以上申请者向上流动能力相对有限，在配额及计分制下优先考虑。45岁以上，给以额外分数；把平均轮候时间三年左右的目标，逐渐扩大到35岁以上非长者一人申请者。

3. 年轻人和首次置业者。增加居屋供应，回应年轻人诉求，以增强年轻人对未来的信心。预留10％～20％的比例，给符合资格的单身申请者。对今后居屋和自置居所的白表申请者，设立收入和资产下限，防止市民做出超出负担能力的置业决定。

经过研讨，督导委员会认为市民提出的首次置业贷款计划、重推租者置其屋计划、向轮候三年以上的申请者提供租金援助和实行租金管制等措施不宜实行，弊大于利。

五、充分合理运用公屋资源的措施

督导委员会建议房委会制订配额及计分制下申请人收入和资产的定期核查机制，剔除不再符合资格的申请者。建议给予宽敞户免租期的优惠，鼓励宽敞户迁往较小单位。放宽非市区屋村的编配标准，提高居住面积。

六、不同建屋机构的角色

1. 私营机构。建议增加私营机构参与，鼓励政府探讨善用私营机构力量，加快公屋供应。

2. 房委会。建议继续担当为市民提供可负担房屋的主要机构。

3. 房屋协会。建议继续在提供租住单位和资助出售单位方面担任积极角色,并建议政府在土地资源许可下,向房协划拨土地,发展房屋项目。

4. **市区重建局。**建议在未来房屋项目中增加中小型单位比例,加强其为中低收入人士提供合适房屋所担当的角色。

建议政府继续精简房屋发展流程,鼓励房委会把三年的规划设计期限尽可能压缩在一年。

七、增加房屋供应的措施

建议制订土地短、中、长期措施,增加土地供应,检讨容积率和建筑物高度限制,加大高龄公屋屋村重建,推动新市镇发展等。

八、前瞻十年以后

预计中国香港每十年发展一个新市镇。汲取过去新市镇发展偏重住宅发展而产生问题的经验,建议未来新市镇以综合发展模式大体上发展成自给自足的社区;建议政府考虑把市区的非住宅设施迁移,释放相关市区土地的发展潜力。

可以看出,中国香港未来的住房问题有自己的特殊性,土地狭小,贫富差距加大,产业空心化比较严重,住房问题如果解决不好,可能成为压倒中国香港社会发展的最后一根稻草。特别是在目前各阶层缺乏共识的背景下,作为中国香港社会稳定器的公屋发展更被寄予厚望。但是作为一个现代化大都市,中国香港与北京也有很多相同的地方。比如房屋供应比例、房价、人口结构变化等。因此,在面临同样问题的时候,研究和思考中国香港的应对措施,显得至关重要。

我们知道,自20世纪五六十年代以来,中国香港就有令人自豪的房屋故事。先是徙置区和廉租屋,后是70年代公屋发展计划,通过释放大量被寮屋占用的市区土地,推动新市镇建设,为中国香港社会和经济发展奠定了稳健的基础,带来了社会向上流动的良性循环。六十年后的今天,中国香港政府仍然把促进社会流动作为核心价值追求,仍然把提供居民可负担住房作为政府的责任,不能不令人对这种长远的坚守表示由衷的钦佩。而我们的房屋政策,很难说有这样一种一以贯之的价值追求,反而裹挟在发展经济的考虑中,像离散的点不停地跳跃,令人目不暇接。从1998年实行住房市场化以后,住房保障到2002、2003年才提上日程。本来确定的以经济适用房为主体实现住有所居的政策,在2003—2008年所谓黄金5年中被弃如敝履,绝大多数民众的住房问题只能通过市场来解决。

而包括货币超发在内的诸多因素导致的高房价，把越来越多的中低收入家庭挤出住房市场，加上住房越来越浓重的投资品属性，持续拉大贫富差距，造成社会阶层固化，并最终成为社会学家孙立平所谓"社会溃败"的重要推手。

好在今天，面对日渐加剧的人口资源环境困境，面对首都功能的战略调整，我们终于梦醒。发展公共租赁住房，是北京未来城市发展的必然选择。应当说，相比中国香港特区政府，我们发展公租房有巨大优势。首先，以政府为主提供基本保障、以市场为主满足多层次需求、建立以公租房为发展重点的住房保障体系已经成为社会共识，决定了未来10年北京住房保障的发展方向。其次，京津冀一体化国家战略的实施，为公租房发展提供了难得的机遇，产业调整、功能优化、城市棚户区改造等都要求我们坚定不移地实现住房保障的市级统筹。再次，十几年住房保障的实践，也从正反两方面昭示我们，在北京这样的特大城市，应对严峻的人口资源环境，必须注重住房资源的有效流转和合理布局，选来选去只有公租房才能从根本上提供首都可持续发展的民生基础。最后，随着北京达到高收入国家水平，市民住房消费习惯逐步与国际接轨，日渐灵活的就业和居住，必然要求一个更加和谐宜居的城市环境，而只有建立"以租为主"的住房保障体系才是终极解决方案。当然，发展公租房也有很多困难。比如，既有的城市格局，既有的城市管理架构，既有的建设模式，既有的保障房管理思路等，都会在不同程度上形成发展公租房的桎梏。但是，为了实现"住有所居"的梦想，我们要有排除万难的勇气，有迎接挑战的自觉。在未来的岁月里，需要的也许仅仅是心无旁骛的坚守。

第六章 中国香港公屋
租金政策视角下的北京公租房

　　住房保障政策的核心是公共房屋的租金定价机制,也就是调整公共产品供应的价格机制。是偏向于市场,还是偏向于政府定价,决定着公共住房政策不同的发展方向。与世界上大多数国家和地区相比,中国香港公屋的租金定价是极为特殊的,它是在一个号称最具有市场效率的地区实行的与市场距离相对较远的定价机制。研究探讨中国香港公屋租金政策,并从这个视角考察北京公租房,具有特别的现实针对性。

　　中国香港公屋租金政策自1973年《房屋条例》实施以来,以2006年为分界点,可以分为两个阶段。第一阶段是2006年以前,租金基本上按照《房屋条例》第16条规定,确保所有公屋租金与收入比中位数不超过10%。但是由于亚洲金融危机,自2000年第二季度以后,租金收入比中位数已经超过10%,并在2006年上升至14.8%。由此导致2002年10月、11月两名公屋租户就租金问题提起诉讼。2006年以后为第二阶段,房委会检讨租金政策的专责小组委员会发布公屋租金政策检讨报告,明确说明租金收入比中位数10%的规定不是负担能力的法定定义,而房委会有责任保证所有屋村收入足以应付其日常开支。检讨报告详细阐述了租金定价的原则和调整的机制,并针对新落成屋邨按照六大区域制订了最高租金,从而在某种程度上突破了原有定价原则,以应对公屋编配面积增大、家庭结构变化、旧屋村重建等带来的挑战。

一、公屋租金定价原则

（一）旧屋邨租金定价

2006 年以前，中国香港公屋租金一般以租户负担能力为依据。1986 年，当时编配标准是每人 5.5 平方米室内面积人均租金与收入比中位数确定在 15%；1991 年，考虑新引入的和谐式公屋，人均居住面积标准调整为 7 平方米，人均租金与收入比中位数确定在 18.5%。如果租金收入比中位数不超过上述两个标准，则将大多数租户租金视为可负担。

在 1986 年以前，当时租金基本上等同于租户负担能力，所以没有什么资助政策。自 1986 年确定了编配标准后，房委会于 1987 年实行公屋住户资助政策，对于租金收入比超过 20% 或者低于准入标准 60% 的住户，可以减免租金 25%～50%。居住 10 年以上的住户，应每两年一次申报收入，收入超两倍的则须缴付 1.5 倍租金，超 3 倍或不申报的缴付 2 倍租金。1996 年，实行维护公屋资源合理分配政策，缴付 2 倍租金住户下一申报周期须申报资产，如收入超过准入标准 3 倍，资产也超过标准或者不申报资产，必须迁出公屋。须迁出公屋的，可以申请许可证，一年内缴付市值租金。

但 2006 年房委会专责小组指出，这两个租金收入比的中位数只是衡量负担能力的指标，而不能用来确定公屋租金。公屋租金的制订和调整须考虑各项因素，包括地点、单位面积、消费物价指数、工资变动、屋邨营运开支、政府所收差饷、房委会财政状况等因素。由此，公屋租金定价原则除了考虑租户负担能力这个因素外，同时必须考虑相关物业的市场租金水平、成本状况，甚至还有房委会本身的财务状况。

（二）新屋邨租金定价

房委会把全港分为六大区，按照两年一次确定区域租金最高标准，最高租金以每平方米室内面积计算，并参考有关地区的位置和屋邨价值确定。同时，按照一年两次确定新屋邨租金标准。实际定价由房委会自主确定，具体情况则可能有很大差别。

在新屋邨租金制订中,需要考虑以下因素:1. 住户负担能力;2. 税金增加额;3. 屋村对比价值;4. 通货膨胀及维修和管理费的增加。新屋邨租金大约为市场租金的 1/4 或 1/3。租金所得,主要应用于支付各种经常性开支。需要特别指出的是,在确定由居屋转为公屋的屋邨租金时,在相应最高租金之上,可再加 5% 或 10%。

二、租金调整机制

原来《房屋条例》规定加租后租金与收入比中位数不能超过 10%,但是没有提供客观基础,只是由房委会确定何时须减租和减租幅度,严格限制加租。这种限制造成了很多问题,比如一旦租金收入比中位数超过 10%,就只能减租而不能加租,不利于持续发展。同时这个比例也受制于综援户急剧增加(类似于国内低保户)、小家庭和老人住户家庭比例增加、面积改善、旧屋邨被新屋邨取代等因素。为此,房委会专责小组考虑四个可行参考指数来指导租金调整。

甲类消费物价指数:反映住户所购消费品和服务的价格水平随时间的变动,是中国香港最常用的通胀/通缩指标。由于大部分公屋租户开支都在甲类消费物价指数涵盖范围内,可以反映对公屋租户影响最直接的物价水平。

豁除住屋开支的甲类消费物价指数:由于公屋租金是甲类消费物价指数的重要组成部分,有可能导致循环效应,为此可以考虑剔除住屋开支。

住户月收入中位数:按照住户月收入中位数变动来调整租金。但月收入中位数受公屋租户家庭其他因素的影响比较大,即使个别住户收入维持不变,也很可能因小家庭数目增多而下降。

收入指数:追踪公屋租户收入变动的指数,只计算租户纯收入变化,不计算家庭人口分布变化的影响。

专责小组认为,采用以收入为基础的租金调整制度,更切合租户的负担能力。具体运作过程如下。

(一)归集数据

在 2006 年以前,房委会主要采用中国香港政府统计处公布的住户收入数据,但该数据存在两个问题:一是属自愿性质的调查,很多被调查者不愿披露其真实收入情况;二是范围不对,统计处并非为房委会设计,而是面向所有租赁住房的租户,而房委会只需要登记在租约上的公屋住户收入数据。

为此,房委会按照公屋住户资助政策沿用的"收入申报"制度,强制抽样租户申报住户收入。样本数目每月为 1500~2000 个,全年为 18000~24000 个,能够比较精确地编制收入指数。房委会编制一份问卷,按月分批发送被抽样选中的住户,并要求在规定时间填妥表格交回房屋署。其中会剔除综援户和缴交额外租金的住户,并剔除每个家庭类别中住户收入最高和最低的 1%。

（二）编制收入指数

收入指数为:$ID_0 = \dfrac{\sum H_{io}I_{io}}{\sum H_{io}I_{io}} \times 100\%$ 表示在 0 年的收入指数

$ID_i = \dfrac{\sum H_{io}I_{it}}{\sum H_{io}I_{io}} \times 100\%$ 表示在 t 年的收入指数

其中:

$\sum H_{io}I_{io}$ = 公屋租户在 0 年的加权平均收入

$\sum H_{io}I_{it}$ = 采用在 0 年的家庭人口分布（而非在 t 年的家庭人口分布）作加权所计算的公屋租户在 t 年的加权平均住户收入

H_{it} = 有 i（i=1.2.3.4 等）名成员的公屋租户在 t 年所占比例（即在 t 年的家庭人口分布）

I_{it} = 有 i 名成员的公屋租户在 t 年的平均住户收入（即不同家庭人口的住户在 t 年的平均收入）

（三）用收入指数计算的调整幅度

以收入指数计算的租金调整幅度,相等于介乎 0 年与 t 年之间的住户收入变化幅度,可用下列公式计算:

$$\dfrac{ID_I - ID_O}{ID_O} \times 100\%$$

三、公屋一般租期

自1954年以来,所有公屋都是按月租赁,直至根据租约或《房屋条例》规定发出通知终止才结束。按月租赁可让房委会灵活地执行管理工作和调整租金。其不利的方面,欠缺一个检讨和续订租约的明确机制,有可能令租户产生错觉,以为可以按自己意愿永久居于公屋。

但是对于定期租约,房委会认为在调整租金和执行租约条款方面有欠灵活,由于要明确租约内租金水平,定期租约制度很难与以收入为基础的租金调整机制互相配合。此外,由于公屋入住时间不同,倘若推行定期租约,每套房屋租约届满日期亦会不同,房委会无法一次检讨和调整所有公屋租金。

从中国香港公屋的租金政策可以看出,所有有关租金定价、调整、租期等规定,都聚焦一个目标,就是为居民提供可负担的住房。租金政策配合准入和退出标准,形成了一整套符合房委会机构使命的制度体系,从逻辑上是自洽的。从某种意义上说,中国香港公屋提供了市场经济的一个社会安全网,本身只是为了解决市场经济外部性的一个补充,因而并不必然从属于市场经济的逻辑。如果说,在公屋建造、资本运作、商业运营等方面房委会充分发挥了市场机制的作用,那么至少在租金政策方面,市场逻辑基本缺席。由此,我们在借鉴中国香港公屋制度的时候,就必须系统考虑其内在逻辑,而不是断章取义,只取一点,不及其余。具体到北京的公租房租金政策,有以下的特殊性需要考虑。

(一)准入对象不同

中国香港公屋准入对象基本上是最低收入阶层。按照联合国人类住区中心的住屋负担能力指标,整体人口收入最低的四成住户的租金收入比为30%。按照中国香港最高18.5%的租金收入比来算,基本上为收入最低的两成住户。按照国家统计局居民收入五分法的分类,基本上属于20%的低收入阶层。从实际的准入标准来看,公屋住户收入略高于最低工资水平。而按照北京公租房的准入标准,实际上定位于居民可支配收入的平均水平以下,如果按中位数来算,大抵相当于60%以下的人口收入。也就是说,北京公租房的准入对象范围较宽,从廉租房家庭到中等偏下收入甚至一定程度上的中等收入家庭都包含在内。这一点与国际上公屋对象有很大不同。

（二）租金定价机制不同

鉴于公屋准入对象不同,租金定价的理论基础也就不同。中国香港基于其低收入的准入标准,所以租金定价采用收入法,即以负担能力为主要考虑依据,与市场租金之间差距也就很大,但也部分考虑了成本。由于中国香港公屋零地价拿地,以及完全由房屋署自行建造,其建筑成本也低于市场约20%,加上大量的商业配套和资本运营,总体成本水平还是比较低的。综合来说,收入法定租基本上可以满足房委会资金平衡的要求。而对于北京来说,略低于市场租金水平的准市场定租,并经过第三方机构评估,符合制度设计的初衷。但因为准入对象的跨度差别,租金负担能力不同,导致租金补贴面临着巨大挑战。

（三）租金调整机制不同

中国香港基于收入法定租原则,租金调整也主要基于其公屋租户的收入指数变化。而北京公租房的租金调整目前还没有定论,按照目前的思路,从CPI、市场租金、人均可支配收入三个变量中取低的话,从逻辑上似乎难以自圆其说。按照定价机制,其调整机制应基本相同,则宜按照略低于市场租金变化水平进行调整。如果倾向于未来收入法定租,则应按照收入变化进行调整。如果必须实现公租房运营收支平衡,则需考虑运营机构的成本变化。同时,也需要看到三者之间存在着密切联系,市场租金本身就受到CPI和收入变化影响,而租金变化又包括在CPI当中,收入变化也受CPI直接影响。如何确定合理的租金调整机制,还需要深入研究。

（四）租期不同

中国香港公屋租期是一个月,其采用按月出租的利弊已在上面说明。可以说,租期与租金调整的难易程度有直接关系。而目前北京公租房租期为3年,按照未来《北京市城镇基本住房保障条例》(建议稿)的设计,可能为3~5年,租金调整的难度将更大。因此,租金调整机制必须考虑租期问题,就目前来看, 3年租期对于租金调整幅度有很大限制,对于运营机构可持续运营极为不利。

（五）租金减免和补贴

中国香港公屋由房委会负责，由于公屋起初建设时就只有政府投入和政府低息贷款，因此，租金可以采取减免方式，也能够承受低水平。但是北京公租房建设中政府投入只占到三成，在社会单位持有的公租房中可能更低，相关的税费优惠、土地划拨等措施并不足以大幅度降低建设成本。七成以上的融资，要求租金既要保证适度增长，又要政府在运营阶段提供租金补贴。未来采用定额租金补贴的设计，对于运营机构的持续发展极为不利，而主体用来偿还利息的租金，也难以接受长期的低租金水平。在没有政府持续不断增加投入的基础上，所谓成本固化的优势，将大部分被运营成本所吞噬。

从租金政策的视角来看北京公租房，我们可以得出一个结论：基于不同发展理念的公共住房设计，必然导致制度体系的极大差异。中国香港公屋的目标是满足居民可负担的住屋需要，北京公租房的目标则是实现住有所居。充分运用市场机制，多方引入社会资本，建设规模大、时间紧等一系列特点，决定了北京公租房是一条有中国特色的住房保障道路。

从国际上看，既有英美包括中国香港地区严格隔离住房保障和住房市场的方案，也有欧洲大陆实行社会市场的一体化住房保障方案，其中利弊需要我们认真研究。但无论如何，住房保障方案必须紧密结合北京实际。在北京这样特大型城市，既面临严峻的人口资源环境，又面临着城市功能调整的历史契机，建立以租为主的住房保障体系是必由之路。实现市级统筹，充分发挥市场机制实现公共职能已经成为越来越急迫的任务。对照中国香港公屋发展，进一步降低公租房取得成本，进一步完善租金政策，进一步探讨可持续的发展道路，需要我们保持定力、主动作为。

第七章　中国香港

公共房屋发展情况概览和思考

一、中国香港公共房屋发展情况

（一）中国香港房屋政策简介

中国香港的房屋政策现时由运输及房屋局局长负责制订、统筹和监察。房屋署为运输及房屋局提供支援，以及处理有关房屋的政策和事务。

1. 房屋政策是基于下列三大原则

（1）确保所有中国香港市民都居有其所。政府的资助房屋政策，应以帮助没有能力租住私人楼宇的低收入家庭为重点，为他们提供租住公屋。

（2）政府的主要角色应集中于土地供应。通过土地开发供应足够土地予私人市场，兴建多元的住宅单元。

（3）政府必须维持一个公平和稳定的环境，让房地产市场能够持续健康发展。政府会根据市场需求供应土地，并提供优良配套的基建设施。

2. 房屋政策的目标

（1）确保低收入的弱势社群的基本住房需要得到适当照顾。

（2）让市民按照他们的负担能力和需要，选择安居之所，并协助有意置居的中等收入家庭自置居所。

（3）在发展过程中建构住屋阶梯，即以出租公屋为基础，提供一定程度的资助自置计划，并且稳定私人住宅市场，促进社会流动，并确保私人住宅市场得以稳健发展。

（二）中国香港公屋发展历史

1. 20 世纪 40 年代：大批内地同胞来中国香港，寮屋数量激增。

2. 1953 年：九龙石硖尾寮屋区大火，超过五万名居民一夜间失去家园。1954 年，政府在石硖尾灾场原地兴建楼高两层的临时建筑，安置无家可归的灾民。之后，政府开始斥资兴建多层徙置大厦。

3. 1961 年：政府推出廉租屋计划，兴建廉租屋，提供设备齐全的居所予中下收入家庭。1964 年，推出临时房屋计划。1965 年，徙置大厦向高空发展，设计逐步改善，每单位有私用厕所。公共屋邨住户人口达 100 万。（一型大厦和二型大厦）

4. 1971 年：首个运用新市镇概念设计的公共屋邨华富邨全面落成。（双塔型大厦）1973 年，为配合当时香港总督麦理浩爵士之十年建屋计划，屋宇建设委员会、徙置事务处及市政处屋宇建设科合并为房委会，负责管理及规划公共屋邨。订立长远房屋策略，推行十年建屋计划。1978 年，房委会推出居者有其屋计划（简称居屋）。1979 年，第一批私人机构参建计划居屋单位推出。

5. 1985 年：进行扩展重建计划，清拆建于 20 世纪 60 年代末符合标准的楼宇。（Y 型大厦）

6. 1992 年到 1994 年：首批新型设计的大厦落成，重建及安置计划完成。1998 年，租者置其屋计划正式展开；屋邨管理咨询委员会计划全面实施。改良新型设计的居屋首次推出发售。（和谐式）

7. 2002 年：房屋及规划地政局成立，负责中国香港的整体房屋政策。2005 年，推出全面结构勘察计划，以审视落成约 40 年的公共屋邨的楼宇结构安全。2006 年，推行全方位维修计划，以改善公共屋邨的保养维修服务。2007 年，政府决策局重组后，由运输及房屋局负责中国香港的房屋政策，并由运输及房屋局局长出任房委会主席。

三、公共房屋建设基本情况

1. 公屋发展情况

香港公屋发展机构有三个：香港房屋委员会、香港房屋协会和平民屋宇有限公司。截止到 2012 年 11 月，公共屋邨共 229 个，其中房委会 205 个，香港房屋协会 23 个，平民屋宇有限公司 1 个。居住在公营房屋的居民约占全港总数的 47%。

公屋入住居民平均可享有室内楼面面积情况如下：

20 世纪 60 年代，3.5 平方米；70 年代，5.5 平方米；80 年代，7 平方米；90 年代，8.8 平方米；2000 年后，9.5 平方米。

公屋租金订于住户所能负担的水平，视乎地区与单元大小而定。租金只占家庭收入约十分之一，约为私人楼宇租金的三分之一。

2. 居屋发展情况

自 1978 年起，政府通过各项资助自置居所计划，以折扣价出售给低收入和中等收入的家庭。这些资助房屋计划包括房委会的居者有其屋计划（居屋计划）、私人机构参建居屋计划（私人参建计划）和租者置其屋计划（租置计划），以及房屋协会的住宅发售计划和夹心阶层住屋计划。

房委会在 2003 年停建和停售居屋单位、终止私人参建计划，以及停售租置计划下的租住公屋单位。为了回应中低收入家庭的置业诉求，政府在 2011 年宣布复建居屋。

2019 年，4871 个新建居屋接受申请，绿表及白表申请者配额比率为 50∶50。

（四）房委会和房屋署介绍

中国香港房屋委员会（房委会）是于 1973 年 4 月根据《房屋条例》成立的法定机构，负责制订和推行公营房屋计划，以期达到政府的政策目标，为不能负担私人楼宇的低收入家庭解决住屋需要。房委会负责规划、兴建、管理和维修保养各类公共租住房屋，包括出租公屋、中转房屋和临时收容中心。此外，房委会也拥有和经营一些分层工厂大厦，以及附属商业设施和其他非住宅设施。

房委会辖下设有六个常务小组委员会（建筑、商业楼宇、财务小组、策划小组、资助房屋小组、投标小组），并按需要设立附属小组委员会（资金管理小组）和专责小组委员会（审计），负责制订和实施不同范畴的政策，以及监督推行情况。房屋署是房委会的执行机构，运输及房屋局常任秘书长（房屋）同时兼任房屋署署长一职，掌管房屋署。

房委会的理想（Vision）：

协助有住屋需要的低收入家庭入住能力可以负担的居所。

房委会的目标：

1. 以积极进取、体恤关怀的态度，提供居民所能负担的优质房屋，包括优质的管理、妥善的保养维修，以及其他有关房屋的服务，以切合顾客的需要。

2. 本着开明的态度、公允持平的立场，提供服务及房屋资助，务使公屋资源得到合理的运用，符合成本效益。

3. 继续建立一支能干尽责、讲求效率的工作队伍。

房委会的基本信念：

1. 关怀为本（Caring）。

2. 顾客为本（Customer-focused）。

3. 创新为本（Creative）。

4. 尽心为本（Committed）。

房委会年度工作纲要：

1. 提供优质居所。

2. 促进可持续生活。

3. 充分和合理利用公共资源。

4. 提升商业楼宇吸引力。

（五）准入轮候和编配

房委会设有轮候册，供合资格的市民申请。截至 2019 年 3 月，约有146300 宗一般公屋申请，以及约 108300 宗配额及计分制下的非长者一人申请。一般申请者平均轮候时间为 5.5 年，当中长者一人申请者平均轮候时间为 2.9 年。

1. 申请条件

（1）须年满 18 岁。

（2）申请人及家庭成员如属已婚者，须与配偶一同申请。

（3）申请人及家庭成员不得拥有任何在中国香港的住宅楼宇；不得超过房委会规定的最高入息及总资产净值限额；配屋时至少一半的家庭成员须在中国香港住满 7 年并仍在中国香港居住。

（4）非长者单人的申请者是用计分制，以申请人分数的多少来安排轮候时间。分数计算方法：①申请人的年龄（18岁0分，每1岁加3分）；②轮候时间（轮候1个月加1分）；③申请人是公屋户籍内认可人士（扣减30分）。

2. 申请地区

（1）市区（只限高龄人士和天伦乐优先配屋计划中的部分申请人）。

（2）扩展市区。

（3）新界。

（4）离岛。

3. 申请程序

申请—初步审核—发给公屋申请编号—编配前审核—会见（核对和警诫）（举报机制、检控、上诉、恢复申请）—按先后顺序电脑随机编配（直接编配）—3个配屋建议。

4. 编配

二人或以上的申请家庭是依照公屋轮候册上的先后次序；非长者单人的申请者是用配额及计分制，以申请人分数的多少来安排编配的先后次序；公屋单位的大小是按家庭人数多少编配；根据即期公屋资源情况由电脑随机编配。

特快公屋编配：供公屋轮候册上指定日期前登记的申请人申请，包括未到达及已到达编配阶段的申请人。每年1次，不受选区限制，须按既定编配标准，2轮拣选。可选单位：受欢迎程度较低（垃圾房）；有效空置期较长；有负面环境因素；位于较为偏远地区，如东涌。

体恤安置：申请人如有迫切的房屋需要，可向社会福利署申请体恤安置；若合乎资格，社会福利署会向房屋署推荐以体恤安置的类别给申请人编配房屋。

有条件租约：获社会福利署推荐，正在办理离婚手续并等待离婚个案得到法院裁决期间。有条件租约可转为正常租约：（1）离婚诉讼完结；（2）获得所有子女管养权；（3）在中国香港没拥有任何住宅楼宇；（4）通过全面经济状况评审。

各类长者优先配屋计划：（1）高龄单身人士优先配屋计划（资产限额一般为2倍）；（2）共享颐年优先配屋计划；（3）天伦乐优先配屋计划（提早6个月）长者自住业主优惠计划（私人破旧楼宇业主），长者"一站式"公屋申请服务。

5. 准入条件

入息及總資產淨值限額 (2019年4月1日起生效)

家庭人數	每月最高入息限額[1]	總資產淨值限額[2]
1人	$11,830	$257,000
2人	$18,690	$348,000
3人	$23,010	$454,000
4人	$29,240	$530,000
5人	$35,280	$589,000
6人	$38,810	$637,000
7人	$44,550	$680,000
8人	$49,820	$713,000
9人	$54,940	$788,000
10人或以上	$59,950	$849,000

图7-1 中国香港房屋委员会

6. 制订机制

轮候册入息和资产限额计算方法：

入息限额＝住屋开支(住户租住与公屋相近面积的私人楼宇单位支付的租金、差饷和管理费：过去3年轮候册申请人获编配公屋单位平均面积×政府统计处抽查私人住宅所得每平方米租金)＋非住屋开支(私人楼宇住户中开支属较低一半者的平均住户开支，计算时不考虑成员全属长者或非工作人士的开支)＋5％备用金。

资产限额＝住户租住私人楼宇单位6年所需款项。

（六）房屋资助政策

这项政策于 1987 年实施,向不需要资助的居民减少房屋资助公屋。

居民如果在公屋住满十年,就需要每两年申报家庭收入一次。不申报收入或家庭总收入超过有关资助收入限额的居民,须按规定缴付双倍或一倍半的房租。

正在付双倍房租的居民,需每两年申报家庭资产一次;选择不申报资产或家庭总资产超过限额的居民,须搬离出租房;若有需要,可以申请暂准居留在出租房不多于一年,但要缴付相等于市值房租或双倍租金（以较高者为准）的暂准证费。

（七）租金政策

原则:基于住户所能负担的水平,视乎地区与单元大小而定。

内容:

1. 公屋租金包括管理费和差饷。

2. 租金是按照室内楼面的面积计算。

3. 同一幢大厦内所有单元,不论楼层高低和坐向,每平方米室内楼面面积的租金均划一。

新调整机制:一个可加可减的调整机制;搜集住户的入息资料,制订收入指数;参照收入指数的升幅或跌幅来调整租金;每两年检讨租金一次,每次加租幅度不能超过 10%。

新定租金:每年进行两次（分别在 6 月和 11 月）,厘定新落成公共屋邨的租金;全港分为六区, 根据每区的位置和价值,设定每平方米室内楼面面积计算的最高租金。新落成屋邨的租金,按照屋邨所在地区的最高租金与单元面积厘定。

原有定租机制:按每人 5.5 平方米和 7 平方米室内楼面面积这两套居住面积编配标准计算,租金与入息比例中位数分别以 15% 和 18.5% 为上限,同时考虑同类租金水平、地点及交通、管理和服务费用及收入趋势制订;房委会辖下所有公屋租户的整体租金与入息比例中位数不超过 10%。

租金援助计划:为帮助暂时有经济困难的公屋居民,家庭收入低于轮候册入息限额 70% 或租金与入息比例超过 18.5% 的住户可申请租金援助。符合资格的住户可减四分之一或一半的房租。现时约有 11500 个家庭受惠于这项租援计划。除了长者家庭或有残疾成员的家庭外,如住户已接受租援三年而还需要租援,就要迁往租金较便宜的单元。

欠租处理:如在月底前住户还欠两个月租金,房署会发出《迁出通知书》,终止租约;如住户连续三个月都在下一个月才缴纳欠租,房署会向这些惯性欠租住户发出《迁出通知书》,终止租约;欠租户记入黑名单,须清缴所有欠款,方可再次享用资助房屋福利。

(八)租约管理和屋邨管理

1.租约管理

(1)租金援助计划:居住于新大厦类别的住户,例如和谐式大厦及1992年或以后落成的楼宇。必须入住单位满两年后方可申请租金援助。户主及家庭成员没有领取包括租金津贴在内的社会保障援助金。

(2)删除/增加家庭成员(户籍管理)和有条件暂准居住(解决户主需要照顾的情况)。

(3)批出新租约:公屋户主去世,单位租住权会无条件批予户主配偶;户籍内如无户主在生配偶,有关租约亦可批予单位内居住的其他认可家庭成员,但必须通过全面经济状况审查,以确定他们是否符合获批新租约的资格及厘定应缴的租金水平。

(4)分户政策:家庭成员间有严重矛盾,或获社会福利署转介,可以分户。

(5)公屋调迁:邨内调迁、特别调迁、非常紧急调迁。

纾缓挤迫计划:现时给公屋申请家庭编配的单位,室内楼面面积平均每人不低于 7 平方米,若住户享有的人均室内楼面面积少于 5.5 平方米,便被界定为"挤迫户"。

自 2001 年开始,挤迫户的调迁由申请分组统筹,每年推出约二至三次的全港公屋租户纾缓挤迫调迁申请,让合资格住户以自选单位形式自行拣选住房搬迁。

改善居住空间调迁计划:让人均室内楼面面积低于 7 平方米的家庭申请,以调迁较大的单位。

（6）两年一次家访调查：为善用有限的公屋资源并确保其合理分配，房屋署职员会每两年一次做家访调查，以核实公屋租户的住用情况。

（7）签发《迁出通知书》。

2. 屋邨管理

架构：全香港的屋邨管理分为6区，每区由1位总经理负责管理。各屋邨设立地区租务管理办事处、保养办事处加上 PMA（物业管理公司）、PSA（物业服务公司）（招标采用以上两种方式，制订标的后由投标方确定浮动比例，投标方须为合格承办商；目前，41% 为房署直接管理单位，59% 为外包管理单位）。

职责：PSC（物业管理服务公司）负责物业管理工作及前线租务管理工作；PSAU（物业管理服务小组）负责监察物业管理服务公司之表现及其他非租务管理服务；DTMO（地区租务管理办事处）专责租务管理及决策工作。

管理扣分制：28 项，2 年累计 16 分终止租约，中转屋租户则延长轮候期限 1 年。

屋邨管理咨询委员会：由互助委员会成员、区议员和屋邨管理处经理、物业经理等组成，2 个月 1 次会议，1 年 4 次文化活动，活动资金按照每个单位 100 元计算，实报实销。主要作用：就邨内管理事宜提供意见；就制订邨内的小型维修改善工程、维修保养工程及屋邨管理活动，向屋邨经理提供意见；监督及评核服务承办商的工作表现；参与筹办屋邨的社区活动；让住户参与屋邨事务，加强归属感。

（九）善用公屋资源

1. 主要工作

（1）执行入息及资产审查；重点调查怀疑滥用公屋资源个案（包括在中国香港及中国香港以外的受雇收入、经营业务收益、银行存款／投资利息、车辆、房产、土地）。

（2）宣传及教育。

（3）公屋住户入息抽样统计调查；2000 户／年。

（4）处理涉嫌虚报资料个案的录取警诫供词工作。

（5）调查剥削护卫员和清洁工人的投诉。

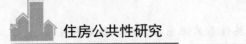

2. 滥用公屋资源的种类

长期空置单位；将单位转租他人（不论有否租金收入）；在单位内进行不法活动（如聚赌、藏毒、贩卖私烟等）；将单位作非住宅用途（如货仓）；虚报资料。

3. 滥用后果

房屋署会向被证实违反租约条款的公屋租户发出《迁出通知书》将公屋单位收回；如有虚报资料，公屋租户／申请人会被检控，最高罚款港币50000元及坐牢6个月；租户在两年内不可再申请公屋。

4. 行动策略

预防及侦察，调查及行动，宣传及教育。

（十）退出途径

1. 超出入息和资产限额：入息超出3倍，不按规定申报资产或资产超出入息限额的84倍（参考市区3睡房居屋单位实用面积60平方米平均售价与4人家庭轮候册入息限额的比例，以计算不同人数家庭对应的资产限制净额）。

2. 欠租。

3. 管理扣分制，2年内累计16分。

4. 滥用公屋资源。

5. 租置计划、居屋计划和居屋第二市场。

6. 自愿退出。

违反租约的处理：主体：处理由房屋署租约事务管理处执行；方式：（1）武力驱逐；（2）联络社会福利署；（3）联络警方支援；财物处理：现场登记，7天通知，中转屋14天、公屋21天内可以领取；之后，由房屋署处置。人员处理：如无家可归，可以先入住收容中心或中转屋（新界）。

（十一）土地、规划和设计

1. 土地

特区政府将适合的土地无偿提供给房屋委员会兴建公营房屋；主要来源：新发展区、已发展区、重建旧屋邨。无偿提供给房委会非住宅和商业用地，但收益的50％应上交政府。

2. 规划

（1）土地规划限制和建筑条例与私营房屋发展商相同。

（2）原则上是地尽其用。

（3）容积率标准：中国香港岛：8～10 倍；九龙：6～7.5 倍；新界：不超过 5 倍。

（4）小区配套设施根据《中国香港规划标准与准则》为基准。

（5）咨询其他政府部门、区议会和地区居民，以做适当调整。

（6）一般的小区配套设施包括学校、商场、老人中心、小公园、球场、交通配套等。

3. 设计

（1）标准型大厦设计：大量建造，有效控制房屋品质，提高经济效益。

（2）因地制宜设计：灵活采用非标准型设计，打破土地面积大小和地形地貌不同的限制，充分发挥土地的发展潜力。构件式设计，引进预制构件、机械化程序、干建造法，和大型铁模板提高建筑素质和效率，以求更好工地安全。

（3）标准单元设计：提升建屋效率标准化尺寸和空间配置，采用标准化配件，单元组合可以更为灵活。

（4）提高建筑和经济效益：标准化单位和组件设计，外形和主要尺寸标准化方便不同单位和数量的灵活配合，增加应用预制外墙组件，组件式单位中标准化的厨房和淋浴间设计，作为立体预制组件的元素。建筑信息模型（BIM）—发展组件式单位，深化设计和绘图，根据环境研究的结果，做出不同调整。

（5）缔造更健康和安全的居住环境：窗框宽度由 38 毫米增至 50 毫米，增加和加大窗户，给予更多自然光和空气对流；降低淋浴间和厨房窗台高度，以加大窗户面积给予更多自然光；安装 W- 型的存水弯管，使地漏长时间都有水封避免干涸。

（6）以人为本：单位间隔进一步改善，不提供房间墙和地台饰面，使居民可以随意安排家具的位置、房间间隔和选择用料；简约、环保的基本装修；通用设计（长幼伤健共融，原居安老，可持续的公共房屋设计，单元及公众地方都设有无障碍通道，充分考虑使用者的方便及安全，以照顾居民的不同需要）。

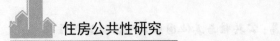

（7）环保设计：微气候研究（优化楼宇设计、利用自然优势、减少能源消耗、减少碳排放、减少能源费用开支）；空气流通评估测试；节水（双水缸系统）；节能（太阳能光伏发电系统）；屋邨绿化（每 15 个公屋单位最少有一棵树，30％的绿化率为目标。）雨水收集系统。

（8）优化工程设计：（土木工程、结构工程、建筑设计、屋宇装备工程）。按照环保、可持续发展、以人为本和合乎经济效益（实而不华）的原则，不断提升公屋规划、设计及建筑的水平。

（十二）建设一般程序

正常程序：7 年；快速程序：5 年。

1. 地盘筹划和验收，物色土地兴建公营房屋把指定用途的土地纳入公营房屋计划。

2. 可行性研究和概念规划，征求批准规划大纲，征求城市规划委员会批准（如有需要），就发展参数、成本上限和发展计划征求房屋委员会批准，向地政总署申请简易临时拨地，以便进行土地勘测，公众咨询。

3. 计划设计和工程预算，征求批准计划设计和工程预算，确认委托部门取得拨款进行委托工程。

4. 详细设计和规格，制定详细设计和规格，从地政总署取得拨地进行建造工程。

5. 招标，拟备招标文件，就招标程序和合约安排提出建议，邀请承建商投标、评审标书，以及就批出标书提出建议，修订工程预算。

6. 施工（地基），管理合约和控制开支／预算，管理承建商的工作表现，核证工程完工。

7. 施工（建造），管理合约及控制开支／预算，管理承建商的工作表现，核证工程完工，试行运作测试及申领入住许可证。

8. 保养期，监察维修保养项目及未完工程至竣工阶段并签发保养证明书，处理申诉和控制工程预算，进行屋邨住户调查及竣工后检讨。

9. 最后结算，各类合约的最终账目，政府拨款进行的项目的账目结算工作。

（十三）公屋可持续发展计划

全面结构勘察计划：在 2005 年启动（CSIP），以确定年龄较大的建筑物的结构是否安全；需要做什么以更好地保护建筑物。

（1）调查 40 岁左右的建筑物；

（2）15 年的勘察周期。

一般程序：搜集资料（图则、设计、报告、维修资料）——目测（量度、湿度量度、拍照、敲击测试）——测试（混凝土心压力试验、钢筋量度、碳化实验、实验室测验）——结构评估（建筑物的结构是否安全？查找出破损根源）——制订修复方案。

混凝土维修策略：最短时间、最少滋扰、最少不便、改善工作环境、居民欢迎。

全方位维修计划：2006 年初开始，为楼龄十年以上的公共屋邨做主动及全面的室内状况勘察及维修，改善单位内部状况。延长楼宇寿命，减低运作成本。另外，提供优质的客户服务文化。2009 年通过将计划常规化，每五年一个周期。

三大目标：1. 主动勘察；2. 迅速回应；3. 宣传及教育。

程序：

1. 全面维修大使带领工程小队逐家逐户进行家访，勘察室内状况，用手账（PDA）实时在现场记录单位维修状况及工程事项，系统收集和分析数据；

2. 家居维修技术员于维修大使勘察期间，能即时完成简单的小型维修工程；

3. 大使细心聆听居民查询及诉求，向居民解释勘察结果及工程安排；同时设置客户服务主任柜台，以方便居民查询及预约工程；

4. 家居维修大使藉勘察其间教育居民有关日常家居维修的知识。

屋邨改善计划：改善计划的主要概念是：（1）完善功能；（2）提供无障碍通道；（3）提升优质空间；（4）改善绿化；（5）改善楼宇内部公共空间；（6）为长者及伤健人士提供服务措施。改善计划主要针对 30 年以上屋邨，且必须在经过住宅结构勘查计划后确定至少保持 15 年的基础上才会实施。

（十四）商业状况

房委会商业楼宇种类：零售铺位，铺位，街市档位，熟食档位。地区商场（人口 5 万热门以上）、本区商场（人口 2.5 万～5 万人）、本邨商场（人口少于 2.5 万人）。

1. 出租策略

（1）投标方式：公开竞出租金投标，适用于一般铺位和街市档位，价高者得；即时竞出租金投标，适用于需求不大的零售商铺，现场竞出，价高者得；即时租赁，先到先得，月租少于预定租金底价；局限性现场投标：受清拆影响的商户。

（2）协商方式：面积超过 250 平方米，公开招标中未能吸引合适投标者，可为商场招揽更多顾客，或能为居民提供受欢迎的设施，或现时租户能证明其有能力扩展业务，显示财务和管理能力。

（3）直接编配：部分商业铺位出租给政府机构、非政府机构、议员办事处、扩充租户租用面积及租户调迁。

行业组合：提供最广泛及最适当的优质商品及服务，以满足居民需要；确保行业组合及商户组合吸引更多顾客，提升营商环境；为房委会带来最佳投资回报。目前，超市（超市 25%～30% 可以引进品牌）约占 20%，饮食、餐饮 30%，衣物类 16%，个人护理家庭用品 14% ，其他 20%。

2. 非住宅租赁政策

福利单位（安老院舍、老人中心、儿童及青年中心、日间幼儿园、家庭服务中心）获得相关部门推荐，须向居民提供直接福利服务，福利用途得到居民支持。

优惠租金：每 3 年检讨一次，租约为 3 年。

立法会议员及区议员均可申请作为议员办事处，但以市值出租，租约日期与议员任期相同。

屋邨学校建筑费用由教育局支付，须教育局推荐办学团体租用。幼儿园一般在一层，由教育局推荐，租金为市值一半，或优惠租金，较高者为准，租期 3 年。政府办事处由政府产业署接洽，市值租金，租期 3 年。如政府支付建筑费，如小区会堂，1 元租金，建筑署负责单位内维修，单位外由房署维修，费用由政府负担。

（十五）中国香港房屋协会简介

中国香港房屋协会成立于 1948 年，并于 1951 年成为法定机构；具社会责任的非政府、非牟利房屋组织，率先引进海外的专业房屋管理概念。

机构使命：按社会整体发展及市民需要，设计、兴建及管理不同类型居所。

组织架构：行政总裁下设工程策划部、物业发展及市场事务部、物业管理部、企业规划及财务部。

甲类屋邨，面积 13～71 平方米（申请人由房委会转介到房协）对象为低收入人士／家庭；乙类屋邨，23～50 平方米（申请人自行向房协提出申请）对象为收入稍高家庭。

年长者居住房屋：以优惠租金提供年长者居住房屋给长者。大部分长者居住房屋均提供舍监服务。

加设长者休息室及安排舍监服务，举办不同类型的文化、康乐及义工活动。借此加强长者及邻里间对社会的凝聚力。提供津贴给合乎资格的长者使用"紧急救助钟"服务。

全方位关怀长者居民：

环境称心——针对长者的实际需要，屋邨加建穿梭升降机及加强每座大厦的升降机服务，以直达每一层，方便长者及其他居民出入。

住得安心——在屋苑招募长者志愿者组成"爱心大使"接受一些基本训练，协助推行健康测试，以识别邨内的目标长者，并定期探访，帮助他们认识精神健康及家居安全的重要。

活得开心——设立"长青园地"，为长者安排多元化的关怀活动。

事事放心——聘请两名注册社工担任服务协调主任，为有需要的长者及受困扰的家庭提供情绪支援及转介，令住户事事放心。

长者安居乐住屋计划：政府免地价，为中等收入长者而设，目的为让长者安枕无忧及颐养天年，套房以长期租约形式租出。长者一次缴付一笔租住权费后，即可长期安居，日后无须缴付租金。入住期间，长者只须支付管理费及基本服务费。如要终止租约，房协会按照长者入住房屋的年期扣减租住权费，然后将净余金额退还长者。

物业管理咨询中心：为接触更多旧楼业主，房协设立的物业管理咨询中心遍布全港,免费提供一站式专业服务。免费楼宇／地铺门牌号牌;免费提供楼宇管理及维修的指引和专业意见;免费转介法律、调解等专业服务;预约监督服务;协助业主成立业主立案法团。

楼宇维修综合支援计划:针对私人楼宇的立案法团、个别业主提供资

资源楼宇评审计划:提倡持续的楼宇管理及维修保养,并提供最佳作业指引。

二、对中国香港公共房屋发展的检讨

中国香港公共房屋 60 多年的发展,实践了公共房屋政策。如今,中国香港公共房屋已经成为城市发展的稳定器,为中国香港国际金融中心的发展做出了突出贡献。回顾 60 多年的发展,中国香港公共房屋有以下成功的经验。

(一)制度设计系统全面,配套措施细致完善,理念一以贯之

从房屋政策到《房屋条例》再到房委会的理想,对公共房屋的制度体系有系统的安排。房委会半官方机构的性质,保证了能够集中众多社会专业力量建构公屋体系。从申请、轮候、编配、管理、退出等整个过程,均有详细安排,确保公屋资源的合理利用。寮屋管理、收容中心、中转屋、公屋、居屋、夹屋、私人楼宇形成了完整的住屋阶梯。对一手市场的监管、对居屋第二市场的设计,保证了私人房屋和公营房屋市场相互协调发展,一以贯之地努力实现"住有所居"的公共房屋政策目标。

(二)公屋优质精致,规划、配套和设计体现了"以人为本、实而不华"的理念

房屋署全程负责公屋的建设,7 年的建设周期,确保了从选址、可行性研究等环节最大限度地体现房委会的意图。屋邨服务与发展分组及时反馈日常管理的经验,也保证了公屋规划、设计和配套充分体现"以人为本"。区议会、屋邨管理咨询委员会等社会团体参与提高了公屋的适用性。特区政府地政总署、屋宇署、规划署等部门的全力配合,保证了公屋建设的优质、环保。通用设计、无障碍设施建设、屋邨保育、活化等措施,确保了公屋的可

持续发展。

（三）管理精细高效，法律、政策支持有力

从机构设置、职系安排到职责分工，房屋署建立了一整套目标管理责任体系；中央监察小组、支援小组、园林管理等专业小组设置，确保了屋邨管理服务质量的不断提高；租务管理、物业管理、工程保养管理、善用公屋资源等专业管理程序清晰、职责明确、流转顺畅；互助委员会、屋邨管理咨询委员会、区议会和非营利组织的参与，使得屋邨管理对居民需求反应更加快捷。而对滥用资源、公屋调迁、旧屋清拆等方面的法律和政策支持非常有力，构建可持续管理的最大保障。

（四）商业发展灵活，注重为居民服务

由房委会运营的商业和停车场，专注于居民服务，日常生活的基本要求都能满足，也弥补了公屋运营的部分亏损。新的地区商场大本型主打主题商场，引进了全球知名的管理公司管理，针对青年创业专门划出铺位给予支持，很好地体现了房委会的理念。

同时，中国香港公屋发展也面临着很大挑战。

1. 私人住屋市场的异常变动，动摇了公屋政策和体系的基础

自 2003 年以来，中国香港房屋市场变动频繁。先是市场低迷，导致房委会停建居屋，面临资金短缺，被迫出售商业设施；后又迅速过热，房屋售价飞涨，广大市民面临着居住困难，尽管特区政府出台了额外印花税、买家印花税、突破勾地表制度等措施，私人住房市场从售价到租金都迅速增长。房委会被迫调整入息限额、资产限额和租金，领汇商业租金高涨也使房委会面临很大压力。轮候册登记已达 20 多万宗，房委会要保持公屋 3 年轮候期的目标日益困难。如何稳定私人市场，包括充分运用市场手段发展公共房屋，保证住房阶梯继续有效，是一个需要持续解决的问题。

2. 老人增多，给老旧屋邨带来巨大挑战

中国香港人口老龄化程度加快，预计未来几年，人口老龄化比例会达到30％，老龄化问题日益突出。房委会建造的老旧屋邨，当时并没有考虑老年人问题，相关配套服务设施无法满足老人生活需要。尽管房委会已经开始执行通用设计和无障碍设施改善计划，但与相关政府部门、领汇等沟通还有一

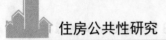

些问题。特别是一些原初设计已经无法改善的楼宇,会面临着老人逐步从楼内退出的问题。房协已经在老人安居问题上做出了很多探索,但面对大量低收入的老人,需要改进的工作还有很多。

第八章　纽约和多伦多市的住房保障

习近平总书记在 2014 年和 2017 年两次视察北京时指出,要明确北京的城市战略定位,努力把北京建设成为国际一流的"和谐宜居之都"。住房保障作为建设"和谐宜居之都"的重要内容,具有十分重要的战略意义。随着首都战略定位的调整,"和谐宜居之都"建设对住房保障提出了新要求。建设什么样的保障房、怎样建设保障房成为一个值得深入研究的问题。

纽约和多伦多作为国际著名的和谐宜居城市,其保障性住房发展的历史经验值得认真探讨。

一、纽约和多伦多市住房保障综述

(一)城市基本情况

纽约(City of New York),建于 1624 年,市区面积 8683.2 平方公里,人口约 825 万人。包括曼哈顿(Manhattan)、布朗克斯区(The Bronx)、布鲁克林 (Brooklyn)、皇后区(Queens)、斯塔滕岛 (Staten Island) 5 个行政区。纽约拥有来自全球 180 多个国家和地区的大量移民,使用约 170 种语言。纽约是美国第一大城市,也是美国金融中心、文化中心和工业中心。与伦敦、东京并称世界三大国际都会, 也是全球金融中心之一。

多伦多(Toronto),是加拿大第一大城市和安大略省省会,是加拿大经济、金融、商业和文化中心。多伦多是全球最多元化的都市之一,人口 600 多万人，49%的居民来自全球各国 100 多个民族的移民，140 种语言汇聚在这里。犯罪率极低，社会富裕、环境宜人，被评为全球最适宜人类居住的城市之一。

（二）纽约和多伦多的住房市场情况

1. 纽约住房情况

（1）租金压力持续增大：在过去 20 年中，纽约居民平均工资增长 15%，房租增长幅度却达 40%。2012 年，有超过一半租房居住的纽约人，要用月收入的一半以上支付租金。住房租金与地区收入中位数的巨大差距使纽约市成为全美最昂贵的城市之一。根据 2017 年七八月份的数据，所有纽约市的两居室租金中位数为 3500 美元，纽约市的收入中位数只有 55752 美元，这意味着年收入在该数目以下的人，将把其 75.3% 以上的收入用于租金。

（2）结构性矛盾突出：随着家庭小型化，近 1/3 纽约人为独居状态，而单身公寓（studio）只占市场的 7%。

（3）可负担住宅项目[1]接近有效期：有大量可负担住宅项目，比如 Mitchell-Lama 项目，为了换取低息按揭贷款和房地产税豁免，Mitchell-Lama 法律要求限制楼盘利润，并由政府对租客限制和监督准入限额。该项目从入住起经过 20 年，则可以选择解散或回购。到目前为止，有 93 个楼盘约 31700 套公寓自愿退出，最终将全部退出市场。由此，导致申请轮候期越发漫长。

（4）新住房计划。2014 年，纽约市政府推出一项 10 年住房计划，致力于弥补供应缺口。计划投资 400 多亿美元（市政府出资 20%），新建 8 万套可负担住宅，对 12 万套现有可负担住宅进行保护更新。新计划扩大了可负担住宅补贴范围，从原来最高 120% AMI 家庭扩大到 165% AMI[2] 家庭，意味着中位水平家庭也将享受住房补贴。

---

① 可负担住宅（affordable housing）指美国政府为低收入家庭提供住房补贴，使其房租开销不超过家庭收入水平的 30% 的一项政策。全美收入低于地区 MFI（家庭中等收入）和 AMI（地区中等收入）都将纳入。

② AMI 指地区家庭收入中位数，由美国住房与城市发展部根据统计区域不时公布的四口之家调整后的结果。

2. 多伦多住房情况

（1）房价持续上涨：多伦多 600 多万人，占加拿大总人口的 1/6。由于是移民城市，住房需求一直旺盛。1998 年达到谷底后开始缓慢上升，2003年回到 1990 年水平。2015—2016 年，房价快速爬升。从 2016 年冬天到 2017 年，又上涨了 20%～30%，被国际炒家作为蓄水池。安大略省出台 16条控制房价的政策，3、4 月份有些效果，但 5 月份又开始恢复性增长。据民调显示：随着加拿大央行加息和住房空置税、海外买家购置税等因素的酝酿，多伦多只有 6% 的人认为自己承担得起多伦多的房价。2016 年，TCHC轮候册上有近 10 万家庭。

（2）租金高涨：2017 年二季度，公寓租赁交易创新高，租赁数量呈两位数增长，空房率几乎为零。2017 年第一季度，租金的季度增长为 8.3%。而第二季度则为 10.7%。多伦多公寓平均租金达到 2073 加元，相比中等收入家庭年收入 75270 加元而言，租金收入比达到了 33%。

（3）多种原因导致住房市场走高：一是大量移民涌入多伦多。在 2015年 7 月至 2016 年 6 月底，大约 12 万人从加拿大境外移民到安大略省，而且有相当一部分人在多伦多地区登陆。二是可开发土地的匮乏。在 2005 年，安省政府推出了《待发展用地法》（*Places to Grow Act*）。该政策旨在保护绿地、遏制城市蔓延。三是低利率。近十年来，借款利率已经徘徊在创纪录的低位，目前的 1 年期固定利率都在 2% 以下，10 年期固定利率为 3.5% 左右，令抵押贷款极具吸引力，并推动买家进入市场。

（4）公平住房计划（Fair Housing Plan）。2017 年 4 月，安大略省宣布引入公平住房计划。这个计划包括 16 项综合措施，包括即日起征收 15% 的外国买家税、扩大租金管制、允许多伦多对空置房屋征收税款并将剩余的土地用于经济适用住房，这些措施将帮助冷却住房市场，有助于更多的人来安大略省安家的人找到一个可负担得起的地方居住。其中，包括推出一项目标达 1.25 亿加元的五年计划，鼓励通过退还一部分开发费用来建造新的专用租赁公寓。

（三）住房保障体系情况

1. 住房保障起步较早

纽约、多伦多作为国际性大都市，其住房保障起步较早。纽约市是美国第一个建设公共住宅的城市，第一幢公共住宅建于 1935 年，该住区目

前仍在使用。目前，纽约市共有 2500 多幢公共住宅楼，由城市住房管理局
（NYCHA）管理，居民 40 多万人。公共住宅是可负担住宅项目最主要的住
房来源，其准入标准为低于 80％ AMI 水平。而多伦多 TCHC 所拥有的楼宇
最早建筑年为 1870 年，高峰期为 1965 年至 1995 年，住宅平均年龄 43 岁，大
部分超过 45 年。20 世纪 40 年代，在 Regent Park 北面建造第一批大型公屋。

2. 住房保障方式多样

纽约市目前住房补贴范围为收入在 120％ AMI 以下的家庭，各类补
贴住宅 150 万套，其中可负担住宅 45 万套，主要包括公共住宅 18 万套，住
房券[①] 补贴住宅 17.3 万套，20/80 住宅及 LIHTC[②] 项目 3 万套，Mitchell-
Lama 住宅 4.6 万套，421A[③] 项目 1 万套，包容性区划项目[④]1700 套。前两个
为联邦政府项目，后两个为地方政府项目。公共住宅对象为＜80％ AMI，住
房券为＜50％ AMI，421A 为＜60％ AMI，Mitchell-Lama 为年收入低于 7
倍的租金价格，包容性区划为＜80％ AMI。

多伦多政府则主要由以下几种方式供应保障性住房：一是规范租赁市
场发放租金补贴；如新建的租赁房降低物产税从最初的 8 年延长至 35 年。
政府和房东签订合同，租户只需支付收入的 30％作为租金，政府每月向房
东支付合同上约定的租金差额。二是鼓励私人建房；如"建房第一政策"
（Housing First Policy）允许将适当的政府所拥有的土地或建筑物，交给社团
组织来建造可供长期居住的可负担住宅，其中较小的地块建好后供单人居
住，较大的地块可以混合开发，但是至少必须有 25％是可负担住宅。三是设
立资本周转基金（Capital Revolving Fund，CRF），主要任务就是为参与可
负担住宅建设的开发商提供低利率（或无利率）的贷款或拨款。四是社会
住房建设。全市大概有 93404 套社会住房。其中 TCHC 管理近 6 万套社会住
房，占全市社会住房总数的 63％；另外，37％的社会住房由将近 240 家社会

---

① （Housing Choice Voucher Program，HCVP）住房券。

② LIHTC 指 The Low-Income Housing Tax Credit 低收入住房税费优惠项目。

③ 421A 是指 1971 年纽约市推出的免税条款，10 年有效，最初 2 年全免，接下来
免 80％，再后 60％，以此类推。

④ 包容性区划（inclusive division）项目指高密度开发区域配建可负担住房的给开
发商容积率奖励。

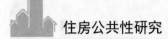

住房机构提供。TCHC 住房中有 90％租户享受优惠租金,准入家庭收入中位数为 16623 加元,远低于多伦多中等收入家庭收入 75270 加元。

3. 以租为主长期运营

纽约市的公共住宅和住房券只支持租赁,而 20/80 和 LIHTC、421A、Mitchell-Lama 都是有期限的,一般 20～35 年,期限达到可以不再作为可负担住宅,因此一般也不出售。只有包容性区划配建的 20％是永久性的,但有严格的收入上限,收入必须比 AMI 或贫困收入水平的一定倍数低。再出售时,出售价格也要受到限制。多伦多市的社会住房主要是租赁,TCHC 住房中 90％都是付优惠租金的,只有 10％付市场租金并承担租金税收。为了支持以租为主长期运营,两地政府在税收、土地、金融支持方面都给了长期支持。纽约市可负担住宅项目的期限与税收优惠期限一致。土地规划支持方面,像 Hudson Yard 项目,政府直接把地铁 7 号线延伸到项目。金融支持方面,联邦政府对公屋资助是主要收入之一;多伦多政府对 TCHC 资助达到整个收入的 39％。

运营方面,纽约公共住房项目的管理部门是纽约市城市房屋管理局(NYCHA),成立于 1934 年,是北美最大的公共住房管理局,也被认为最成功的大城市公共房屋管理局。目前,它拥有 13000 名员工,管理着遍及 5 个区大约 340 多个社区 18 万多套住房,占到纽约租赁公寓的 8.6％,服务 17.5 万家庭并拥有居民 41.7 万人,大约占城市人口的 5.2％。TCHC 是加拿大最大的社会房屋提供者,也是北美第二大公共住房管理机构。2002 年由三个机构合并而成。目前,拥有 1600 名员工,管理着 106 个社区 2100 栋楼约 58500 套房屋,住户近 60000 户,11 万住户。两个机构都存在了上百年,并在新的住房计划中担负着重要任务。

4. 谋求更加综合目标

纽约住房保护和开发部(HPD)声明,可负担住宅是纽约工作的基石之一,是希望居住在经济多样化社区纽约人的基础。十年计划的目的是保护社区和建造城市下一代可负担住房。新计划强调低收入家庭的就业问题,将住宅投资与就业发展挂钩,并致力于为低收入家庭争取工作机会。新计划最终将创造 19400 个建造类岗位及 7100 个永久岗位。同时,无论旧住宅的改造,还是新的包容性区划,都更加强调社区融合,提倡混居,以使更多中低收入家庭融入社会。以 Hudson Yard 为代表的一系列项目,展示了一条保障性住房与城市更新携手并进的新路。而 TCHC 给自己的理想是：Better homes, better neighbourhoods, and a better Toronto for all. 为居民提供更好的住房，建设更好的社区和邻里关系，使多伦多成为传承真正社会价值的宜居之地。核心使命是为居民提供清洁、安全、维护良好的可负担住房。TCHC 1600 名员工中，有 15% 是目前或以前的社会住房的租户。TCHC 展示了通过 30 年社区活化带来的经济和社会效益：提供了 22 万个就业机会，在 GDP 和税收贡献上，分别为 1850 亿加元、450 亿加元，节约了 380 亿加元医疗费用，降低了 15% 的社区犯罪，节能降耗下降 9%。

无论是纽约还是多伦多，新的角色主要是由社会住房的管理部门转为基本住房服务的提供者，同时也承担一些社会资助、可持续发展方面的责任和义务。

5. 积极应对时代挑战

随着纽约和多伦多住房市场的剧烈变化，城市住房保障也面临很多新挑战。一是随着新移民涌入，住房保障需要覆盖更大范围。多伦多市 2016 年轮候的家庭近 10 万户。二是老旧住宅的更新与改造。多伦多市大部分社会房屋超过 50 年，可能在未来 10 年中需要 260 亿加元来维修改造。三是土地稀缺。纽约和多伦多在住房发展计划中都提出了增加开发强度、加快土地功能转换、开发发展滞后地区的措施。

针对这些挑战，纽约和多伦多在住房更新方面都有大量的经典之作。多伦多的 Regent Park 项目是市中心的社会住房项目，原有 2083 户 7500 人，100% 政府持有。TCHC 制订了 20 年的更新策略，主要是丰富该地区的多样化功能。经过更新，整合相关社区、拓展商业项目、增加公共空间、新建社会住宅、提升社区环境、加大文化投入等措施带来了新社区的繁荣发展，也解决了改造资金的难题。纽约的 Hudson Yard 项目，则是美国历史上最大的私人开发项目。以 11 大道为界，东区 80% 是商业，西区 80% 是住宅，建成后该地区将是世界第 20 大经济体。项目完工后，周边濒临三大新建公园、惠特尼美国艺术博物馆、西切尔西画廊等，该地区将成为纽约市的心脏地带。该项目有 106 套公寓拨给政府做廉租公寓，租给 60% AMI 的住户。以该项目为代表的包容性区划已经为 5 个行政区采用，未来所有新建筑都将有 20% 廉租公寓，因而都将成为收入混合居住区域。

二、住房保障的价值追求

纽约和多伦多作为国际著名的和谐宜居之都,保障性住房建设具有与其他国际大都市不一样的特点。这些特点体现了城市的发展理念和价值追求。

(一)和谐是和谐宜居之都保障房建设的核心价值追求

同纽约市和多伦多市一样,北京同样是一个移民城市。常住人口中本地户籍的 1300 万人,而非京籍的达到 800 多万人。目前,创建科技创新中心的目标仍然要吸引大量的人才。因此,才会有共有产权房中 30% 的比例分配给新北京人。从纽约和多伦多的保障房发展看,社区的和谐融合是当代社会城市住房保障中的一个非常突出的特点。纽约的十年住房计划和多伦多的公平住房计划、纽约的包容性区划、多伦多的 Regent Park 改造经验,都体现社会和谐方面的考虑。特别是旧工业区、旧廉租房区域以及像哈莱姆这样的黑人聚居区的重大更新变迁,使得城市边缘区域逐渐成为新的繁华地区。这既有城市发展土地稀缺的经济考量,更有促进整个社会融合提升社会资本的价值担当。多伦多配建保障房与商品住房完全无分别,没有任何隔离的做法值得北京充分借鉴。一个更加公平的空间,一定会带来一个更加公平的社会。而一个公平和谐的社会无疑有益于城市更快地形成向心力和凝聚力,使得更多人对城市具有归属感,从而使得 New Yorker 这样的名词成为城市文化的象征。

(二)宜居是和谐宜居之都保障房建设的发展基础

随着人类环境问题的突出,社会越来越关注建筑的可持续发展。建筑的可持续既包括建造过程的绿色节能,也包括后期运营中的绿色节能,概括起来就是从建筑的全生命周期考虑建筑对人的适宜性。从纽约和多伦多住房保障实践看,一方面规划方面尽可能考虑后期运营、社区管理;另一方面,在建造过程中充分采用住宅产业化技术,并且将产业化技术与后期运营充分结合。比如,多伦多 Regent Park 项目更新后对公共空间的考虑,在运营中大量吸收曾经和现在的租户参加,以及在就业、培训、社区文化方面的努力,无疑使得新社区更加宜居,也更有利于社会住房功能的实现。纽约市首个模块化建造的微型公寓的 "OLLIE(all inclusive)" 住宅理念也是宜居的突出代表。"包含一切"

式的"OLLIE"是一种新型的住房模式，寻求提供整体性的生活体验。家政服务、使用健身设施等服务拓宽了住房服务的内涵。生态、生活、生产的统一，是建设和谐宜居城市的基本诉求，因此宜居也必将成为城市发展的基础。

（三）合作是和谐宜居之都保障房建设的必由之路

和谐宜居城市的发展，需要社会各方面力量的参与和合作。服务的多样化，单靠一个机构是难以完全满足需要的。多伦多市有 300 个机构组织参与社会住房的运营管理服务，纽约市除了 NYCHA 还有 HPD、租户联盟等多个社会组织以及大量持有房屋的单位进行合作。随着北京市租赁市场的发展，未来会有更多的持有机构可以和北京市保障房中心合作。目前，在双合家园、京原家园等社区已经有了一些社会机构的参与合作，但同居民多样化的需求相比，还是远远不够的。

（四）长期坚持是和谐宜居之都保障房建设的基本方略

作为北美两个较大也较成功的公共住房运营机构，纽约的 NYCHA 和多伦多的 TCHC 都有上百年的历史。即使发展到今天，面临住房保障的新形势，也仍然没有放弃发展公共住房。除了在社区更新方面的努力外，作为城市中较大的房东和地主，两个机构都不断推动政府出台新的政策，通过出让土地、减免税收、提供综合服务等措施，使得公共住房与时俱进，随着租户的需求变化不断改进。在曼哈顿鳞次栉比的高楼间，成片的砖红色的保障房"Project"是城市一道亮丽的风景线，虽历经近一个世纪，仍然持续发挥着给城市居民提供住房保障的功能。多伦多的社会住房遍及全市 144 个社区的 106 个，可以称得上随处可见。不断促进机构的更新改革与时俱进，才能长期坚持下去。这是建设和谐宜居之都的必须。

（五）可持续是和谐宜居之都保障房建设的最大考验

北京市的保障房建设从"十一五"至今，已经十几年了。随着政策的变化和居民需求的变迁，保障房建设大规模快速推进的时期已经基本结束。从纽约和多伦多两个城市的住房保障看，可持续发展是最大的考验。以多伦多市为例，机构运营的 1/3 费用需要政府资助，而十年维修计划的巨额资金达到了 260 亿加元。预计到 2023 年，还有 14236 个条件恶劣的家庭维修资金没有到位。而纽约市保障房源方面则面临巨大的问题。公共住宅停止建设,住房券稳定在 8.3 万套, Mitchell-Lama 快速减少,而包容性区域和421A 住宅增长有限,相对于纽约市迅速增加的住房需求,保障房建设处境艰难。尽管 NYCHA 采用了出租土地开发、提高开发强度、土地混合开发、开发发展落后地区等措施,但仍然面临可持续发展的严重问题。除了资金、房源土地等方面的问题,产业化技术政策的不成熟不完善导致的推进困难,也制约了保障房建设。相比纽约和多伦多,北京不仅同样面临着这些问题,而且还面临着非首都功能疏解的重大考验,如何保持资金、土地房屋和技术方面的可持续发展,同样需要认真考虑。

参考文献

［1］刘钧.风险管理概论 [M].北京：中国金融出版社，2005.9.

［2］101 条风险管理准则 [S].美国风险与保险管理协会，1983.

［3］李葆文.设备管理新思维新模式（第 3 版）[M].北京：机械工业出版，2010：9.

［4］《质量管理体系标准》GB/T19000-2000　GB/T19001-2000　GB/T19004-2000[S] 国家质量技术监督局，2000.12.28.

［5］韩国波.物业管理风险的识别与防范 [J] 住宅科技，2004（4）

［6］《工程项目管理》[M].北京：中国建筑工业出版社，1998：7.

［7］Hana Polakova Brixi, Allen Schick, Governmentat Risk. Contingent Liabilities and Fiscal Risk [M] The World Bank and Oxford university Press, 2002.

［8］贾康，孟艳.运用长期建设国债资金规范和创新地方融资平台的可行思路探讨 [J].理论前沿，2009（8）

［9］邹宇.加快政府投融资平台转型是实现可持续发展的必然选择 —— 由政府主导向市场驱动转变 [J] 城市，2008（11）

［10］余萍.地方政府投融资平台建设研究 [J].黑龙江对外经贸，2009（5）

［11］韩林.ABS 融资引入公租房建设的适用性研究 [J].合作经济与科技，2011（12）

［12］赵以邗.廉租住房和公共租赁住房实行 REITS 融资的可行性探讨 [J].武汉金融，2010（9）

［13］张文龙，方芳.我国廉租房融资拓展的研究 [J].上海房地，2008（10）

［14］廖俊平，田一淋.PPP 模式与城中村改造 [J]. 城市开发,2005（3）

［15］唐丽丽. 我国城镇保障性住房融资模式探究 [D].山西财经大学,2013.

［16］《国家新型城镇化规划（2014—2020 年)》 [S].2014.3.17

［17］2013 年全国地方性债务审计结果（审计署）[R].2013.12.

［18］程俊杰,唐德才.地方政府融资平台成因与对策研究 [J].现代管理科学,2011（6）

［19］贾淑军.保障性住房投融资机制与建设模式分析 [J].河北学刊,2012（3）

［20］李甜：纽约可负担住宅建设发展及 2014—2024 住房新政解读 [J]《住宅科技》,2015（3）

［21］爱德华·L.格莱泽 约瑟夫·乔科. 美国联邦住房政策反思 [M]. 北京：中国建筑工业出版社,2012.3

［22］TCHC. *Tenants First-Phase 1 Implementation Plan* [R] 2017.6

［23］廉思. 中国青年发展报告：流动时代下的安居 [M]. 北京：社会科学文献出版社,2014.4.

［24］卡尔·波兰尼. 巨变：当代政治与经济的起源 [M]. 北京：社会科学文献出版社,2016.12.

［25］斐迪南·滕尼斯. 共同体与社会：纯粹社会学的基本概念 [M]. 北京：北京大学出版社,1999.2.

［26］容乐. 香港住房政策 [M]. 北京：中国建筑工业出版社,2012.3.

［27］发展中国公共租赁住房机制和对策研究 [M]. 上海：上海社会科学院出版社,2010.7.

［28］陈杰. 城市居民住房解决方案——理论与国际经验 [M]. 上海：上海财经大学出版社,2009.1

后 记

    中国的城市化即使放在世界历史上也是一种空前壮观的局面。围绕着城市化，中国的社会和个人都发生了并且还在发生着深刻的变化。三千年未有之变化，也许丝毫没有什么夸张。在诸多变化当中，围绕着住房的话题又有着最高的分贝。城市化首先带来了居住的变迁，几亿人从乡下到城里，身份上的困惑和文化上的迷茫，不是几十年就可以消解的。而住房恰恰是所有城市化过程中诸多矛盾的根源。那些关于土地、关于房屋、关于资产、关于投资、关于金融等的众语喧哗，把我们这个时代所有对于变迁和革新的意识、观念、价值等都扭结在一起，织成了一张密密的网。我们在其中东奔西突，难以自拔。住房对家庭、对企业、对政府、对社会都构成了长期严峻的考验。

    在这些关注当中，住房成了诸多主体的目标。不仅政府对土地财政的依赖日渐明显，而且经济发展也在某种程度上被房地产绑架。围绕着房地产已经逐步形成了一整套的话语方式和思维模式。住房成了一个看不到解决方案的问题。这不是中国独有的，也是世界范围内难以成功应对的空前挑战。在这种时候，需要我们追本溯源，寻找隐藏在住房背后真正的秘密。本书作者开始关注住房问题，始于进入物业管理行业之时。行业内那些林林总总的故事，无时无处不在诉说着房地产进入使用领域的争论和纠结。在市场化的背景下，物业管理具有自己坚硬的存在，即把公共性的矛盾始终推向前台。个人与群体、自由与控制、想象与现实等逐次展开在几十年的发展历程中。作为曾经以为的朝阳产业，始终没有看到壮丽的日出，而是停留在以人员密集为基础的低端价值链上长久挣扎。政府给予了充分的关注，但这种关注在机械借鉴国外物业管理的制度体系后，不时显出水土不服的症状。只有当人们开始漠视这种难以有合理解决期限的事实的时候，社会才开始理性思考

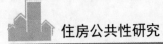

这一现象的来龙去脉。随着公共住房替代物业管理成为关注焦点,房地产产业链的矛盾开始四处蔓延。经适房、限价房、自住房等轮番上台的政策路演,成为住房问题解决过程中的又一奇观。十几年后,我们似乎可以发现,在真情上演的戏剧舞台上,所有都是历时态的。有关住房问题解决的长效机制,一直处在视线之外。可以说,我们始终没有正视住房的公共性,没有认真思考住房意味着什么。

庆幸没有让我们等待太久。当"房子是用来住的,不是用来炒的"的定位终于明确,住房才开始有了一个重新思考的基础。波兰尼曾说,一切都裹挟在经济的洪流中。住房也是如此。只有在中国经济开始出现新常态的特定阶段,住房才终于暴露自己作为非经济事实存在的一面。

这样一路走来,作者一直在思考。或许有些浅薄,有些单薄,但是这些思考却是实实在在的。把这些思考记录下来,不是要有什么先知先觉的自许,而是作为一种历史的见证。我们曾经对于住房、对于社会,有过什么样的认知,有过什么样的希望?"希望之为虚妄,正与绝望相同。"但既然是希望,也许总有实现的可能。所以,这里的希望可以看作作者的几声呐喊,以期引起人们的注意,从而略微促进新时代中国住房问题的解决。如此,也就有少许的意义了。

王志刚

2019 年 2 月 28 日